V&R unipress

Schriften zum deutschen und
internationalen Persönlichkeits- und
Immaterialgüterrecht

Band 26

Herausgegeben von Professor Dr. Haimo Schack, Kiel,

Direktor des Instituts für Europäisches und

Internationales Privat- und Verfahrensrecht

Constantin Fahl

Die Bilder- und Nachrichtensuche im Internet

Urheber-, persönlichkeits- und wettbewerbsrechtliche Aspekte

V&R unipress

Bibliografische Information der Deutschen Nationalbibliothek

Die Deutsche Nationalbibliothek verzeichnet diese Publikation in der Deutschen Nationalbibliografie; detaillierte bibliografische Daten sind im Internet über http://dnb.d-nb.de abrufbar.

ISBN 978-3-89971-657-3

Gedruckt mit freundlicher Unterstützung der Studienstiftung ius vivum.

Inhalt

Vorwort

Die vorliegende Arbeit wurde im Sommersemester 2010 von der Rechtswissenschaftlichen Fakultät der Universität Kiel als Dissertation angenommen. Die bis zur Fertigstellung des Manuskripts im August 2010 veröffentlichte Rechtsprechung und Literatur konnte umfassend berücksichtigt werden. Auch die aktuelle Entscheidung des BGH vom 29.04.2010 – I ZR 69/08 zur Zulässigkeit der Nutzung von Thumbnails in Bildersuchmaschinen ist eingearbeitet.

An erster Stelle bedanke ich mich bei meinem Doktorvater, Prof. Dr. Haimo Schack, für die umfassende Unterstützung, die persönliche Betreuung und die rasche Durchsicht meiner Arbeit. Prof. Dr. Arnd Arnold danke ich für die Zeit als Mitarbeiter an seinem Lehrstuhl und die zügige Erstellung des Zweitgutachtens. Für den großzügigen Druckkostenzuschuss bedanke ich mich bei der Studienstiftung ius vivum.

Mein Dank gilt auch meiner Familie für ihre fortwährende Unterstützung während der Zeit meiner Dissertation. Ich danke ferner allen Kollegen und Freunden, die mich durch wissenschaftliche Gespräche und die Durchsicht meines Manuskripts tatkräftig unterstützt haben. Hervorzuheben ist dabei PD Dr. Malte Stieper, dessen Tür stets für mich offen stand.

Kiel, im August 2010   Constantin Fahl

Einleitung

»Wenn sie wüssten, wo das liegt, was sie suchen, so suchten sie ja nicht.«[1] Dieses Zitat von Goethe kann auch im Zeitalter des Internets noch Geltung beanspruchen. Fast jede Information ist im World Wide Web zu finden, doch gerade die Informationsflut wird zunehmend zum Problem. Das Internet besteht nach aktuellen Studien[2] aus über 200 Millionen Websites[3]. Über die Anzahl der einzeln abrufbaren Internetseiten gibt es auf Grund der unzähligen dynamischen Websites keine zuverlässigen Daten. Sie wird auf sechs bis zwölf Milliarden geschätzt.[4] Über diese Seiten sollen mehr als 550 Milliarden Texte und Bilder abrufbar sein.[5]

Da ein zentraler Index für alle Inhalte im Internet fehlt, ist eine manuelle Suche aussichtslos. Ohne Suchmaschinen wäre, wie auch der BGH in der Paperboy-Entscheidung feststellt,[6] eine sinnvolle Nutzung des Internets ausgeschlossen. Viele Inhalte würden in der unübersehbaren Datenfülle untergehen. Damit sind Suchmaschinen eine unverzichtbare Stütze für die Funktionsfähigkeit des Internets.[7] Sie präsentieren aus ihren Datenbanken Webseiten, die einer Suchanfrage entsprechen, und sortieren diese nach Relevanz. Auch wenn die Trefferliste nur eine Orientierung bietet, hat der Suchende so Anknüpfungs-

---

1 Zitat von *Johann Wolfgang von Goethe*, Sprüche in Prosa, Sämtliche Maximen und Reflexionen, S. 177, *2.50.3, in: Sämtliche Werke, Briefe, Tagebücher und Gespräche, Hrsg. Harald Fricke, Bd. 13, Frankfurt am Main 1993.

2 Netcraft, August 2010 Web Server Survey, http://www.netcraft.com.

3 Unter einer *Website* versteht man einen Internetauftritt, der aus mehreren Seiten besteht, die durch eine einheitliche Navigation zusammengefasst sind. *Webseiten* oder *Internetseiten* hingegen sind einzelne Dokumente mit Inhalt.

4 ARD/ZDF-Online-Studie 2007, http://www.daserste.de/service/ardonl0107.pdf; *Rath*, WRP 2005, 826; *Ott*, Linking und Framing, S. 44, geht 2003 noch von zwei bis vier Mrd. aus.

5 *Rath*, WRP 2005, 826; *Buchner*, AfP 2003, 510; *Machill*, 12 goldene Suchmaschinen-Regeln, S. 12, meint mit seiner Angabe wohl nicht Webseiten, sondern auch Internetinhalte (Dokumente).

6 BGHZ 156, 1, 18 – Paperboy.

7 LG Hamburg MMR 2009, 55, 61 – Google-Bildersuche; *Peifer*, FS Schricker, S. 137, 138; *Rath*, AfP 2005, 324; *Berberich*, MMR 2005, 145.

punkte für seine Recherche. 90 % der Internetnutzer beginnen ihre Suche im Internet daher über Suchmaschinen.[8]

Um den eigentlichen Suchdienst herum wurden in den letzten Jahren immer mehr Zusatzdienste entwickelt. Diese Dienste sind Funktionen, die Suchmaschinen-Betreiber ihren Nutzern zusätzlich zur Textsuche zur Verfügung stellen. Google beispielsweise bietet etwa 30 Produkte an.[9] Zu diesen zählen neben der Bücher-Suche,[10] Google Maps[11] und der Video-Suche[12] auch die Bilder- und Nachrichtensuche, deren rechtliche Zulässigkeit vorliegend untersucht werden soll. Während das Angebot der Textsuche über Snippets[13] in letzter Zeit weniger in der rechtlichen Diskussion steht, werfen die Zusatzdienste neue rechtliche Probleme auf.[14] Neben der Frage der urheberrechtlichen Zulässigkeit spielen persönlichkeits- und wettbewerbsrechtliche Aspekte eine Rolle. Die Suchmaschinen-Betreiber können sowohl als unmittelbare Täter als auch auf Grund ihrer Mitwirkung an fremden Rechtsverletzungen herangezogen werden. Unter diesen Gesichtspunkten soll die Haftung der Suchmaschinen-Betreiber für eigene und fremde Rechtsverletzungen untersucht werden.

Mit 90 % Marktanteil wird in Deutschland Google am häufigsten als Suchmaschine verwendet.[15] Auch bei den Zusatzdiensten ist Google führend. Die Google Bildersuche[16] und Google News Deutschland[17] bilden daher den Ausgangspunkt der rechtlichen Untersuchung.

Hinter dem Betrieb von Bilder- und Nachrichtensuchmaschinen steht auf Seiten der Betreiber kein Altruismus. Ausschlaggebend sind vor allem wirtschaftliche Interessen. Gewinne werden vor allem durch Werbeeinnahmen erzielt, die an die Zahl der Nutzer gekoppelt sind. Um Nutzer an ihre Suchmaschine zu binden, versuchen die Betreiber daher möglichst umfassende und komfortable Suchangebote bereitzustellen. Dieses Geschäftsmodell ist grundsätzlich schützenswürdig. Daneben besteht ein Informationsinteresse der Allgemein-

---

8 *Glöggler*, Suchmaschinen im Internet, Vorwort.
9 http://www.google.de/intl/de/options/.
10 http://books.google.de.
11 http://maps.google.de.
12 http://video.google.de.
13 *Snippets* sind kleine Textfragmente aus dem Inhalt einer Internetseite, die bei den meisten Suchmaschinen zu jedem Treffer in der Liste angezeigt werden.
14 *Schaefer*, Bildersuchmaschinen; *Meyer*, K&R 2007, 177; *Köster/Jürgens*, K&R 2006, 108; *Braun*, jurisPR-ITR 6/2006 Anm. 4. Auch die Zulässigkeit der Zusatzdienste neben der Bilder- und Nachrichtensuche wird bereits in der juristischen Literatur diskutiert. Zur Bücher-Suche: *Kubis*, ZUM 2008, 370; *Heckmann*, AfP 2007, 314; *Bohne/Elmers*, WRP 2009, 586; zur Cache-Funktion: *Roggenkamp*, K&R 2006, 405; *Ott*, MIR 2007, Dok. 195; *Bahr*, JurPC Web-Dok. 29/2002, Abs. 1 ff.; zu Google Street View: *Ott*, WRP 2009, 351, 372.
15 WebHits (Stand: 07.08.2010), http://www.webhits.de/deutsch/webstats.html.
16 http://images.google.de.
17 http://news.google.de.

heit. Nutzer sollen sich ungehindert aus den Informationsquellen des Internets informieren können. Suchmaschinen stellen dafür einen zentralen Index dar, ohne die ein gezieltes Auffinden von Informationen unmöglich wäre. Die Allgemeinheit hat damit ebenso ein Interesse an umfassenden und effektiven Suchmaschinen. Dem stehen Rechtsgüter einzelner Personen gegenüber. Aus urheber-, persönlichkeits- oder wettbewerbsrechtlichen Gesichtspunkten kann der Rechteinhaber ein Interesse daran haben, dass bestimmte Suchergebnisse in der Suche nicht angezeigt werden.

Diese widerstreitenden Interessen sind gegeneinander abzuwägen und in einen angemessenen Ausgleich zu bringen.[18] Weiterhin ist zu klären, inwieweit Argumentationen zur Zulässigkeit der Textsuche wegen ihres herausragenden Nutzens für die Allgemeinheit auf Zusatzdienste übertragen werden können.[19] Ziel der Arbeit ist es, rechtliche und technische Lösungsmöglichkeiten aufzuzeigen, die den Betrieb von Zusatzdiensten unter wirtschaftlichen Gesichtspunkten weiterhin rentabel gestalten und der Allgemeinheit eine effektive Suche im Internet ermöglichen, die Rechteinhaber aber nicht rechtlos stellen.

---

18 *Spieker*, MMR 2005, 727; vgl. insgesamt zur Bedeutung der Grundrechte *Ziem*, Pressefreiheit.
19 Zweifelnd im Hinblick auf die Bildersuche: LG Hamburg MMR 2009, 55, 61 – Google-Bildersuche; *Roggenkamp*, K&R 2007, 328, 329.

1. Teil: Die Bildersuche

Die Bildersuche hat sich mittlerweile neben der Textsuche etabliert. Google betreibt diesen Dienst in Deutschland seit Juni 2001.[20] In den Datenbanken sind mittlerweile über 2 Milliarden Bilder indiziert.[21] Neben dem Marktführer bieten auch zahlreiche andere Unternehmen wie Yahoo,[22] PicSearch,[23] Microsoft »Bing«[24] und Ask[25] eigene Bildersuchmaschinen an, die strukturell der Google Bildersuche gleichen. Suchmaschinen wie Lycos[26] und AlltheWeb[27] greifen hingegen nur auf die Ergebnislisten anderer Suchmaschinen zurück.[28]

Überwiegend haben Website-Betreiber ein Interesse daran, dass auch ihre Bilder über Suchmaschinen gefunden werden. Dennoch sind Fallgestaltungen denkbar, in denen die Rechteinhaber unter Berufung auf ihre Urheber- oder Persönlichkeitsrechte verhindern möchten, dass bestimmte Bilder über die Bildersuche zugänglich gemacht werden.[29]

Die ersten Verfahren gegen eine Bildersuchmaschine wurden in den USA geführt. Der Fotograf Leslie A. Kelly klagte 1999 gegen die Arriba Soft Corp, blieb

---

20 Meldung PC-Welt, http://www.pcwelt.de/start/dsl_voip/archiv/17347/.
21 Bis Ende 2008 wurde von Google unter http://images.google.de/intl/de/help/faq_images.html die Zahl von 880 Millionen Bildern angegeben. Aktuell verschweigt das Unternehmen die Anzahl der Bilder in ihren Datenbanken. Es müssen aktuell jedoch mehr als 2 Mrd. Bilder sein, denn alleine die Suche nach dem Buchstaben »e« ergibt über 1,5 Mrd. Suchtreffer (Stand: 01.08.2010).
22 http://de.images.search.yahoo.com.
23 http://www.picsearch.de.
24 http://www.bing.de/images/.
25 http://de.ask.com/?tool=img.
26 http://www.lycos.com/?cat=images.
27 http://multimedia.alltheweb.com/?cat=img.
28 Im Folgenden werden wegen ihrer höheren praktischen Relevanz nur primäre Suchdienste untersucht. Zur Haftung von so genannten Meta-Suchmaschinen vgl. *Tränkle*, Urheberrechtliche Fragen des Einsatzes von Suchmaschinen, S. 80 ff.
29 So auch LG Hamburg MMR 2009, 55, 61 – Google-Bildersuche.

aber erfolglos.[30] Wenig später nahm das Erotikmagazin Perfect10[31] den Such-maschinen-Betreiber Google in Anspruch, unterlag jedoch ebenfalls.[32] Aktuell plant Perfect10, auch gegen Microsoft wegen Urheberrechtsverletzungen durch die Verwendung von Thumbnails[33] in ihrer Bildersuche vorzugehen.[34] Eine Klage in den USA dürfte allerdings aussichtslos sein, da Thumbnails seit dem Urteil Perfect10 ./. Google als von der Schranke des »fair use« in § 107 CA gedeckt angesehen werden.

In Deutschland musste sich 2003 das LG Hamburg erstmals mit der Zuläs-sigkeit von Thumbnails beschäftigen.[35] Das Vorgehen einer deutschen Nach-richtenagentur gegen die Verwendung ihrer Vorschaubilder in der Nachrich-tensuche der Antragsgegnerin war erfolgreich. Dagegen scheiterte die Scha-densersatzklage eines Fotografen wegen Verwendung verkleinerter Darstellun-gen seiner Luftbildaufnahmen durch eine Suchmaschine vor dem AG und LG Bielefeld[36]. Jüngst wies auch das LG Erfurt[37] die Klage einer Künstlerin gegen Google mit der Begründung ab, die Klägerin habe konkludent in die Erstellung und Verwendung von Thumbnails ihrer Kunstwerke eingewilligt. Das Gericht führte aus, der Urheber eines im Internet frei verfügbaren Bildes hätte kein nennenswertes Interesse, den Suchmaschinen die Nutzung von Thumbnails zu verbieten.[38] Das Urheberrecht ist jedoch gerade als Ausschließlichkeitsrecht ausgestaltet. Es bedarf keines besonderen Ausschließungsinteresses.[39] Ferner zeigen die Gerichtsverfahren, dass sehr wohl ein Interesse des Urhebers beste-hen kann, eine Aufnahme seiner Werke als Thumbnails in die Suche zu unter-sagen. Daher hat das OLG Jena als Berufungsgericht die Annahme einer kon-kludenten Einwilligung verworfen und die Nutzung von Thumbnails für grundsätzlich unzulässig erklärt.[40] Im konkreten Fall unterstellten die Richter der Klägerin jedoch rechtsmissbräuchliches Verhalten. Die Revision der Klä-gerin hat der BGH zurückgewiesen, dabei eine konkludente Einwilligung ab-gelehnt, allerdings eine rechtfertigende Einwilligung angenommen.[41] Auch das LG Hamburg hatte sich 2008 erneut mit der Zulässigkeit von Thumbnails zu

---

30 Kelly v. Arriba Soft Corp., 280 F.3d 934 (9th Cir. 2002). Zum Gang des Verfahrens *Ott*, ZUM 2007, 119, 120 ff.
31 http://www.perfect10.com.
32 Perfect 10 ./. Google, Inc., 416 F.Supp.2d 828 (C.D. Cal. 2006) (= MR-Int 2007, 115).
33 Ein *Thumbnail* (engl. Daumennagel) ist eine verkleinerte Vorschau eines Bildes.
34 Artikel heise.de, http://www.heise.de/newsticker/meldung/94218/.
35 LG Hamburg GRUR-RR, 2004, 313 – thumbnails.
36 LG Bielefeld CR 2006, 350; Vorinstanz AG Bielefeld MMR 2005, 556.
37 LG Erfurt MMR 2007, 393 – Thumbnails bei Google.
38 LG Erfurt MMR 2007, 393, 394 – Thumbnails bei Google; so auch: *Braun*, jurisPR-ITR 6/2006 Anm. 4; *Berberich*, MMR 2005, 145, 147.
39 *Roggenkamp*, K&R 2007, 328, 329; vgl. LG Hamburg MMR 2009, 55, 61 – Google-Bildersuche.
40 OLG Jena MMR 2008, 408 – Miniaturansichten.
41 BGH GRUR 2010, 628 – Vorschaubilder; siehe unten 1. Teil B.V.3.e).

beschäftigen. Entgegen der Rechtsprechung anderer Gerichte entschieden die Richter wiederum zu Gunsten der Urheber und gegen etliche Betreiber von Bildersuchmaschinen.[42] Kommt man mit dem OLG Jena und dem LG Hamburg zu dem Ergebnis, dass die Erstellung und Anzeige von Thumbnails ohne ausdrückliche Einwilligung grundsätzlich unzulässig ist, könnte dies das Geschäftsmodell der Bildersuche in der derzeit betriebenen Form grundsätzlich in Frage stellen. Das Haftungsrisiko für Suchmaschinen-Betreiber wäre vor allem auf Grund der Strafandrohung in §§ 106, 108 Abs. 1 Nr. 3, 108a UrhG zu groß.[43] In diesem Fall müsste auf alternative Formen der Bildersuche[44] zurückgegriffen oder der Zusatzdienst vollständig eingestellt werden.[45] Daher ist im Folgenden zu untersuchen, inwieweit durch die Bildersuche in fremde Rechte eingegriffen wird und Haftungsrisiken bestehen.

A.　Die Technik der Bildersuche[46]

In Rechtsprechung und Literatur wird die Haftung von Suchmaschinen-Betreibern häufig sehr unterschiedlich beurteilt.[47] Viele rechtliche Fehleinschätzungen in diesem Bereich beruhen allerdings auf mangelnder Kenntnis der technischen Grundlagen dieser Dienste.[48] Auch wenn das Vorgehen im Detail, besonders die Aufbereitung und Sortierung der Daten, Betriebsgeheimnis der Suchmaschinen-Betreiber ist, sind immerhin die groben Abläufe der Informa-

---

42 LG Hamburg, Urteile vom 26.09.2008 – 308 O 42/06 – Google-Bildersuche (= MMR 2009, 55); 308 O 113/06 – Freenet; 308 O 115/06 – Deutsche Telekom; 308 O 404/06 – AOL/Hansenet. Das OLG Hamburg, Urteil vom 12.05.2010 – 5 U 221/08, hat die Klage des Urhebers in der Berufung zu 308 O 42/06 abgewiesen, sich aber inhaltlich nicht mit der Bildersuche auseinandergesetzt. Im Parallelverfahren (LG Hamburg, Urteil vom 26.09.2008 – 308 O 248/07 – Michael Bernhard ./. Google) ist die Berufung bei OLG Hamburg jedoch unter 5 U 220/08 noch anhängig.
43 *Schack*, MMR 2008, 414, 416; *Heymann/Nolte*, K&R 2009, 759, 760; *Braun*, jurisPR-ITR 6/2006 Anm. 4; *Wimmers/Schulz*, CR 2006, 350, 352; *Wäßle*, K&R 2008, 729, 731; zur strafrechtlichen Verantwortlichkeit vgl. auch *Busse-Muskala*, Strafrechtliche Verantwortlichkeit der Informationsvermittler im Netz, S. 72 ff.
44 Vgl. 1. Teil F.
45 *Ernst*, jurisPR-WettbR 11/2008 Anm. 4.
46 Die technischen Grundlagen werden vereinfacht dargestellt, um die grundlegende Funktionsweise deutlich zu machen. Die verschiedenen Suchmaschinen können von dieser allgemeinen Struktur im Detail abweichen.
47 Vgl. *Hoeren*, Internetrecht, S. 470.
48 *Rath*, Das Recht der Internet-Suchmaschinen, S. 52. Eine Ausnahme ist das LG Hamburg, Urteil vom 26.09.2008 – 308 O 42/06, Tz. 5 – 13 – Google-Bildersuche (= MMR 2009, 55), das die Funktionsweise der Bildersuchmaschine von Google ausführlich und technisch zutreffend beschreibt.

tionsgewinnung und -verarbeitung bekannt.[49] Um eine einheitliche Grundlage für die rechtliche Diskussion zu schaffen, ist daher zunächst die grundlegende Funktionsweise der Bildersuche darzustellen.[50]

Dem Grunde nach funktioniert die Bildersuche wie die Textsuche. An Hand von Suchbegriffen können Inhalte im Internet gefunden werden. Bei der Bildersuche werden als Ergebnisse allerdings keine Webseiten oder Text-Dokumente, sondern Bilder[51] ausgegeben. Dabei werden sowohl Grafiken aufgeführt, die im Inhalt einer Seite eingebunden sind, als auch solche, die für das Design einer Website beispielsweise als Hintergrundgrafik, Rahmen oder Navigationselement verwendet werden. Die wichtigsten Unterschiede zur herkömmlichen Suche ergeben sich bei der Darstellung der Suchergebnisse.[52] Sie werden nicht in einer Liste mit Text-Links, sondern als Galerie von Thumbnails dargestellt. Zusätzlich gibt es zu jedem Treffer eine Detailansicht mit weiteren Informationen.

Hinter der Bildersuche stehen ebenso wie bei Textsuchmaschinen interne Datenbanken. Eine »Live-Suche«, bei der die Suchmaschine erst auf eine Anfrage hin die Suche im Internet beginnt, lässt sich bei der großen Datenmenge im Internet technisch in vertretbarer Zeit gar nicht mehr bewerkstelligen. Die Datenbanken stellen quasi einen Spiegel des Internets dar. In ihnen sind alle für die Suchmaschinen relevanten Informationen zu jedem Treffer so gespeichert, dass diese schnell durchsucht und angezeigt werden können. Da sich im Internet ständig Webseiten ändern und neue hinzukommen, hängt die Qualität einer Suchmaschine somit entscheidend von der Aktualität und Vollständigkeit ihrer Datenbanken ab.

I.   Sammeln von Daten (Crawlen)

Um den Datenbestand zu pflegen, sammeln Suchmaschinen unabhängig von Suchanfragen ihrer Nutzer Informationen über Webseiten. Dabei werden neben Webseiten mit Texten und anderen Dokumenten auch Bilder in den internen Datenbanken gespeichert.

---

49 *Mohr*, Internetspezifische Wettbewerbsverstöße, S. 149; vgl. auch Artikel über Google bei Wikipedia, http://de.wikipedia.org/wiki/Google.
50 Ausführlich zur Funktionsweise von Suchmaschinen mit Begriffserklärungen: *Rath*, Das Recht der Internet-Suchmaschinen, S. 52 ff.; *Glöggler*, Suchmaschinen im Internet.
51 Die meisten Anbieter unterstützen Grafiken im BMP-, JPEG-, GIF- und PNG-Format.
52 *Harte-Bavendamm/Jürgens*, FS Schricker, S. 33, 34.

1. Arbeitsweise der Crawler

Zum Durchsuchen des Internets setzen die Suchmaschinen-Betreiber Crawler[53] ein, um kostengünstig und effizient arbeiten zu können.[54] Dies sind Programme, die Internetseiten automatisch aufrufen und die gewonnenen Informationen in Datenbanken einpflegen. Crawler erfüllen mehrere Aufgaben. Zum einen besuchen sie bei der Suchmaschine manuell angemeldete Webseiten. Über ein Formular[55] der Suchmaschine kann jeder Internetnutzer eigene oder fremde Webseiten anmelden und eine Aufnahme in den Index veranlassen, die von den meisten Suchmaschinen allerdings nicht garantiert wird.[56] Weiterhin folgen die Crawler Hyperlinks[57] aus bekannten Webseiten und entdecken auf diese Weise neue Dokumente, die in den Index aufgenommen werden.[58] Auf diese Weise erscheinen bei den Suchergebnissen auch Treffer, die nie selbst bei der Suchmaschine angemeldet worden sind.[59] Außerdem besuchen die Crawler Webseiten aus dem Datenbestand in regelmäßigen Abständen erneut. Dadurch können Änderungen erkannt und in die Datenbank übernommen werden.[60]

Wegen der Größe der Datenmenge verwenden die meisten Suchmaschinen ein Crawler-System. Aus den neu angemeldeten Websites und dem Bestand der Datensätze, die erneut besucht werden sollen, wird eine Liste von URLs[61] erstellt. Die Suche ist bei den meisten Suchmaschinen nicht auf einfache Webseiten im HTML-Format[62] beschränkt. In die Liste werden neben anderen Dateitypen (z. B. PDF-Dokumente und Word-Dateien) auch Bilder aufgenommen. Eine Softwarekomponente (Loader) verwaltet diese Liste und verteilt die Anfragen. Den eigentlichen Abruf von Inhalten erledigen Gatherer, die zeitgleich arbeiten, um möglichst viele Anfragen gleichzeitig abzuarbeiten. Sie rufen die URL ähnlich

---

53 Crawler werden auch Webrobot, Robot, Web Wanderer oder Spider genannt.
54 Auf Web-Kataloge, in denen Websites manuell aufgenommen und durch eine Redaktion überprüft werden, soll hier nicht weiter eingegangen werden.
55 Google: http://www.google.de/addurl/?continue=/addurl; Yahoo: http://siteexplorer.search. yahoo.com/ de/free/submit.
56 Zur Frage, ob ein Anspruch auf Aufnahme in den Index einer Suchmaschine besteht, *Ott*, MMR 2006, 195 ff.; *Hoeren*, MMR 1999, 649 ff.
57 Ein *Hyperlink* (Link) ist eine Verweisung in einem Dokument auf ein anderes Dokument im Internet, der automatisch verfolgt werden kann.
58 Neben Hyperlinks wird auch Verweisungen in Form von Frames, Inline-Links oder Redirect-Befehlen gefolgt.
59 *Rath*, Das Recht der Internet-Suchmaschinen, S. 66.
60 *Glöggler*, Suchmaschinen im Internet, S. 27.
61 Ein *Uniform Resource Locator* (URL) ist eine Zeichenfolge, welche die Adresse eines Dokuments im Internet bezeichnet, z. B. http://www.uni-kiel.de/home.html.
62 Die *Hypertext Markup Language* (HTML) ist eine textbasierte Sprache zur Anordnung und Formatierung von Elementen in einem Dokument.

der Eingabe in einen Web-Browser[63] auf. Die erhaltenen Daten werden dann an das Information Retrieval System[64] weitergegeben.[65]

Auf diese Weise kann das Internet vollautomatisch durchsucht werden. Ein Eingreifen von Menschen ist nicht mehr notwendig.[66]

2. Robots Exclusion Standard und Meta-Tags

Damit Website-Inhaber verhindern können, dass ihre Website von Crawlern automatisch abgerufen wird, hat sich der Robots Exclusion Standard[67] durchgesetzt. Dieser Standard ist zwar nicht verbindlich, die meisten Suchdienste beachten ihn aber.[68] Die Gatherer prüfen vor dem Zugriff auf den eigentlichen Inhalt einer Website, ob eine Datei mit dem Namen robots.txt im Stammverzeichnis der Domain[69] vorhanden ist. In dieser Textdatei kann der Website-Inhaber Anweisungen für Suchmaschinen-Crawler hinterlegen.

```
# Alle Crawler werden von den Verzeichnissen
# temp und images ausgeschlossen.
User-Agent: *
Disallow: /temp/
Disallow: /images/
```

Eine Anweisung beginnt mit der Bestimmung des User-Agent[70]. Als Bezeichnung können bestimmte Crawler, wie z.B. »Googlebot« für die Crawler von Google, oder ein »*« für alle Suchmaschinen-Crawler eingetragen werden. Für diese gelten die Anweisungen in den folgenden Zeilen. Mit dem Befehl »Disallow« werden dabei Verzeichnisse einer Website inklusive aller Unterverzeichnisse oder bestimmte Dateien gesperrt.[71] So können bestimmte Crawler von der gesamten Website oder bestimmten Teilen ausgeschlossen werden.

---

63 Ein *Browser* ist ein Computerprogramm zum Betrachten von Webseiten.
64 Vgl. 1. Teil A.I.3.
65 *Glöggler*, Suchmaschinen im Internet, S. 28 f.
66 *Niemann*, CR 2009, 97, 98.
67 Vgl. Empfehlung des W3C (World Wide Web Consortium), http://www.w3.org/TR/html4/appendix/notes.html#h-B.4.1.
68 *Rath*, Das Recht der Suchmaschinen, S. 63; *Tränkle*, Urheberrechtliche Fragen des Einsatzes von Suchmaschinen, S. 102; vgl. http://www.robotstxt.org.
69 Die *Domain* ist der erste Teil einer URL (z. B. www.uni-kiel.de), unter der meist die Startseite einer Website gefunden wird.
70 Als *User-Agent* wird die Kennung der Software bezeichnet, die Inhalte von einem Webserver abruft.
71 Einigen Crawlern können daneben über den Befehl »Allow« bestimmte Bereiche einer Website auch ausdrücklich freigegeben werden.

Wird bei »Disallow« kein Verzeichnis angegeben oder ist keine robots.txt-Datei vorhanden, ist der gesamte Inhalt einer Website für Suchmaschinen freigegeben.

```
# Die Website ist für alle Crawler freigegeben.
User-Agent: *
Disallow:
```

Ein ähnlicher Effekt lässt sich auch mit Meta-Tags erzielen. Im Kopfbereich (»Header«) der HTML-Datei kann der Betreiber diese Befehle für den Nutzer unsichtbar platzieren.[72] Sie werden von den Suchmaschinen allerdings ebenfalls nur auf freiwilliger Basis beachtet.

```
<meta name="robots" content="noindex,nofollow">
```

»Robots« steht im oben dargestellten Beispiel für alle Crawler, denen über den Befehl »noindex,nofollow« sowohl die Aufnahme in die Datenbank der Suchmaschine als auch das Aufrufen der verlinkten Dokumente untersagt wird. Wird »content« der Wert »index« zugewiesen, so ist eine Indexierung ausdrücklich erwünscht. Jedoch können nur HTML-Webseiten einen Meta-Tag enthalten. Bilder können über die Webseite, auf der sie verlinkt sind, mit dem Parameter »nofollow« geschützt werden. Wird ein Bild allerdings auch auf einer fremden Seite verlinkt und folgt ein Crawler diesem Link, ist ein Schutz über Meta-Tags nicht möglich.

Google und einige andere Suchmaschinen bieten weiterhin einen speziellen Meta-Tag für die Bildersuche an.[73]

```
<meta name="robots" content="noimageindex">
```

Der Befehl »noimageindex« verhindert aber, anders als man es erwarten würde, nicht die Aufnahme der Bilder in die Bildersuche, sondern nur den Link zur Originalseite. Die Bilder werden trotzdem als Thumbnails gespeichert und bei den Suchergebnissen angezeigt.

Obwohl der Robots Exclusion Standard und ein Ausschluss über Meta-Tags von vielen Suchmaschinen beachtet werden, stellen diese keinen absoluten

---

72 *Tränkle*, Urheberrechtliche Fragen des Einsatzes von Suchmaschinen, S. 102.
73 http://www.google.de/support/webmasters/bin/answer.py?hl=de& answer=79892.

Schutz der Inhalte vor der Aufnahme in den Index einer Suchmaschine dar. Sicherer ist der Ausschluss von Crawlern mittels anderer technischer Methoden durch eine .htaccess-Datei oder Programmiersprachen wie PHP, Perl oder JavaScript.[74] Diese erfordern allerdings Programmierkenntnisse und können ebenfalls von den Suchmaschinen umgangen werden.[75]

Damit bestimmte Bilder einer Website nicht in der Bildersuche erscheinen, müssten diese folglich mit dem Robots Exclusion Standard oder anderen technischen Mitteln geschützt werden. Ein Schutz über Meta-Tags ist nicht effektiv.

Da Google spezielle Crawler für ihre Bildersuche verwendet, können auch nur diese Crawler ausgeschlossen werden, um die Aufnahme in den Index für die Textsuche nicht zu behindern. Die Datei robots.txt könne dafür wie folgt aussehen.[76]

```
# Das Bild dogs.jpg soll nicht in die Bildersuche von Google
# aufgenommen werden
User-Agent: Googlebot-Images
Disallow: /images/dogs.jpg
```

3. Information Retrieval System

Die Inhalte, die Gatherer aus dem Internet abrufen, durchlaufen vor der Weitergabe an die Datenbanken der Suchmaschinen (Information Retrieval System) mehrere Filter (Checker). Es soll gewährleistet werden, dass Manipulationsversuche[77] und Dubletten erkannt und nur Dokumente mit wirklichem Inhalt, die vom Suchmaschinen-Betreiber definierten Vorgaben[78] entsprechen, aufgenommen werden.[79]

Bei Text-Dokumenten müssen die weitergegebenen Daten zunächst aufbereitet und analysiert werden. Die Suchmaschinen vereinheitlichen das Format

---

74 Näher zur Funktionsweise der Schutzmaßnahmen mit Programmbeispielen: *Tränkle*, Urheberrechtliche Fragen des Einsatzes von Suchmaschinen, S. 101 ff.
75 Technische Sperren können beispielsweise wirkungslos werden, wenn die Suchmaschinen-Crawler ihre Kennung (User-Agent) ändern.
76 http://www.google.de/intl/de/remove.html.
77 Da die Reihenfolge der Suchergebnisse in der Trefferliste von zahlreichen Faktoren (u. a. Inhalt der Seite, Verlinkung, Gestaltung und Struktur des Inhalts) abhängt, versuchen viele Website-Betreiber ihr »Ranking« durch verschiedenste Methoden zu verbessern. Näher zu den Manipulationsmöglichkeiten: *Ott*, MMR 2008, 222 ff.; *Rath*, Das Recht der Internet-Suchmaschinen, S. 77 ff.
78 Die Vorgaben der Suchmaschinen-Betreiber können sich etwa auf Dateiformate, Dateigrößen oder eine Black-List mit unerwünschten Websites (wie z. B. Porno-Websites) beziehen.
79 *Glöggler*, Suchmaschinen im Internet, S. 36.

der Daten (Datennormalisierung) und erkennen die Worte (Wortidentifikation) und Sprache (Sprachidentifikation) des Dokuments. Aus den Worten werden die für die Suche relevanten Schlüsselwörter (Deskriptoren), die den Inhalt des Dokuments möglichst genau charakterisieren, herausgefiltert und in die grammatikalische Grundform gebracht (Word Stemming).[80] Je nach Suchmaschine werden dabei auch Informationen aus Meta-Tags mit einbezogen. Google und die meisten anderen Suchmaschinen ignorieren die Angabe von Schlüsselworten im Meta-Tag »keywords« allerdings, da mit sachfremden Schlüsselworten häufig versucht wird, die Suchmaschinen zu manipulieren.[81] Jedem Dokument wird danach eine eindeutige Dokumentennummer, die so genannte DocID, zugewiesen.

Die aufbereiteten Daten werden im Information Retrieval System, einem invertierten Dateisystem, gespeichert. Dieses hat gegenüber normalen Tabellen den Vorteil, dass auch große Datenmengen schnell durchsucht werden können. Dabei wird für jedes Schlüsselwort eine eigene Datei angelegt. In dieser werden die DocIDs von denjenigen Dokumenten gespeichert, in denen das entsprechende Schlüsselwort vorkommt. Je nach Suchmaschine werden Informationen wie die Position und Häufigkeit des Wortes im Dokument und weitere für die Bewertung des Dokuments relevante Parameter abgelegt.[82] So muss bei der Suche nach einem Stichwort nicht der gesamte Datenbestand durchsucht, sondern lediglich über einen zentralen Index auf die Datei des Wortes zugegriffen werden.

Für jede DocID werden alle Informationen über das Dokument gespeichert. Neben Titel und URL wird unter anderem auch der vollständige normalisierte Text des Dokuments hinterlegt. Aus diesen Daten wird später die Anzeige des Dokuments in der Trefferliste generiert.

Im Index ist jedes Schlüsselwort enthalten und verweist auf die jeweilige invertierte Datei. Dabei werden von der überwiegenden Zahl der Suchmaschinen Schlüsselworte nur in Kleinbuchstaben gespeichert, da zwischen Groß- und Kleinschreibung nicht differenziert wird. Um den Index bei einer großen Anzahl von Schlüsselwörtern noch effizienter durchsuchen zu können, wird eine Baumstruktur eingesetzt. In dieser werden die Schlüsselwörter nicht in einer

---

80 *Glöggler,* Suchmaschinen im Internet, S. 44 ff.; *Eijk,* IRIS plus 2006-02, 1, 2.
81 *Ott,* MMR 2008, 222, 223; *ders.,* K&R 2008, 306, 307; *Rath,* Das Recht der Internet-Such-maschinen, S. 137; *Roggenkamp,* jurisPR-ITR 14/2008 Anm. 2.
82 Aus welchen Parametern die Relevanz eines Dokuments bestimmt wird, kann zwar im Groben ermittelt werden, ist jedoch das Geheimnis der Suchmaschinen-Betreiber. Auf dem Verfahren zur Bestimmung des Google Page Ranks beispielsweise beruht maßgeblich der Erfolg der Suchmaschine.

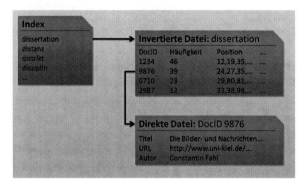

Abb. 1 Invertiertes Dateisystem – vereinfachte, schematische Darstellung (vgl. *Glöggler*, Such-maschinen im Internet, S. 59)

langen Liste, sondern in mehreren kleineren Listen gespeichert, die nach An-fangsbuchstaben sortiert sind.[83]

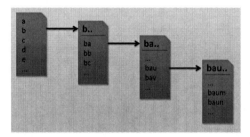

Abb. 2 Index als Baumstruktur

Wird ein Bild in den Index der Bildersuche aufgenommen, so werden grundsätzlich dieselben Schritte wie bei einem Text-Dokument durchlaufen. Jedem Bild wird wiederum eine eindeutige DocID zugeordnet. Die Schlüssel-wörter können allerdings nicht aus dem Bild selbst gewonnen werden.[84] Hierfür werten die Suchmaschinen diejenige Webseite aus, auf der das Bild verlinkt oder eingebunden ist. Aus dem Kontext, in dem das Bild verwendet wird, dem Inhalt im Umfeld des Bildes, dem Dateinamen und dem Alt- bzw. Title-Attribut werden Schlüsselwörter generiert und in der Datenbank gespeichert.[85]

---

83 *Glöggler*, Suchmaschinen im Internet, S. 64 f.
84 Google bietet mittlerweile für die Suchergebnisliste einen Filter an, nach welcher Art von Bildern gesucht werden soll (News, Gesicht, Clipart, Lineart oder Foto). Diese Informationen werden aus dem Bild selbst gewonnen, Schlüsselworte können daraus aber noch nicht er-mittelt werden.
85 *Ernst*, MR-Int 2009, 1, 2; vgl. http://de.altavista.com/help/search/help_img.

Hier sehen Sie ein Bild der Universität Kiel:
<img src="fotos/uni-kiel.jpg" alt="Kiel" title="Universität Kiel">

II. Erstellung und Speicherung der Thumbnails

Neben den Informationen zum Bild archivieren die Crawler ein Vorschaubild (Thumbnail) des Originals. Beim Indexieren wird dabei das vom Gatherer heruntergeladene Originalbild verkleinert. Google verwendet für seine Vorschaubilder eine Größe von maximal 150 x 150 Pixel. Bei der Verkleinerung geht ein Großteil der Bildinformationen verloren, so dass das Bild gröber wird.[86] Dieses Vorschaubild wird zu der entsprechenden DocID auf dem Server des Suchmaschinen-Betreibers gespeichert.[87]

Ob auch das Originalbild auf dem Server der Suchmaschinen-Betreiber gespeichert wird, kann nur vermutet werden.[88] Für den Vorgang der Verkleinerung muss das ursprüngliche Bild aber zumindest kurzfristig im Arbeitsspeicher[89] des Rechners der Suchmaschine abgelegt werden.

III. Anzeige der Suchergebnisse

Die Suchanfragen der Nutzer verarbeitet ein Query Processor. Über den Index sucht diese Software-Komponente aus der Datenbank der Suchmaschine diejenigen Dokumente heraus, die der Suchanfrage entsprechen, sortiert diese nach Relevanz und gibt sie in der Ergebnisliste aus.[90]

---

86 Wenn ein Foto von 640 x 480 Pixel auf 150 x 112 Pixel verkleinert wird, gehen etwa 95 % der Bildinformationen verloren.

87 Vgl. AG Bielefeld MMR 2005, 556, 557.

88 *Roggenkamp*, K&R 2007, 328 lässt diese Frage offen, während das LG Erfurt MMR 2007, 393, 394 – Thumbnails bei Google, und der US Court of Appeals for the Ninth Circuit, California MR-Int 2007, 115, für die Suchmaschine Google feststellen, dass keine Originalbilder gespeichert werden.

89 Der *Arbeitsspeicher* ist der Kurzspeicher eines Computers, der von laufenden Programmen verwendet wird. Spätestens beim Ausschalten des Computers wird dieser Speicher gelöscht.

90 *Glöggler*, Suchmaschinen im Internet, S. 66.

1.   Suchergebnisliste

Anders als bei der Textsuche werden die Suchergebnisse bei der Bildersuche nicht als Liste, sondern als Galerie angezeigt. Jeder Treffer wird durch ein Thumbnail des Originals repräsentiert. Das Bild wird dabei direkt vom Server der Suchmaschine geladen. Google und andere Suchmaschinen stellen unter dem Vorschaubild noch eine kurze Beschreibung des Dokuments, die Maße des Bildes, Dateigröße, Dateityp und die Domain, unter der das Bild zu finden ist, dar.

Abb. 3 Suchergebnisliste der Google Bildersuche

Klickt der Nutzer auf ein Vorschaubild, gelangt er nicht wie bei der Textsuche auf die Seite des Anbieters, sondern zu einer Detailansicht des Suchtreffers.

2.   Detailansicht[91]

In der Detailansicht werden Frames[92] eingesetzt. Im oberen Bereich sind das Vorschaubild in etwas größerer Darstellung und ein Link auf die Seite, die das Bild enthält, abgebildet. Das Thumbnail wird dabei wieder direkt vom Server des

---

91 Die Darstellung der Details ist bei allen untersuchten Suchmaschinen gleich. Lediglich die Bildersuche von Microsoft weicht vom dargestellten Muster ab, enthält aber im Wesentlichen die selben Elemente.

Suchmaschinen-Betreibers angezeigt. Daneben kann über einen so genannten Deep-Link[93] direkt das Original-Bild im Browser angezeigt werden, ohne dass dieses auf der verlinkenden Webseite gesucht werden muss.[94] Google platziert unter dem Link zusätzlich den Hinweis »Dieses Bild ist möglicherweise urheberrechtlich geschützt. Im Folgenden finden Sie das Bild unter: [...]«. Im unteren Bereich, der ca. 80 % der Seite ausfüllt, ist die Webseite, auf der das Bild gefunden wurde, eingebunden. Zusätzlich kann der obere Bereich über einen Button »Frame entfernen« geschlossen werden.

Abb. 4 Detailansicht der Google Bildersuche

Da die Aktualisierung der Datenbanken teilweise in größeren Abständen erfolgt, kann es vorkommen, dass Bilder, die gar nicht mehr im Internet verfügbar sind, dennoch unter den Suchergebnissen angezeigt werden. Solange der Crawler die Webseite, auf der ein Bild ursprünglich zu finden war, nicht erneut besucht, bleibt der Eintrag in der Datenbank bestehen und das Thumbnail wird aus dem Cache[95] geladen.

---

92 Ein *Frame* ist ein Teilbereich einer Webseite, in dem eine andere Webseite dargestellt werden kann.

93 Ein *Deep-Link* ist eine direkte Verweisung auf ein Dokument im Internet unter Umgehung der Startseite einer Website.

94 Vgl. auch *Niemann*, CR 2009, 97, 98.

95 Der *Cache* ist ein Speicher, der Kopien der Dateien von anderen Speicherorten für einen schnelleren Zugriff bereithält.

B.   Urheberrecht

Auch wenn Bildersuchmaschinen das Suchen im Internet erheblich erleichtern, können sie Rechte Dritter verletzen. Denn nicht jeder Inhalt, den ein Website-Betreiber kostenlos auf seinen Seiten zum Abruf bereitstellt, darf nach Belieben kopiert und weitergegeben werden.[96] Vorrangig kommen Urheberrechte und verwandte Schutzrechte in Betracht. Auch Suchmaschinen dürfen grundsätzlich nicht ohne Zustimmung des Rechteinhabers fremde Inhalte und Bilder übernehmen. Allein der Nutzen für die Allgemeinheit begründet noch nicht die Zulässigkeit des Betriebs von Suchmaschinen.[97] Vielmehr muss die konkrete Vorgehensweise der Suchdienste betrachtet und urheberrechtlich untersucht werden.

I.   Schutzgegenstand

Als Schutzgegenstand kommen sowohl einzelne Bilder als auch Bildersammlungen in Betracht, aus denen Bildersuchmaschinen teilweise ganze Datensätze entnehmen. Bei den Bildern kann es sich entweder um schutzfähige Werke nach § 2 UrhG handeln oder um einfache Lichtbilder gemäß § 72 UrhG. Hinsichtlich Bildersammlungen kommt ein Schutz für Datenbankwerke oder einfache Datenbanken in Betracht, §§ 4 Abs. 2, 87a ff. UrhG.

1.   Einzelne Bilder

Einzelne Fotografien können gemäß § 2 Abs. 1 Nr. 5 UrhG Lichtbildwerke oder ähnlich wie Lichtbildwerke geschaffene Werke sein. Voraussetzung dafür ist, dass diese mit strahlender Energie oder einem fotografieähnlichen Verfahren erzeugt worden sind.[98] Darunter fallen Fotos, die durch Einscannen digitalisiert worden sind, genauso wie Bilder von Digitalkameras.[99] Weiterhin müssen sie nach § 2 Abs. 2 UrhG eine persönliche geistige Schöpfung darstellen. Diese ist eine auf menschlich-gestalterischer Tätigkeit beruhende Leistung, die in einer konkreten Form Gestalt angenommen hat und einen geistigen Gehalt aufweist.[100] Erreichen Bilder die erforderliche Schöpfungshöhe nicht, sind sie als Lichtbilder

---

96 *Rath*, Das Recht der Internet-Suchmaschinen, S. 93.
97 *Harte-Bavendamm/Jürgens*, FS Schricker, S. 33, 52.
98 BGHZ 37, 1 – AKI; Schricker/*Loewenheim*, § 2 Rn. 176; Wandtke/*Bullinger*, § 2 Rn. 113; Dreier/*Schulze*, § 2 Rn. 199; a.A. *Rehbinder*, UrhR, Rn. 837, der auf die Ähnlichkeit der kulturellen Leistung abstellt.
99 *Rath*, Das Recht der Internet-Suchmaschinen, S. 96; *Schack*, UrhR, Rn. 417.
100 *Schack*, UrhR, Rn. 181.

über das Leistungsschutzrecht gemäß § 72 UrhG geschützt, auf das die Vorschriften für Lichtbildwerke entsprechend angewendet werden.[101] Ein Unterschied ergibt sich im deutschen Urheberrecht lediglich im Hinblick auf die Schutzdauer (§ 72 Abs. 3 UrhG).[102] Andere Bilder als Fotografien sind, sofern sie die erforderliche Schöpfungshöhe erreichen, als Werke der bildenden Kunst nach § 2 Abs. 1 Nr. 4 UrhG einzuordnen. Dass diese Bilder im Internet nur digital gespeichert und körperlich nicht fassbar sind, hindert den Schutz über das Urheberrecht nicht.[103] Daneben kann ein Bearbeiterurheberrecht nach § 3 UrhG bestehen, wenn ein Bild am Computer schöpferisch bearbeitet oder mit anderen Bildern zusammengefügt (Fotocomposing) wird.[104]

Umstritten ist, ob am Computer bearbeitete oder neu geschaffene Bilder (z. B. CAD-Bilder[105]) als lichtbildähnliche Werke (§ 2 Abs. 1 Nr. 5 UrhG) bzw. Erzeugnisse (§ 72 Abs. 1, 2. Alt UrhG) schutzfähig sind.[106] Ist nach § 2 Abs. 2 UrhG eine persönliche geistige Schöpfung gegeben, kann dahinstehen, ob ein lichtbildähnliches Werk vorliegt, da das Bild andernfalls als Werk der bildenden Kunst (§ 2 Abs. 1 Nr. 4 UrhG) einzuordnen ist. Wenn die urheberrechtliche Schöpfungshöhe jedoch nicht erreicht ist und ein Schutz als lichtbildähnliches Erzeugnis abgelehnt wird, kann kein Schutz nach dem UrhG beansprucht werden.

Da es bei der Bearbeitung von Fotos und am Computer entworfenen Grafiken an der Nutzung strahlender Energie fehlt und kein damit vergleichbares Herstellungsverfahren angewendet wird, stellen diese nach richtiger Ansicht keine lichtbildähnlichen Werke dar.[107] Bei mangelnder Schöpfungshöhe ist ihnen mithin der Schutz über § 72 UrhG zu versagen. Bei am Computer gestalteten

---

101 *Ott*, ZUM 2007, 119, 124; *Tränkle*, Urheberrechtliche Fragen des Einsatzes von Suchmaschinen, S. 49; *Ziem*, Pressefreiheit, S. 215.
102 International besteht dagegen ein bedeutender Unterschied. Einfache Lichtbilder sind weder nach dem Berner Übereinkommen zum Schutz von Werken der Literatur und Kunst (RBÜ) noch dem Welturheberrechtsabkommen (WUA) geschützt. Vgl. OGH GRUR Int 2007, 167, 169 – Werbefotos; *Schack*, UrhR, Rn. 954 mwN.
103 OLG Hamm GRUR-RR 2005, 73, 74 – Web-Grafiken; Schricker/*Loewenheim*, § 2 Rn. 21; *Dreyer* in HK-UrhR, § 2 Rn. 35; *Schack*, UrhR, Rn. 417.
104 *Schack*, MMR 2001, 9, 10; Bröcker/Czychowski/Schäfer/*Wirtz*, Geistiges Eigentum im Internet, § 8 Rn. 77.
105 *Computer Aided Design* (CAD) ist ein Verfahren, um Zeichnungen am PC zu entwerfen.
106 Bejahend: Dreier/*Schulze*, § 2 Rn. 200; *Schulze*, CR 1988, 181, 193; dagegen: OLG Hamm GRUR-RR 2005, 73, 74 – Web-Grafiken; *Schack*, UrhR, Rn. 721; *ders.*, MMR 2001, 9, 10; Schricker/*Vogel*, § 72 Rn. 18; Schmid/Wirth/*Seifert*, § 2 Rn. 22; Fromm/Nordemann/ *A. Nordemann*, § 2 Rn. 193; *Reuter*, GRUR 1997, 23, 27; *Rath*, Das Recht der Internet-Suchmaschinen, S. 96.
107 OLG Köln GRUR-RR 2010, 141, 142 f. – Urheberrechtschutz bei Computergrafiken; OLG Hamm GRUR-RR 2005, 73, 74 – Web-Grafiken; *Gercke*, ZUM 2004, 929, 931; Wandtke/ Bullinger/*Thum*, § 72 Rn. 18; Möhring/Nicolini/*Kroitzsch*, § 72 Rn. 3; Fromm/Nordemann/ *A. Nordemann*, § 72 Rn. 8; *Meckel* in HK-UrhR, § 72 Rn. 10; a.A. Dreier/*Schulze*, § 72 Rn. 7.

oder veränderten Bildern kommt es somit im Einzelfall darauf an, ob das Werk hinreichend individuell gestaltet ist und damit den Voraussetzungen des § 2 Abs. 2 UrhG genügt, um als Werk der bildenden Kunst oder gegebenenfalls als technische Darstellung (§ 2 Abs. 1 Nr. 4 bzw. Nr. 7 UrhG) geschützt zu sein. Liegt dem Bild ein Foto zu Grunde, kann, sofern keine freie Benutzung nach § 24 UrhG vorliegt, auf das Urheber- bzw. Leistungsschutzrecht an dem Foto zurückgegriffen werden.[108]

2. Bilderdienste

Auch Sammlungen von Bildern können Schutz nach dem UrhG beanspruchen. In Bilderdiensten wie Pixelio,[109] Aboutpixel,[110] Piqs,[111] Picspack[112] oder Photocase[113] sind tausende von Bildern zu finden. Diese Bildersammlungen könnten als Datenbankwerke i.S.v. § 4 Abs. 2 UrhG einzuordnen sein. Eine Sammlung von Werken, Daten oder anderen Elementen, die systematisch oder methodisch angeordnet und einzeln zugänglich sind, liegt bei Bildersammlungen vor. Der Schutz von Datenbankwerken nach dem UrhG stützt sich allerdings auf die individuelle Auswahl oder Anordnung, welche Ausdruck der schöpferischen Leistung sein müssen.[114] Bei banalen Ordnungskriterien oder Anordnungen, die durch Logik oder Zweckmäßigkeit vorgegeben sind, scheidet eine schöpferische Tätigkeit aus.[115] Eine Auswahl der angebotenen Bilder treffen die Betreiber derartiger Bilderdienste meist nicht. Die Bilder werden von Dritten eingestellt und überwiegend nur auf offensichtliche Rechtsverletzungen hin überprüft. Auch die Einordnung nehmen Dritte vor, indem sie ihr Bild verschiedenen Kategorien zuordnen. Die Zuordnung der Bilder richtet sich zudem überwiegend nach den abgebildeten Motiven in Gruppen wie »Menschen«, »Gebäude« oder »Natur«. Darin ist keine über das Alltägliche hinausgehende Leistung zu sehen, so dass ein Schutz als Datenbankwerk nach § 4 Abs. 2 UrhG ausscheidet.

An den Bildersammlungen könnte aber ein Schutzrecht sui generis für Datenbanken nach § 87a UrhG bestehen. Dieses ist unabhängig von einem urheberrechtlichen Schutz nach § 4 Abs. 2 UrhG, da bei §§ 87a ff. UrhG die in der Datenbank verkörperte Investitionsleistung und das Amortisationsin-

---

108 *Schack*, MMR 2001, 9, 10; *Gercke*, ZUM 2004, 929, 931.
109 http://www.pixelio.de.
110 http://www.aboutpixel.de.
111 http://www.piqs.de.
112 http://www.picspack.de.
113 http://www.photocase.de.
114 *Schack*, UrhR, Rn. 290; Wandtke/Bullinger/*Marquardt*, § 4 Rn. 8; Schricker/*Loewenheim*, § 4 Rn. 33; Fromm/Nordemann/*Czychowski*, § 4 Rn. 11.
115 OLG Hamburg GRUR 2000, 319, 320; Schricker/*Loewenheim*, § 4 Rn. 35; *Kotthoff* in HK-UrhR, § 4 Rn. 8; Möhring/Nicolini/*Ahlberg*, § 4 Rn. 22.

teresse im Vordergrund stehen.[116] Der Begriff der Datenbank stimmt mit dem in § 4 Abs. 2 UrhG überein,[117] dessen technische Voraussetzungen, wie bereits erläutert, vorliegen. § 87a Abs. 1 UrhG fordert darüber hinaus eine nach Art und Umfang wesentliche Investition in Bezug auf die Beschaffung, Überprüfung oder Darstellung der Elemente. Der Investitionsbegriff ist dabei weit zu verstehen. Sowohl durch finanzielle Mittel als auch durch Arbeits- und Zeitaufwand können Investitionen getätigt werden.[118] Dazu gehören auch Kosten für die Anschaffung von Computerprogrammen und die Bereitstellung von Servern für Datenbanken.[119] Für den Betrieb eines Bilderdienstes sind Server zur Speicherung der Daten sowie Softwareprogramme für deren Verwaltung und geordnete Anzeige notwendig. Daneben entstehen den Betreibern durch Wartung, Überwachung und Prüfung der eingestellten Bilder, je nach Größe des Projekts, Personalkosten. Selbst wenn man mit einem Teil der Literatur einen strengen Maßstab anlegt und erhebliche Aufwendungen für die Wesentlichkeit der Investition verlangt,[120] dürften diese in der Regel vorliegen, so dass ein Datenbankschutz sui generis besteht.[121] Die Rechte am Datenbankinhalt bleiben jedoch von §§ 87a ff. UrhG unberührt.[122]

II. Verwertungsrechte

Dem Urheber stehen die in § 15 UrhG bezeichneten Verwertungsrechte als Ausschließlichkeitsrechte zu. Auch die verwandten Schutzrechte nach §§ 70 ff. UrhG geben dem Schutzrechtsinhaber eine ausschließliche Rechtsposition. Zunächst ist daher zu untersuchen, inwieweit die Suchmaschinen-Betreiber urheberrechtlich relevante Nutzungshandlungen vornehmen, die diese Rechte betreffen.

---

116 Schricker/*Vogel*, § 87a Rn. 16; Wandtke/Bullinger/*Büscher*, vor §§ 87a ff. Rn. 25; *Schack*, UrhR, Rn. 744; *Lettl*, UrhR, § 9 Rn. 21; *Rehbinder*, UrhR, Rn. 824.
117 Bettinger/*Leistner*, Werbung und Vertrieb im Internet, Teil 1 B Rn. 45.
118 *Dreier*/Schulze, § 87a Rn. 12; Wandtke/Bullinger/*Thum*, § 87a Rn. 38; *Lettl*, UrhR, § 9 Rn. 30; vgl. Erwgr. 40 der Datenbank-RL.
119 KG NJW-RR 2000, 1495 – Ticketverkauf; Schricker/*Vogel*, § 87a Rn. 28 f.
120 So *Schack*, UrhR, Rn. 745; *ders.*, MMR 2001, 9, 12; Fromm/Nordemann/*Czychowski*, § 87a Rn. 16; *Sosnitza*, CR 2001, 693, 696 f.; a.A. Wandtke/Bullinger/*Thum*, § 87a Rn. 25; *Kotthoff* in HK-UrhR, § 87a Rn. 30; *Benecke*, CR 2004, 608, 611; *Leistner*, Rechtsschutz von Datenbanken, S. 168; *ders.*, GRUR Int 1999, 819, 830; *Schmid/Wirth/Seifert*, § 87a Rn. 2; vermittelnd *Dreier*/Schulze, § 87a Rn. 14. Der Gesetzgeber sah es als Aufgabe der Rechtsprechung an, den unbestimmten Rechtsbegriff der »wesentlichen« Investition zu definieren; BT-Drs. 13/7385, S. 45.
121 So auch *Rehbinder*, UrhR, Rn. 825.
122 Wandtke/Bullinger/*Thum*, § 87a Rn. 3; vgl. Erwgr. 45 der Datenbank-RL.

1. Crawlen

Durch das Crawlen werden Informationen aus dem Internet abgerufen und im Arbeitsspeicher des Suchmaschinen-Rechners zwischengespeichert. Für die Bildersuche werden dabei das Originalbild und die verlinkende Seite heruntergeladen.

a)   Vervielfältigungsrecht (§ 16 UrhG)

Die Kopien der Originaldaten im Arbeitsspeicher des Suchmaschinen-Rechners stellen Vervielfältigungen i.S.v. § 16 Abs. 1 UrhG dar. Dass diese flüchtig sind, spielt dabei keine Rolle, da von § 16 Abs. 1 UrhG auch vorübergehende Vervielfältigungen erfasst sind.[123]

Der Abruf der *Webseite*, die das Bild verlinkt, erfolgt allerdings ausschließlich, um Schlüsselwörter für die Suche nach dem Bild zu generieren. Unabhängig von der Frage, unter welchen Voraussetzungen Webseiten urheberrechtlich geschützt sind, könnte in der Kopie im speziellen Arbeitsspeicher der Crawler daher eine nach § 44a Nr. 2 UrhG zulässige vorübergehende Vervielfältigung liegen. Überwiegend wird der Arbeitsspeicher als flüchtig angesehen, da spätestens mit Beenden des Programmablaufs die Informationen verloren gingen.[124] Die Daten im Arbeitsspeicher können aber unter Umständen bis zum Abschalten des Computers erhalten bleiben. Ob der Arbeitsspeicher flüchtig ist, muss daher im Einzelfall bestimmt werden.[125] Da die Crawler jedoch laufend neue Webseiten aus dem Internet abrufen und diese sofort verarbeiten, ist davon auszugehen, dass die Daten im Arbeitsspeicher vorliegend nur kurzzeitig und somit flüchtig gespeichert werden. Das Zwischenspeichern ist weiterhin ein integraler und wesentlicher Bestandteil eines technischen Verfahrens, da die Kopie im Arbeitsspeicher nicht gesondert genutzt wird. Der Zweck des Abrufs müsste weiterhin einer rechtmäßigen Nutzung dienen. Eine rechtmäßige Nutzung liegt unter anderem vor, wenn diese von den Verwertungshandlungen des § 15 UrhG gar nicht erfasst und auch sonst nicht durch Gesetze verboten ist.[126] Die Schlüsselwörter, die aus den zwischengespeicherten Webseiten generiert werden, sind urheberrechtlich zumeist nicht geschützt, da sie die erforderliche Schöpfungshöhe nach § 2 Abs. 2 UrhG nicht erreichen. Das Herausfiltern und

---

123 OLG Hamburg GRUR 2001, 831 – Roche Lexikon Medizin; LG Hamburg GRUR-RR 2004, 313, 315 – thumbnails; *Schack*, UrhR, Rn. 419; Wandtke/Bullinger/*v. Welser*, § 44a Rn. 3; Dreier/*Schulze*, § 16 Rn. 7; *Rath*, Das Recht der Internet-Suchmaschinen, S. 106.

124 KG GRUR-RR 2004, 228, 231 – Ausschnittdienst; *Walter*, Europäisches Urheberrecht, Info-RL, Rn. 107; Schricker/*Loewenheim*, § 44a Rn. 5; Wandtke/Bullinger/*v. Welser*, § 44a Rn. 2; *Dreyer* in HK-UrhR, § 44a Rn. 8.

125 Vgl. *Schack*, UrhR, Rn. 418 ff.

126 *Stieper*, Schranken des Urheberrechts, S. 111; *Poeppel*, Die Neuordnung der urheberrechtlichen Schranken im digitalen Umfeld, S. 444; *v. Diemar*, Die digitale Kopie, S. 37.

Speichern dieser Wörter stellt also keine Urheberrechtsverletzung dar. Dem Zwischenspeichern im Arbeitsspeicher kommt im Hinblick auf die Nutzung der Schlüsselwörter auch keine eigenständige wirtschaftliche Bedeutung zu. Daher ist die kurzfristige Vervielfältigung im Arbeitsspeicher der verlinkenden Website von § 44a UrhG gedeckt.

Ob die Schranke des § 44a UrhG auch das Zwischenspeichern der *Originalbilder* umfasst, ist hingegen zweifelhaft. Zwar sollen gerade Kopien im Arbeitsspeicher von § 44a Nr. 2 UrhG erfasst werden,[127] diese müssten aber ebenfalls allein einer rechtmäßigen Nutzung dienen. Zweck der kurzfristigen Speicherung im Rahmen des Crawlens ist es, Vorschaubilder zu generieren, diese zu speichern und anzuzeigen. Ob diese Nutzung rechtmäßig ist, wird im Folgenden dargestellt. Wenn das Erstellen, Speichern oder Anzeigen der Thumbnails eine Rechtsverletzung darstellt, liegt damit schon in dem kurzfristigen Zwischenspeichern der Originalbilder eine Urheberrechtsverletzung.[128] Diese wird allerdings auf Grund der kurzen Dauer und mangelnden selbständigen Nutzbarkeit praktisch kaum relevant sein, ist aber im Ergebnis gleich zu beurteilen.

Vor Inkrafttreten des § 44a UrhG[129] wurde in Rechtsprechung und Literatur angenommen, dass Kopien im Arbeitsspeicher beim berechtigten Browsen gar nicht unter § 16 UrhG fallen,[130] zumindest aber durch eine generelle konkludente Einwilligung gedeckt seien.[131] Mit der Neuregelung des § 44a UrhG hat der Gesetzgeber jedoch zum Ausdruck gebracht, dass auch vorübergehende Vervielfältigungen unter § 16 UrhG zu fassen sind.[132] Für eine konkludente Einwilligung in Bezug auf die Speicherung im Arbeitsspeicher bei Übertragungsvorgängen ist weiterhin kein Raum mehr. In Erwägungsgrund 33 der Info-RL

---

127 *Schack*, UrhR, Rn. 420; Schricker/*Loewenheim*, § 44a Rn. 1, und 14; *Dreyer* in HK-UrhR, § 44a Rn. 5; *Spindler*, GRUR 2002, 105, 111; *Rehse*, Zulässigkeit und Grenzen ungeschriebener Schranken des Urheberrechts, S. 208; vgl. Erwgr. 33 der Info-RL, der speziell auf Handlungen abstellt, die das »Browsing« ermöglichen.

128 *Ott*, ZUM 2007, 119, 124 hält § 44a UrhG für die Zwischenspeicherung des Originalbildes für einschlägig.

129 § 44a UrhG wurde durch das Gesetz zur Regelung des Urheberrechts in der Informationsgesellschaft vom 10.03.2003 (BGBl. I, S. 1774) eingeführt.

130 KG ZUM 2002, 828, 830 – Versendung von Pressespiegel per E-Mail; Wandtke/Bullinger/*Heerma*, 1. Auflage, § 16 Rn. 15; a.A. OLG Hamburg GRUR 2001, 831 – Roche Lexikon Medizin; LG Hamburg GRUR-RR 2004, 313, 315 – thumbnails; *Schwarz*, GRUR 1996, 836, 840. Der BGH hat die Frage in BGHZ 140, 183, 190 offen gelassen.

131 Schricker/*Loewenheim*, 2. Auflage, § 16 Rn. 19; *Waldenberger*, ZUM 1997, 176, 179; *Sosnitza*, CR 2001, 693, 699; *Schack*, UrhR, 2. Auflage, Rn. 380; vgl. Wandtke/Bullinger/*v. Welser*, § 44a Rn. 29; *Dreyer* in HK-UrhR, § 44a Rn. 16; Loewenheim/*Loewenheim*, Hdb UrhR, § 20 Rn. 11.

132 Würden vorübergehende Vervielfältigungen gar nicht unter § 16 UrhG fallen, hätte § 44a UrhG praktisch keinen Anwendungsbereich.

wird ausdrücklich klargestellt, dass nur diejenigen vorübergehenden Vervielfältigungshandlungen freigestellt sein sollen, welche die genannten Voraussetzungen erfüllen. Eine Konstruktion über eine konkludente Einwilligung, welche die aufgestellten Voraussetzungen faktisch umgehen würde, verstößt damit gegen den Zweck der Richtlinie und den gleichlautenden § 44a UrhG.[133] Es kann somit hinsichtlich der Kopie im Arbeitsspeicher nicht mehr auf eine generelle konkludente Einwilligung abgestellt werden.

b) Rechte des Datenbankherstellers (§ 87b UrhG)

Werden beim Crawlen Bilderdatenbanken durchsucht und zumindest teilweise für die Aufnahme in den Index abgerufen, könnte das Recht des Datenbankherstellers betroffen sein. Nach § 87b Abs. 1 S. 1 UrhG steht diesem das ausschließliche Recht zu, die Datenbank insgesamt oder einen wesentlichen Teil der Datenbank zu vervielfältigen. Für den Begriff der Vervielfältigung kann auf § 16 UrhG verwiesen werden, so dass auch eine vorübergehende Vervielfältigung im Arbeitsspeicher ausreicht.[134] Die Crawler der Suchmaschinen rufen allerdings nicht die gesamte Datenbank ab, sondern laden jeweils einzelne Webseiten mit den dazugehörigen Bildern herunter. Für einen Eingriff in das Schutzrecht sui generis nach § 87b Abs. 1 S. 1 UrhG müsste es sich dabei um wesentliche Teile der Datenbank handeln. Ob ein Teil nach Art und Umfang wesentlich ist, muss im Einzelfall nach dem Verhältnis zur gesamten Datenbank, der Qualität der Daten und ihrem wirtschaftlichen Wert bestimmt werden.[135] Einzelne Datensätze, die ohne großen Aufwand beschafft werden können, sind jedoch keine wesentlichen Teile.[136] Damit vervielfältigen die Crawler, indem sie lediglich einzelne Bilder abrufen, nur unwesentliche Teile.[137]

---

133 Gegen *Tränkle*, Urheberrechtliche Fragen des Einsatzes von Suchmaschinen, S. 14 f.

134 Schricker/*Vogel*, § 87b Rn. 16; Dreier/*Schulze*, § 87b Rn. 4; Fromm/Nordemann/*Czychowski*, § 87b Rn. 14; *Tränkle*, Urheberrechtliche Fragen des Einsatzes von Suchmaschinen, S. 71; *Buchner*, AfP 2003, 510, 513.

135 Dreier/*Schulze*, § 87b Rn. 6; Schricker/*Vogel*, § 87b Rn. 13; Wandtke/Bullinger/*Thum*, § 87b Rn. 10; Fromm/Nordemann/*Czychowski*, § 87b Rn. 8; so auch EuGH Slg. 2004, I-10415, 10417 (= GRUR 2005, 244, 250) – BHB-Pferdewetten, wobei der EuGH darauf hinweist, dass der den entnommenen Daten innewohnende Wert selbst kein relevantes Kriterium für eine qualitative Wesentlichkeit darstellt (Rn. 78). Erwgr. 42 der Datenbank-RL stellt für die Beurteilung der Wesentlichkeit auf einen qualitativ oder quantitativ erheblichen Schaden für die Investition ab.

136 KG NJW-RR 2000, 1495, 1496 – Ticket-Verkauf; LG Köln AfP 1999, 95, 96: 99 Ergebnisse pro Suchauftrag stellen einen unwesentlichen Teil dar; Schricker/*Vogel*, § 87b Rn. 13; Dreier/*Schulze*, § 87b Rn. 7.

137 *Tränkle*, Urheberrechtliche Fragen des Einsatzes von Suchmaschinen, S. 72, und *Schaefer*, Bildersuchmaschinen, S. 48, gehen davon aus, dass im Wesentlichen alle Webseiten eines Angebots abgerufen werden, so dass § 87b Abs. 1 S. 1 UrhG einschlägig sei. Dem ist entgegenzuhalten, dass die Crawler zwar alle Webseiten eines Angebots abrufen, dies aber

Nach § 87b Abs. 1 S. 2 UrhG wird die wiederholte und systematische Vervielfältigung unwesentlicher Teile allerdings der Vervielfältigung eines wesentlichen Teils gleichgestellt, sofern diese der normalen Auswertung zuwiderläuft oder berechtigte Herstellerinteressen beeinträchtigt.

aa) Wiederholte und systematische Nutzung

Die Crawler laden zwar jedes Bild der Datenbank einzeln herunter, greifen allerdings in regelmäßigen Abständen immer wieder auf die Datenbank zu, um weitere Bilder in den eigenen Index aufzunehmen.[138] Es erfolgt damit ein wiederholter Zugriff. Eine systematische Nutzung setzt ein Prinzip voraus, dem sachliche und logische Erwägungen zu Grunde liegen.[139] Die Nutzungshandlungen müssen dabei in einem Zusammenhang stehen.[140] Dass sich die genutzten Teile inhaltlich ergänzen, ist keine Voraussetzung aber ein starkes Indiz.[141] Die Qualität einer Suchmaschine hängt wesentlich vom Umfang des Datenbestandes ab. Daher sind die Crawler-Systeme darauf ausgelegt, Websites vollständig zu erfassen, und gehen planmäßig vor.[142] Durch das System, Hyperlinks zu folgen, werden sukzessiv alle Seiten einer Website besucht und in den Index aufgenommen. Dies geschieht auch mit den Bildern einer Bilderdatenbank, so dass mit den einzelnen Abfragen im Ergebnis alle Bilder der Datenbank aufgenommen werden. Damit stellt das Crawlen eine wiederholte und systematische Nutzung dar.

bb) Verletzung der normalen Auswertung und Beeinträchtigung berechtigter Interessen

Was unter der normalen Auswertung zu verstehen ist, muss im Einzelfall bestimmt werden.[143] Eine Handlung läuft der normalen Auswertung aber jedenfalls dann zuwider, wenn mit dem Abruf ein Verstoß gegen die Nutzungsbedingungen vorliegt.[144] Der Anbieter Pixelio schreibt in seinen Nutzungsbedingungen »15. Datenbankrecht [...] Es ist verboten, diese Datenbank ohne Zustimmung von Pixelio in ihrer Struktur ganz oder auch nur teilweise zu übernehmen

---

einzeln von verschiedenen Crawlern und zeitlich versetzt geschehen kann. Da dieser Fall in S. 2 geregelt ist, scheint die Lösung über eine »Gesamtbetrachtung« zweifelhaft.

138 *Tränkle*, Urheberrechtliche Fragen des Einsatzes von Suchmaschinen, S. 53.

139 *Fromm/Nordemann/Czychowski*, § 87b Rn. 23; *Dreier/Schulze*, § 87b Rn. 11; *Wandtke/Bullinger/Thum*, § 87b Rn. 19; *Leistner*, GRUR Int 1999, 819, 833.

140 *Kotthoff* in HK-UrhR, § 87b Rn. 13.

141 *Dreier/Schulze*, § 87b Rn. 11; *Schricker/Vogel*, § 87b Rn. 32; *Wandtke/Bullinger/Thum*, § 87b Rn. 19; *Leistner*, GRUR Int 1999, 819, 833.

142 *Tränkle*, Urheberrechtliche Fragen des Einsatzes von Suchmaschinen, S. 53; so auch BGHZ 156, 1, 16 – Paperboy; *Ziem*, Pressefreiheit, S. 246.

143 *Dreier/Schulze*, § 87b Rn. 13; *Fromm/Nordemann/Czychowski*, § 87b Rn. 26; *Schricker/Vogel*, § 87b Rn. 33.

144 *Kotthoff* in HK-UrhR, § 87b Rn. 15.

[…]«.[145] Unter »2. Download-Nutzungsbedingungen« heißt es bei Aboutpixel »Eine Nutzung der Bilddateien in Bilderdatenbanken, Bildkatalogen und vergleichbaren Bildersammlungen ist nicht gestattet.«.[146] In den Nutzungsbedingungen anderer Anbieter finden sich ähnliche Bestimmungen.[147] Auch wenn der Zweck von Bilder-Datenbanken gerade darin besteht, Dritten Bilder zur Verfügung zu stellen,[148] ist davon nicht die Übernahme der Bilder in eine andere Bilder-Datenbank gedeckt. Gegen eine normale Auswertung spricht weiterhin, dass damit ein Konkurrenzprodukt zur ursprünglichen Datenbank aufgebaut wird.[149] Die Bilderdienste richten sich an Endnutzer, die die Datenbank selbst durchsuchen und Bilder herunterladen, und gerade nicht an Dienste wie die Suchmaschinen, die ebenfalls eine Suche anbieten. Selbst wenn sich in den Nutzungsbedingungen kein direkter Hinweis findet, dass eine Übernahme in eine andere Datenbank verboten ist, läuft das systematische Crawlen damit einer normalen Auswertung zuwider.[150]

Mit der Entnahme der Daten zur Aufnahme in die Datenbank der Suchmaschine könnten auch berechtigte Herstellerinteressen unzumutbar beeinträchtigt werden. Diese Beeinträchtigung liegt regelmäßig vor, wenn die entnommenen Daten für ein Konkurrenzprodukt genutzt werden. Bildersuchmaschinen bedienen denselben Markt wie die Bilderdienste, stellen aber ein so genanntes »value added product«[151] dar. Es wird dem Nutzer eine Suche im gesamten Internet und nicht nur in der Datenbank eines Anbieters ermöglicht. Zwar soll nach der Datenbank-Richtlinie mit dem Schutzrecht nicht der Missbrauch einer marktbeherrschenden Stellung gefördert werden, durch die der Aufbau von Produkten und Dienstleistungen gefährdet wird, die einen solchen Mehrwert aufweisen.[152] Dem Datenbankhersteller ist grundsätzlich aber die Verwendung

---

145 Nutzungsbedingungen von Pixelio (Stand: 28.09.2007), http://www.pixelio.de/pixelio_nutzungsbedingungen.pdf.
146 Nutzungsbedingungen von Aboutpixel, http://www.aboutpixel.de/regeln.
147 Nutzungsbedingungen von Picspack: »Ausgeschlossen ist eine Nutzung in anderen Bilddatenbanken, Bildkatalogen und die Bereitstellung von Bildern zum Download oder zum Verkauf« (Stand: 27.03.2008), http://www.picspack.de/kostenlose-fotos.php; Nutzungsbedingungen von Photocase: »10.3 Folgende Verwendungen sind im Rahmen der Basislizenz grundsätzlich unzulässig […] Fotodatenbanken, Fotokataloge […] und artverwandte Sammlungen« (Stand: Dezember 2008), http://photocase.de/de/termsofuse.asp.
148 Fromm/Nordemann/*Hertin*, 9. Aufl., § 87b Rn. 15.
149 Wandtke/Bullinger/*Thum*, § 87b Rn. 22; Schricker/*Vogel*, § 87b Rn. 35; *Dreier*/Schulze, § 87b Rn. 15; Erwgr. 42 der Datenbank-RL.
150 A.A. *Schaefer*, Bildersuchmaschinen, S. 50 ff., der das Crawlen und die Erstellung der Thumbnails getrennt betrachtet. Richtigerweise ist allerdings für die Beurteilung der Beeinträchtigung auf die gesamte Nutzung durch die Suchmaschinen-Betreiber abzustellen.
151 Vgl. *Tränkle*, Urheberrechtliche Fragen des Einsatzes von Suchmaschinen, S. 58, der allerdings im Ergebnis die Spezialangebote der Suchmaschinen nicht als »value added products«, sondern als neue Produkte einstuft.
152 Erwgr. 47 der Datenbank-RL.

seiner Datenbank für neuartige Produkte auf anderen Märkten vorbehalten.[153]
Die Zulässigkeit der Übernahme der Datenbank für ein »value added product«,
die in der Regel investitionsschädlich ist, hängt damit von der Zustimmung des
Datenbankinhabers ab. Selbst wenn man davon ausgeht, dass die Bildersuche
kein Konkurrenzprodukt darstellt, sondern einen eigenen Markt bedient und
somit der normalen Auswertung der Datenbank nicht unbedingt entgegen-
steht,[154] beeinträchtigt die Entnahme der Daten damit zumindest berechtigte
Herstellerinteressen.[155]

Der BGH hat in seiner Paperboy-Entscheidung für die Tätigkeit von Suchmaschinen eine unzumutbare Beeinträchtigung berechtigter Interessen abgelehnt.[156] Dabei beschäftigt sich das Gericht allerdings nur mit der Zulässigkeit
von Snippets und Deep-Links auf einer Webseite. Wie zutreffend in der Literatur
kritisiert,[157] lässt der BGH das Crawlen der Suchmaschinen außer Betracht und
bewertet ausschließlich die für den Nutzer sichtbaren Vorgänge. Daher kann
auch nicht davon gesprochen werden, dass der BGH durch seine Entscheidung
die Tätigkeit von Suchmaschinen in Bezug auf das Schutzrecht an Datenbanken
für grundsätzlich zulässig erklärt hat.[158] Zu dieser Frage hat sich der BGH nicht
geäußert.

Dreier stellt weiterhin darauf ab, dass der einzelne Datenbankinhaber gar
keine herstellerübergreifende Suche anbieten kann und misst unabhängigen
Suchmaschinen eine »überragende Bedeutung [...] für die Informationsgesellschaft« zu.[159] Daher laufe die Auswertung von Datenbanken durch diese Suchdienste weder der normalen Auswertung zuwider, noch verletze sie berechtigte
Herstellerinteressen. Zumindest hinsichtlich der Bildersuchmaschinen besteht
eine derart überragende Bedeutung für die Allgemeinheit aber nicht. Während
die Textsuche für die Funktionsfähigkeit des Internets durchaus essenziell ist,
kann dies von der Bildersuche nicht behauptet werden.[160] Die Suche nach Bildern stellt vielmehr einen Zusatzdienst dar, der zwar nützlich, aber keinesfalls
notwendig ist. Die Interessenabwägung im Rahmen von § 87b UrhG kann also
nicht allein auf Grund des Nutzens für die Allgemeinheit zu Gunsten der Such-

---

153 Wandtke/Bullinger/*Thum*, § 87b Rn. 22; *Wiebe*, MMR 2003, 724, 725.
154 *Leistner*, GRUR Int 1999, 819, 833; Wandtke/Bullinger/*Thum*, § 87b Rn. 22.
155 A.A. *Schaefer*, Bildersuchmaschinen, S. 52, 56 ff.
156 BGHZ 156, 1, 17 – Paperboy.
157 *Buchner*, AfP 2003, 510, 513; *Heydn*, NJW 2004, 1361, 1362; *Wiebe*, MMR 2003, 724;
     Wandtke/Bullinger/*Thum*, § 87b Rn. 26; *Neubauer*, TKMR 2003, 444, 445; *Rath*, Das Recht
     der Internet-Suchmaschinen, S. 114.
158 Von Teilen der Literatur wird die BGH-Entscheidung dahingehend interpretiert: *Stadler*,
     JurPC Web-Dok. 283/2003, Abs. 22; *Schmid/Wirth*/Seifert, § 87b Rn. 4; wohl auch *Klett*,
     K&R 2003, 561, 562.
159 *Dreier*/Schulze, § 87b Rn. 16; so auch LG München I, CR 2002, 452, 454.
160 So auch *Roggenkamp*, K&R 2007, 328, 329.

maschinen-Betreiber ausfallen, zumal das Datenbankrecht nach §§ 87a ff. UrhG ein Ausschließlichkeitsrecht ist.[161]

cc) Einschränkungen

Die Schranken des Datenbankrechts sind in § 87c UrhG geregelt. Unabhängig davon, dass keine dieser Schranken für das Crawlen durch die Suchmaschinen einschlägig ist, gelten diese nur für die Vervielfältigung wesentlicher Teile. Das Recht zur Vervielfältigung unwesentlicher Teile einer Datenbank ist, sofern die Voraussetzungen des § 87b Abs. 1 S. 2 UrhG vorliegen, schrankenlos dem Datenbankhersteller vorbehalten. Einer Schrankenregelung bedurfte es insoweit nicht, da das Ausschließlichkeitsrecht von vornherein nur diejenigen Nutzungen von unwesentlichen Teilen erfasst, die den Herstellerinteressen widersprechen und daher auch nicht von einer Schranke gedeckt sein könnten.[162]

Teile der Literatur wenden allerdings § 44a UrhG analog auf das Datenbankrecht an.[163] Da § 44a UrhG für Datenbankwerke gelte, müsse diese Regelung auch auf Datenbanken entsprechend angewendet werden. Der europäische und deutsche Gesetzgeber habe die Angleichung des Datenbankrechts an die Rechtslage bei Datenbankwerken nicht in ausreichendem Maß vorgenommen.[164] Durch die Schranke des § 44a UrhG könnte so die nur kurzzeitige Vervielfältigung der Datenbankteile erlaubt sein. Diese Analogie für das Datenbankschutzrecht ist aber abzulehnen.[165] Die in § 87c UrhG gezogenen Schranken sind grundsätzlich abschließend geregelt.[166] Da § 87c UrhG den Spielraum der Datenbankrichtlinie[167] voll ausschöpft, kommt ein Rückgriff auf §§ 44a ff. UrhG nicht in Betracht.[168] Die Vorschrift ist lex specialis gegenüber den allgemeinen Schranken des UrhG.[169]

Darüber hinaus wäre bei der Nutzung unwesentlicher Teile einer Datenbank § 44a UrhG tatbestandlich gar nicht erfüllt. Da § 87b Abs. 1 S. 2 UrhG für das Ausschließlichkeitsrecht eine Handlung verlangt, die der normalen Auswertung zuwiderläuft oder berechtigte Herstellerinteressen beeinträchtigt und das Da-

---

161 *Schack*, UrhR, Rn. 744; *Kotthoff* in HK-UrhR, § 87b Rn. 2; *Möhring/Nicolini/Decker*, § 87b Rn. 1.
162 Wandtke/Bullinger/*Thum*, § 87c Rn. 3, 9; Schricker/*Vogel*, § 87c Rn. 9; Fromm/Nordemann/*Hertin*, 9. Aufl., § 87c Rn. 2; *Kotthoff* in HK-UrhR, § 87c Rn. 4; Möhring/Nicolini/*Decker*, § 87c Rn. 1.
163 Schricker/*Vogel*, § 87b Rn. 17; Schricker/*Loewenheim*, § 44a Rn. 3.
164 Schricker/*Loewenheim*, § 44a Rn. 3.
165 *Dreier*/Schulze, § 87c Rn. 1; Wandtke/Bullinger/*Thum*, § 87c Rn. 1; Schmid/Wirth/Seifert, § 87c Rn. 1; wohl auch *Kotthoff* in HK-UrhR, § 87c Rn. 1; *Rehbinder*, UrhR, Rn. 827.
166 OLG Köln MMR 2007, 443, 445; *Dreier*/Schulze, § 87c Rn. 1.
167 Art. 9 Datenbank-RL.
168 Fromm/Nordemann/*Czychowski*, § 87c Rn. 18; Wandtke/Bullinger/*Thum*, § 87c Rn. 34.
169 AG Rostock MMR 2001, 631, 632; Wandtke/Bullinger/*Thum*, § 87c Rn. 34.

tenbankrecht gerade die Amortisation der Investitionsleistung schützt, kommt dem Crawling von Bilderdatenbanken in der Regel eine eigenständige wirtschaftliche Bedeutung zu. Diese schließt eine Privilegierung nach § 44a a.E. UrhG aus. Aus demselben Grund kann auch auf eine konkludente Einwilligung des Datenbankherstellers durch das Bereitstellen im Internet nicht abgestellt werden, da das Crawlen den Herstellerinteressen zuwider läuft.[170]

dd) Ergebnis

Damit verletzt das systematische Abrufen und vorübergehende Speichern von Inhalten einer Bilderdatenbank durch Crawler das Recht des Datenbankherstellers nach § 87b UrhG.[171]

2. Erstellung und Speicherung der Thumbnails

Dauerhaft werden bei der Bildersuche in den Datenbanken nur Schlüsselworte und beschreibende Informationen zum Bild gespeichert. Diese haben mangels Schöpfungshöhe keine urheberrechtliche Relevanz. Auch das Originalbild wird, anders als bei der Textsuche, bei der die meisten Suchmaschinen den normalisierten Originaltext speichern, nicht dauerhaft festgehalten. Die Crawler speichern nur das verkleinerte Vorschaubild. Das Verkleinern und Abspeichern des Bildes könnte dabei eine urheberrechtlich relevante Nutzungshandlung darstellen.

a) Bearbeitungsrecht (§ 23 UrhG)

Vielfach wird vertreten, dass in dem automatischen Verkleinern der Originalbilder zu Thumbnails eine »andere Umgestaltung« zu sehen ist, die unter das Bearbeitungsrecht nach § 23 UrhG fällt.[172] Diese Ansicht dehnt den Anwendungsbereich des § 23 UrhG jedoch zu weit aus.[173] Unabhängig von der umstrittenen Abgrenzung der Bearbeitung zur »anderen Umgestaltung« erfasst

---

170 Vgl. zur konkludenten Einwilligung 1. Teil B.V.3.

171 So auch *Ziem*, Pressefreiheit, S. 246; zur Verletzung des Datenbankrechts an einer Website durch Crawler: Bröcker/Czychowski/Schäfer/*Wirtz*, Geistiges Eigentum im Internet, § 8 Rn. 120.

172 OLG Jena MMR 2008, 408, 409 – Miniaturansichten; *Schrader/Rautenstrauch*, UFITA 2007, 761, 764; *Ott*, K&R 2008, 306, 308; *Braun*, jurisPR-ITR 6/2006 Anm. 4; *Roggenkamp*, jurisPR-ITR 14/2008 Anm. 2; Dreier/*Schulze*, § 23 Rn. 7; *Wandtke* in: Wandtke, UrhR, 2. Kapitel Rn. 335; Schmid/*Wirth*/Seifert, § 23 Rn. 1; wohl auch *Leistner/Stang*, CR 2008, 499, 501.

173 *Schack*, MMR 2008, 414, 415; *ders.*, UrhR, Rn. 268; Schricker/*Vogel*, § 72 Rn. 26; Bettinger/ *Leistner*, Werbung und Vertrieb im Internet, Teil 1 B Rn. 69; zweifelnd Fromm/Nordemann/*Dustmann*, § 16 Rn. 27; Möhring/Nicolini/*Kroitzsch*, § 23 Rn. 12 und *Ulmer*, UrhR, S. 162 lassen nichtschöpferische Umgestaltungen, wie vorliegend die Verkleinerung, generell nicht unter § 23 UrhG fallen; wohl auch *Gercke*, MMR 2005, 557, 558.

§ 23 UrhG nur veränderte Werkwiedergaben.[174] Dabei muss, wie sich schon aus dem Wortlaut ergibt, ein Mindestmaß an gestalterischer Tätigkeit vorliegen.[175] Bei einer schlichten Verkleinerung mangelt es an diesem gestalterischen Element. Das Bearbeitungsrecht wird daher nur bei verändernden Gestaltungen und nicht bei einfachen Größenänderungen berührt.[176]

b)   Vervielfältigungsrecht (§ 16 UrhG)

Durch das Abspeichern des Thumbnails auf der Festplatte des Suchmaschinen-Rechners wird das Originalbild i.S.v. § 16 Abs. 1 UrhG vervielfältigt.[177] Dass die Speicherung mit einer Verkleinerung einhergeht, spielt dabei keine Rolle.[178] Zwar gehen durch die Reduzierung der Auflösung Bildinformationen verloren und das Bild wird gröber, die wesentlichen Merkmale des Originals bleiben aber erhalten. Es ist gerade Sinn des Thumbnails als Vorschaubild, dass das Original erkennbar bleibt. Daher liegt mangels Selbständigkeit erst recht keine freie Benutzung i.S.v. § 24 UrhG vor.[179]

Selbst wenn man in der Verkleinerung eine »andere Umgestaltung« i.S.v. § 23 UrhG sähe, würde dadurch nicht das Vervielfältigungsrecht des § 16 UrhG im Wege der Spezialität oder Exklusivität ausgeschlossen.[180] Als Begründung für einen Ausschluss des § 16 UrhG wird angeführt, § 23 S. 1 UrhG erlaube die Umgestaltung bzw. Bearbeitung gerade ohne Einwilligung des Urhebers und liefe sonst leer.[181] Nur in den Fällen des § 23 S. 2 UrhG sei diese zustimmungsbedürftig. Daher könne das Vervielfältigungsrecht für die Herstellung der Be-

---

174 *Dreyer* in: HK-UrhR, § 23 Rn. 5; Wandtke/*Bullinger*, § 23 Rn. 4, Fromm/Nordemann/ *A. Nordemann*, §§ 23/24, Rn. 8.

175 Schricker/*Loewenheim*, § 23 Rn. 3; *Rehbinder*, UrhR, Rn. 215 spricht von »Zutaten«.

176 BGH GRUR 2010, 628, 629 f. Tz. 22 – Vorschaubilder; *Schack*, MMR 2008, 414, 415; Fromm/ Nordemann/*A. Nordemann*, § 3 Rn. 26; *Heymann/Nolte*, K&R 2009, 759, 760; *Schaefer*, Bildersuchmaschinen, S. 62 ff.; *Dreier*, FS Krämer, S. 225, 227; *Hüsch*, CR 2010, 452, 453 f.; vgl. BGHZ 44, 288, 292 ff. – Apfel-Madonna; BGH GRUR 1990, 669, 673 – Bibelreproduktion.

177 LG Erfurt MMR 2007, 393 – Thumbnails bei Google; *Schack*, MMR 2008, 414, 415; *ders.*, GRUR 2007, 639, 642; Loewenheim/*Loewenheim*, Hdb UrhR, § 20 Rn. 5; Schricker/*Vogel*, § 72 Rn. 26; *Berberich*, CR 2007, 393; *Ott*, ZUM 2007, 119, 125; *Gercke*, MMR 2005, 557, 558; *Tränkle*, Urheberrechtliche Fragen des Einsatzes von Suchmaschinen, S. 50 f.; wohl auch LG Hamburg GRUR-RR 2004, 313, 316 – thumbnails.

178 BGH GRUR 2010, 628, 629 Tz. 17 – Vorschaubilder; Dreier/*Schulze*, § 16 Rn. 11; Fromm/ Nordemann/*Dustmann*, § 16 Rn. 12; *Schack*, UrhR, Rn. 417; *Ott*, ZUM 2009, 345, 346; Loewenheim/*Loewenheim*, Hdb UrhR, § 20 Rn. 5.

179 LG Hamburg GRUR-RR 2004, 313, 316 – thumbnails; LG Hamburg MMR 2006, 697, 699 – »Bilder«-Suche von Google; *Schack*, MMR 2008, 414, 415; *Ott*, ZUM 2007, 119, 125.

180 *Ott*, ZUM 2009, 345, 346; a.A. *Schrader/Rautenstrauch*, UFITA 2007, 761, 769; Wandtke/ Bullinger/*Heerma*, § 16 Rn. 6; Fromm/Nordemann/*Dustmann*, § 16 Rn. 11; *Leistner/Stang*, CR 2008, 499, 501; krit. *Ulmer*, UrhR, S. 270.

181 Wandtke/Bullinger/*Heerma*, § 23 Rn. 25; Schricker/*Loewenheim*, § 16 Rn. 8.

arbeitung bzw. Umgestaltung nicht neben dem Bearbeitungsrecht einschlägig sein.[182] Zumindest bei geringfügigen Umgestaltungen, wie der Verkleinerung, muss § 16 UrhG aber neben § 23 UrhG anwendbar bleiben, so dass schon das Herstellen der Umgestaltung urheberrechtswidrig ist, sofern keine Schranke (wie z.B. § 53 UrhG) eingreift.[183] Auch der BGH belässt dem Urheber bei nichtschöpferischen Umgestaltungen das Verbotsrecht nach § 16 UrhG, da die Eigenart des Werkes auch in der Nachbildung enthalten bleibe und ein übereinstimmender Gesamteindruck bestehe.[184] Fiele schon eine Kopie mit einfacher Größenänderung unter § 23 UrhG und sei die Herstellung der Umgestaltung ohne Einwilligung des Urhebers erlaubt, würde dadurch § 53 UrhG praktisch über die gesetzlichen Voraussetzungen hinaus erweitert werden.[185] Auch im gewerblichen Bereich könnten fremde Werke für interne Zwecke durch Verkleinerung urheberrechtlich zulässig als Umgestaltungen i.S.v. § 23 UrhG vervielfältigt werden. Dieses Ergebnis ist jedoch mit Sinn und Zweck des § 16 sowie des § 3 UrhG unvereinbar.

Somit ist das Vervielfältigungsrecht des § 16 UrhG durch das Speichern der Thumbnails betroffen.[186]

c) Rechte des Datenbankherstellers (§ 87b UrhG)

Vom Datenbankrecht nicht umfasst ist die Weiterverwendung und Auswertung des Inhalts einer Datenbank.[187] Schutzzweck der §§ 87a ff. UrhG ist allein die in der Datenbank verkörperte wesentliche Investition.[188] Geschützt werden soll nur der Aufwand für die Beschaffung, Sammlung und Darstellung der Daten. In Erwägungsgründen 45 und 46 der Datenbank-Richtlinie wird ebenfalls klargestellt, dass kein Schutzrecht an den Daten und Elementen der Datenbank begründet werden soll. Indem die abgerufenen Informationen ausgewertet und in veränderter und stark verkürzter bzw. verkleinerter Form gespeichert und angezeigt werden, ist dieses für das Schutzrecht sui generis dennoch relevant, da die Suchmaschinen-Betreiber hiermit die Investitionen der Bilderdienste im Hinblick auf das Sammeln der Bilder für sich nutzen. Zwar werden die Ordnungskriterien in Form von Kategorien oder begleitende Informationen, wie Bewertungen und Kommentare, nicht übernommen. Die Suchmaschinen-

---

182 *Schrader/Rautenstrauch*, UFITA 2007, 761, 768; Wandtke/Bullinger/*Heerma*, § 16 Rn. 6.
183 Dreier/*Schulze*, § 16 Rn. 10, § 23 Rn. 16; Schricker/*Loewenheim*, § 23 Rn. 15.
184 BGH GRUR 1988, 533, 535 – Vorentwurf II; vgl. BGH GRUR 1991, 529, 530 – Explosionszeichnung.
185 *Schack*, UrhR, Rn. 469 Fn. 150.
186 Zu möglichen Schranken vgl. 1. Teil B.IV.
187 Schricker/*Vogel*, § 87b Rn. 9; Wandtke/Bullinger/*Thum*, § 87a Rn. 3; Dreier/*Schulze*, vor §§ 87a ff. Rn. 1.
188 *Schack*, UrhR, Rn. 744; Dreier/*Schulze*, vor §§ 87a ff. Rn. 1; Schricker/*Vogel*, § 87a Rn. 19; *Leistner*, Rechtsschutz von Datenbanken, S. 148 f.

Betreiber ersparen sich aber das Auffinden der Bilder über verschiedenste Internetseiten, indem sie diese zentral aus den Datenbanken der Bilderdienste kopieren. Damit liegt auch in der dauerhaften Speicherung der Thumbnails in der Datenbank der Suchmaschinen eine Verletzung des Rechts zur Vervielfältigung nach § 87b UrhG.

3. Anzeige der Suchergebnisse

Auf Suchanfragen der Nutzer werden die Suchergebnisse in einer Übersicht mit einer Detailansicht für jeden Treffer dargestellt.

a) Suchergebnisliste

Um die Suchergebnisse platzsparend und übersichtlich anzuzeigen, werden die Thumbnails gefundener Bilder in einer Art Galerie angezeigt.

aa) Recht der öffentlichen Zugänglichmachung (§ 19a UrhG)

Durch die Anzeige der Thumbnails werden zugleich die Originalbilder i.S.v. § 19a UrhG öffentlich zugänglich gemacht.[189] Von § 19a UrhG ist bereits das Angebot an die Öffentlichkeit erfasst, ohne dass es zu einem Abruf kommen muss.[190] Damit liegt schon im Bereitstellen des Thumbnails für die Suche eine Nutzungshandlung i.S.v. § 19a UrhG unabhängig davon, ob das Bild tatsächlich abgefragt wird.[191] Selbst wenn man in dem Thumbnail eine Umgestaltung i.S.v. § 23 UrhG sähe, wäre das Recht der öffentlichen Zugänglichmachung nach §§ 23, 19a UrhG betroffen.[192] Auch die Begründung des Paperboy-Urteils[193] zur Zulässigkeit von Textausschnitten bei Suchmaschinen kann nicht auf die An-

---

189 Durch das Bereitstellen des Thumbnails wird zwar auch dieses zugänglich gemacht, vorliegend kommt es aber nur auf eine öffentliche Zugänglichmachung des Originalbildes an. A.A. OLG Jena MMR 2008, 408, 409 – Miniaturansichten; *Leistner/Stang*, CR 2008, 499, 502.

190 *Dreier*/Schulze, § 19a Rn. 6; *Schack*, UrhR, Rn. 460; *Schmid/Wirth*/Seifert, § 19a Rn. 2; Schricker/*v. Ungern-Sternberg*, § 19a Rn. 42; Fromm/Nordemann/*Dustmann*, § 19a Rn. 7; Wandtke/*Bullinger*, § 19a Rn. 10; a.A. *Plaß*, WRP 2000, 599, 607.

191 LG Erfurt MMR 2007, 393 – Thumbnails bei Google; LG Hamburg GRUR-RR 2004, 313, 316 – thumbnails; LG Hamburg MMR 2009, 55 – Google-Bildersuche; *Schack*, MMR 2008, 414; *ders.*, GRUR 2007, 639, 643; *Ott*, ZUM 2009, 345; *ders.*, ZUM 2007, 119, 125; Fromm/ Nordemann/*Dustmann*, § 19a Rn. 22; *Dreier*/Schulze, § 19a Rn. 6. Die Ansicht des LG Berlin GRUR-RR 2008, 387 – Kartenkacheln, dass Bilder, die ausschließlich über die Bildersuche zu finden sind, nicht der Öffentlichkeit i.S.v. § 19a UrhG zugänglich gemacht werden, da sie durch die Suche nur zufällig gefunden werden, ist verfehlt. Die Erreichbarkeit einer Datei über eine Suche ist genauso wie ein Link für die Öffentlichkeit bestimmt (§ 15 Abs. 3 UrhG).

192 LG Hamburg MMR 2009, 55, 56 – Google-Bildersuche; a.A. OLG Jena MMR 2008, 408, 409 – Miniaturansichten; *Schrader/Rautenstrauch*, UFITA 2007, 761, 769.

193 BGHZ 156, 1, 10 – Paperboy.

zeige der Thumbnails übertragen werden.[194] Die Fälle sind nicht vergleichbar, da es bei Paperboy an der urheberrechtlichen Schutzfähigkeit der Snippets fehlte,[195] die Bilder im Rahmen der Bildersuche aber typischerweise nach dem UrhG geschützt sind.[196]

Einzelne Stimmen in der Literatur möchten § 19a UrhG dennoch auf Grund der herausragenden Bedeutung der Suchmaschinen für die Allgemeinheit verfassungskonform einschränken.[197] *Wäßle* argumentiert, die Anzeige des Thumbnails ginge in ihrer Wirkung nicht über die reine technische Verlinkung hinaus. Statt der Vorschaubilder könnten auch die Originalbilder in der Suchergebnisliste angezeigt werden. Die Thumbnails würden nur verwendet, um die Ladezeit zu verkürzen, und seien daher nicht anders als ein Deep-Link zum Originalbild zu behandeln. Deshalb sei nach einer Abwägung von Art. 14, 12 GG auf Seiten der Urheber und Art. 5 GG der Internetnutzer § 19a UrhG verfassungskonform zu reduzieren.[198] Unterstützend wird die Gies-Adler-Entscheidung des BGH[199] herangezogen, wonach bei der Auslegung der dem Urheber zustehenden Befugnisse ein gesteigertes öffentliches Interesse an der Wiedergabe zu berücksichtigen und somit eine für die Allgemeinheit großzügigere Interpretation zu wählen sei.[200] Zweifelhaft erscheint es aber, daraus zu folgern, dass § 19a UrhG entgegen dem klaren Wortlaut einzuschränken sei. Eine verfassungsrechtliche Abwägung hat der Gesetzgeber, wie auch der BGH ausführt,[201] in den Schrankenbestimmungen des Urheberrechts vorgenommen. Daher könnte eine verfassungskonforme Einschränkung der urheberrechtlichen Befugnisse allenfalls dort zum Tragen kommen.[202] Ein hinreichend großes Interesse der Allgemeinheit, das Verwertungsrecht des § 19a UrhG entgegen seinem Wortlaut zu reduzieren, ist somit nicht ersichtlich.

Das Bereitstellen der Vorschaubilder zum Abruf über die Suche ist eine öffentliche Zugänglichmachung der Originalbilder nach § 19a UrhG.

---

194 Vgl. LG Hamburg GRUR-RR 2004, 313, 316 – thumbnails.
195 BGHZ 156, 1, 10 – Paperboy.
196 Vgl. 1. Teil B.I.1.
197 *Wäßle*, K&R 2008, 729, 731; wohl auch *Niemann*, CR 2009, 97 Fn. 11; *Heymann/Nolte*, K&R 2009, 759, 762.
198 *Wäßle*, K&R 2008, 729, 731.
199 BGHZ 154, 260, 265 – Gies-Adler.
200 *Wäßle*, K&R 2008, 729, 731; *Niemann*, CR 2009, 97 Fn. 11.
201 BGHZ 154, 260, 264 f. – Gies-Adler.
202 So auch LG Hamburg MMR 2009, 55, 61 – Google-Bildersuche; *Ott*, ZUM 2009, 345, 349 f.; vgl. 1. Teil B.IV.

bb) Rechte des Datenbankherstellers (§ 87b UrhG)
Durch die Anzeige der Thumbnails als Suchergebnis wird jeweils nur ein unwesentlicher Teil der ursprünglichen Datenbank des Bilderdienstes angezeigt. Ob auch hier von einer wiederholten und systematischen Vorgehensweise ausgegangen werden kann, erscheint fraglich, da dies von den Suchabfragen der Nutzer abhängt. Im Ergebnis kann dieser Punkt jedoch offen bleiben, da zumindest mit Freischaltung der Bilder aus der Datenbank von einer öffentlichen Wiedergabe ausgegangen werden kann.[203] Insgesamt werden damit die entnommenen und ausgewerteten Teile der originalen Datenbank öffentlich zugänglich gemacht, so dass ebenso wie beim Abruf und der Speicherung der Thumbnails die wesentliche Investition in das Sammeln der Bilder genutzt wird. Die Freischaltung der Bilder für den Abruf über die Suchfunktion greift daher in das Recht des Datenbankherstellers nach § 87b UrhG ein.

b) Detailansicht
Die Anzeige des Thumbnails in der Detailansicht betrifft ebenso wie die Darstellung in der Suchergebnisliste das Recht der öffentlichen Zugänglichmachung nach § 19a UrhG und das Recht des Datenbankherstellers nach § 87b UrhG.

Unterhalb des Thumbnails wird weiterhin die Website, auf der das Bild eingebunden ist, in einem Frame angezeigt. Dieser Frame ist bei Bildersuchmaschinen rechtlich wie ein Deep-Link zu behandeln,[204] da die eingebundene Webseite über 80 % der Seite einnimmt und durch den Nutzer erst durch einen Link aktiviert wird. Durch das Framing werden durch den Suchmaschinen-Betreiber keine Vervielfältigungsstücke der Originalwebsite i.S.v. § 16 UrhG erstellt.[205] Nach dem Paperboy-Urteil, in dem der BGH eine urheberrechtliche Störerhaftung für Deep-Links auf berechtigt online gestellte Websites abgelehnt hat,[206] kann der Inhaber der durch einen Frame verlinkenden Website auch nicht als mittelbarer Täter, Teilnehmer oder Störer in Bezug auf die Vervielfältigungshandlung (§ 16 UrhG) des Nutzers angesehen werden.[207] Es macht keinen Unterschied, ob der Deep-Link im gesamten Fenster oder in einem großen Frame aufgerufen wird, da in beiden Fällen der Zugang nur erleichtert wird. Ob allerdings beim Framing von einer öffentlichen Zugänglichmachung

---

203 Vgl. 1. Teil B.II.3.a)aa).
204 Zu Deep-Links vgl. 1. Teil B.II.4.
205 *Ott*, ZUM 2004, 357, 361; *Wandtke/Bullinger/Heerma*, § 16 Rn. 20.
206 BGHZ 156, 1, 12 – Paperboy.
207 Soweit ein Frame jedoch nicht durch einen Link vom Nutzer aktiviert werden muss, kommt eine mittelbare Täterschaft in Betracht: *Schack*, MMR 2001, 9, 17; *Bettinger/Leistner*, Werbung und Vertrieb im Internet, Teil 1 B Rn. 70; *Schricker/Loewenheim*, § 16 Rn. 24; *Dreier/Schulze*, § 16 Rn. 14.

(§ 19a UrhG) ausgegangen werden kann[208] oder ein unbenanntes Verwertungsrecht i.S.v. § 15 Abs. 2 UrhG betroffen ist,[209] ist noch ungeklärt. Soweit jedoch erkennbar ist, dass es sich um fremde Inhalte handelt und der Website-Betreiber sich diese, wie vorliegend bei der Bildersuche,[210] nicht zueigen macht, sind durch das Framing keine urheberrechtlichen Verwertungsrechte verletzt.[211]

4. Deep-Link zum Originalbild

In der Detailansicht befindet sich neben den technischen Informationen zum jeweiligen Suchergebnis ein direkter Link zum Originalbild. Ein Eingriff in das Vervielfältigungsrecht nach § 16 UrhG liegt bei einem so genannten Deep-Link nicht vor.[212] Es wird kein Vervielfältigungsstück durch den Linksetzer erstellt. Der Link stellt lediglich eine Verweisung dar, der den Zugang erleichtert.[213] Die Vervielfältigung des Werkes nimmt erst der Nutzer durch Anklicken des Links vor. Ebenso ist in einem Link keine öffentliche Zugänglichmachung i.S.v. § 19a UrhG zu sehen, da durch den Link allein das Werk noch nicht zugänglich gemacht wird.[214] Der Inhaber der verlinkenden Seite hat weder die Kontrolle über die Verfügbarkeit des Werkes, noch ist er an dem Übertragungsvorgang beteiligt. Der Linksetzer haftet grundsätzlich auch nicht als mittelbarer Täter.[215] Eine Verletzerhaftung des Linksetzers i.S.v. § 97 UrhG als mittelbarer Täter oder Teilnehmer kann sich nur aus besonderen Umständen ergeben, die zu dem

---

208 LG München I, MMR 2007, 260, 261 – Urheberrechtswidriges Framing; *Schack*, UrhR, Rn. 460 Fn. 133; *Roggenkamp*, K&R 2007, 328.
209 *Ott*, ZUM 2004, 357, 365.
210 Die Detailansicht der Google Bildersuche enthält wie bei anderen Suchdiensten zudem den Hinweis: »Im Folgenden finden Sie das Bild unter: www...«.
211 LG München I, MMR 2007, 260, 262 – Urheberrechtswidriges Framing; LG Hamburg MMR 2009, 55, 57 – Google-Bildersuche; *Ott*, WRP 2008, 393, 410; *ders.*, Linking und Framing, S. 330 ff.
212 BGHZ 156, 1, 11 – Paperboy; LG Erfurt MMR 2007, 393, 394 – Thumbnails bei Google; *Wandtke/Bullinger/Heerma*, § 16 Rn. 20; *Schricker/Loewenheim*, § 16 Rn. 24; *Dreier/Schulze*, § 16 Rn. 14; *Schack*, UrhR, Rn. 417; *Fromm/Nordemann/Dustmann*, § 16 Rn. 30; *Berberich*, CR 2007, 393, 394; *Plaß*, WRP 2000, 599, 601; *Rath*, Das Recht der Internet-Suchmaschinen, S. 116; a.A. wohl *Bröcker/Czychowski/Schäfer/Wirtz*, Geistiges Eigentum im Internet, § 8 Rn. 137.
213 BGHZ 156, 1, 11 – Paperboy; *Schack*, GRUR 2007, 639, 643; *ders.*, UrhR, Rn. 417; *Spindler*, JZ 2004, 150.
214 BGHZ 156, 1, 14 – Paperboy; *Fromm/Nordemann/Dustmann*, § 19a Rn. 23; *Stadler*, JurPC Web-Dok. 283/2003, Abs. 15; *Ott*, WRP 2008, 393, 394 mwN; *Wandtke/Bullinger*, § 19a Rn. 29; *Bröcker/Czychowski/Schäfer/Dustermann*, Geistiges Eigentum im Internet, § 4 Rn. 103; *Nolte*, ZUM 2003, 540, 542; a.A. *Wiebe*, MMR 2003, 724.
215 *Volkmann*, GRUR 2005, 200, 201; *Ott*, WRP 2004, 52, 54; *Spindler*, JZ 2004, 150, 151; *Tränkle*, Urheberrechtliche Fragen des Einsatzes von Suchmaschinen, S. 17; so früher *Schack*, MMR 2001, 9, 13; wohl auch *Börsch*, Sind Hyperlinks rechtmäßig?, S. 90 ff.

Verlinken hinzutreten müssen,[216] wenn dem Linksetzer die Rechtswidrigkeit der geförderten Handlung bewusst ist.[217] Bei Suchmaschinen sind derartige Konstellationen jedoch nicht denkbar, da der Link nur als Hinweis auf die Originalwebsite dient, keine weitere Aussage mit dem Link verbunden ist und dem Suchmaschinen-Betreiber auf Grund der Vielzahl an Suchtreffern und der automatisierten Aufnahme von Websites ohne konkrete Hinweise eine Rechtsverletzung der verlinkten Websites nicht bewusst sein kann.

Soweit der Nutzer durch Anklicken des Links rechtswidrig in das Vervielfältigungsrecht des Urhebers eingreift, könnte der Suchmaschinen-Betreiber jedoch als Störer haften.[218] Störer ist unabhängig von Art und Umfang seines eigenen Tatbeitrages jeder, der in irgendeiner Weise willentlich und adäquat-kausal zur Verletzung eines geschützten Rechtsgutes beiträgt, sofern er die rechtliche Möglichkeit zur Verhinderung der Verletzungshandlung hatte.[219] Um ein Ausufern der Störerhaftung zu verhindern, setzt die Haftung des Störers nach ständiger Rechtsprechung die Verletzung von Prüfungspflichten voraus. Deren Umfang bestimmt sich im Einzelfall danach, was dem potenziellen Störer an Pflichten zumutbar ist.[220]

Auf Grund der Akzessorietät der Störerhaftung kommt es vorliegend im ersten Schritt darauf an, ob der Nutzer durch Anklicken des Links eine Urheberrechtsverletzung begeht. Dabei ist zwischen rechtmäßig durch einen Berechtigten und rechtswidrig, also ohne entsprechende Nutzungsrechte, online gestellten Bildern zu unterscheiden.

---

216 So ist eine Anstiftung durch den Linksetzer denkbar, wenn zum urheberrechtswidrigen Download aufgerufen wird. Auch eine mittelbare Täterschaft kann angenommen werden, wenn der Linksetzer die Nutzer über die Tatbestandsmäßigkeit einer Nutzung oder das Eingreifen urheberrechtlicher Schranken täuscht.

217 BGHZ 177, 150, 155 Tz. 15 – Kommunalversicherer mwN; OLG München GRUR-RR 2009, 85, 87 – AnyDVD II.

218 Schricker/*Loewenheim*, § 16 Rn. 24 spricht im Zusammenhang mit Deep-Links von Anstiftung und Beihilfe.

219 St. Rspr., BGH GRUR 1999, 418, 419 – Möbelklassiker; BGH GRUR 2002, 618, 619 – Meißner Dekor; BGHZ 158, 236, 251 – Internet-Versteigerung I; BGHZ 172, 119, 132 Tz. 40 – Internet-Versteigerung I; *Schack*, UrhR, Rn. 767; Schricker/*Wild*, § 97 Rn. 41; vgl. zum Wettbewerbsrecht: BGH GRUR 1976, 256, 258 – Rechenscheibe; BGH GRUR 1995, 167, 168 – Kosten bei unbegründeter Abmahnung; BGH GRUR 1997, 313, 315 – Architektenwettbewerb; BGHZ 148, 13, 17 – ambiente.de; BGHZ 158, 343, 350 – Schöner Wetten; a.A. *Döring*, Die Haftung für die Mitwirkung an fremden Wettbewerbsverstößen, S. 128, der die Anwendung der wettbewerbsrechtlichen Störerhaftung im Urheberrecht ablehnt.

220 St. Rspr., BGH GRUR 1997, 313, 315 – Architektenwettbewerb; BGHZ 148, 13, 17 – ambiente.de; BGHZ 158, 236, 251 – Internet-Versteigerung I; BGHZ 158, 343, 350 – Schöner Wetten; BGHZ 172, 119, 132 Tz. 40 – Internet-Versteigerung II; BGH GRUR 2008, 702, 706 Tz. 50 – Internet-Versteigerung III.

a)   Rechtmäßig angebotene Werke

Wird ein Werk rechtmäßig im Internet angeboten, erstellt der Nutzer durch den Abruf und Download des Werkes zwar ein Vervielfältigungsstück i.S.v. § 16 UrhG, diese Vervielfältigung ist aber regelmäßig urheberrechtlich zulässig. Das Browsen ist dabei als vorübergehende Vervielfältigung in den Schranken des § 44a Nr. 2 UrhG erlaubt.[221] Im privaten Bereich ist auch die längerfristige Speicherung in der Regel von der Schranke des § 53 UrhG gedeckt.[222]

Eine Störerhaftung könnte daher allenfalls in den Fällen bestehen, in denen der Nutzer Vervielfältigungen außerhalb der urheberrechtlichen Schranken vornimmt. Dies wäre beispielsweise bei der Speicherung eines Werkes über § 53 UrhG hinaus zu gewerblichen Zwecken oder in größerer Anzahl denkbar.[223] Der BGH hat jedoch auch für derartige Fälle eine urheberrechtliche Störerhaftung für das Setzen von Deep-Links ausgeschlossen. Die Gefahr der rechtswidrigen Nutzung werde durch einen Link nicht qualitativ, sondern nur quantitativ erhöht, indem einer größeren Anzahl von Nutzern der Zugang zum Werk vermittelt werde.[224] Dieser Ansicht ist grundsätzlich zuzustimmen,[225] auch wenn der BGH nicht genauer begründet, an welchem Tatbestandsmerkmal eine Störerhaftung scheitern soll.[226] Die Gefahr, dass ein Werk trotz überwiegend erlaubter und erwünschter Nutzung in Einzelfällen auch rechtswidrig genutzt wird, schafft der Berechtigte selbst durch das Bereitstellen im Internet. Ohne dass besondere Umstände hinzutreten, soll der Berechtigte dieses Risiko nicht auf den Linksetzer abwälzen können.[227] Dessen Verhalten ist durch die quantitative Erhöhung der Zugriffe zwar adäquat-kausal,[228] das vereinzelt rechtswidrige Nutzerverhalten ist ihm aber nicht zuzurechnen.[229] Die einzig mögliche Verhinderung,

---

221 Wandtke/Bullinger/*Heerma*, § 16 Rn. 20; *Stadler*, JurPC Web-Dok. 283/2003, Abs. 10; Ernst/Vassilaki/*Wiebe*, Hyperlinks, Rn. 83. Auf eine konkludente Einwilligung kommt es nach Einführung des § 44a UrhG nicht mehr an, vgl. 1. Teil B.II.1.a). Das meist mit dem Browsen verbundene Caching fällt allerdings nicht unter § 44a UrhG, da die Datenspeicherung dort nicht mehr als vorübergehend angesehen werden kann (vgl. *Schack*, UrhR, Rn. 420; Fromm/Nordemann/*W. Nordemann*, § 44a Rn. 2).

222 *Volkmann*, GRUR 2005, 200, 203; *Joppich*, CR 2003, 504, 508.

223 Vgl. *Spindler*, JZ 2004, 150, 151.

224 BGHZ 156, 1, 12 – Paperboy.

225 *Nolte*, CR 2003, 924, 925; *Volkmann*, GRUR 2005, 200, 204; *Wimmers/Baars*, JR 2004, 288; wohl auch Dreier/*Schulze*, § 16 Rn. 14; a.A. *Wiebe*, MMR 2003, 724; *Ott*, WRP 2004, 52, 55, und *Rath*, Das Recht der Internet-Suchmaschinen, S. 125, stellen auf eine konkludente Einwilligung des Content-Providers ab, stimmen dem BGH aber im Ergebnis zu.

226 *Rath*, Das Recht der Internet-Suchmaschinen, S. 122, und *Wiebe*, MMR 2003, 724, 725, deuten die Ausführungen des BGH als Verneinung der Kausalität.

227 So auch *Plaß*, WRP 2000, 599, 602.

228 *Wiebe*, MMR 2003, 724; *Rath*, Das Recht der Internet-Suchmaschinen, S. 123; *Neubauer*, TKMR 2003, 444; a.A. *Volkmann*, GRUR 2005, 200, 204.

229 Ernst/Vassilaki/*Wiebe*, Hyperlinks, Rn. 46; *Tränkle*, Urheberrechtliche Fragen des Einsatzes von Suchmaschinen, S. 16; wohl auch OLG Köln NJW-RR 2001, 904, 907 – Suchdienst

die Löschung des Links, kann dem Linksetzer nicht zugemutet werden, da ihm damit die eigentlich erlaubte Handlung untersagt wird.[230]

Bei rechtmäßig angebotenen Werken scheidet folglich eine Störerhaftung des Linksetzers aus.[231]

b)   Rechtswidrig angebotene Werke

Wird ein Deep-Link auf ein rechtswidrig im Internet angebotenes Werk gesetzt, kommt dagegen eine Störerhaftung des Linksetzers in Betracht.[232] Die Vervielfältigung (§ 16 UrhG) durch den Nutzer im Arbeitsspeicher und ggf. auf seiner Festplatte kann in diesem Fall nicht von § 44a UrhG gedeckt sein. Eine Nutzung ist zwar rechtmäßig i.S.v. § 44a Nr. 2 UrhG, wenn sie von einer Einwilligung des Berechtigten gedeckt oder nicht durch Gesetz beschränkt ist.[233] Und das Ansehen von urheberrechtlich geschützten Werken am Computerbildschirm unterfällt keinem urheberrechtlichen Verwertungsrecht.[234] Für § 44a Nr. 2 UrhG ist jedoch ähnlich wie bei § 53 UrhG ein rechtmäßiges Angebot des Werkes voraus-zusetzen.[235] Eine andere Auslegung würde dem Zweck der Schranke widersprechen.[236] Damit liegt in dem urheberrechtlich zulässigen Betrachten rechtswidrig online gestellter Werke keine rechtmäßige Nutzung i.S.v. § 44a Nr. 2 UrhG, da diese nur unter Verletzung des Rechts der öffentlichen Zugänglichmachung (§ 19a UrhG) durch den Content-Provider möglich ist.[237] Lediglich § 53 UrhG könnte zu Gunsten des Nutzers eingreifen, sofern dieser eine Privatperson ist und es sich nicht um eine offensichtlich rechtswidrige Vorlage i.S.v. § 53 Abs. 1 S. 1 a.E. UrhG handelt.[238] Andernfalls begeht der Nutzer durch die Vervielfältigung eine Urheberrechtsverletzung.

---

für Zeitungsartikel; *Spindler*, JZ 2004, 150, 151 f., stellt darauf ab, dass der Suchmaschinen-Betreiber die Handlung des Nutzers nicht steuern kann; *Rath*, Das Recht der Internet-Suchmaschinen, S. 124, hingegen verneint eine Störerhaftung auf Grund einer Einwilligung; a.A. *Plaß*, WRP 2000, 599, 602, die sogar von Anstiftung und Beihilfe des Linksetzers ausgeht.

230 *Volkmann*, GRUR 2005, 200, 204.

231 Sofern weitere Umstände auf Seiten des Linksetzers hinzutreten oder die rechtswidrigen Handlungen der Nutzer überwiegen, kann eine Störerhaftung dennoch angenommen werden.

232 *Witte*, ITBR 2007, 87, 90.

233 Erwgr. 33 der Info-RL; Schricker/*Loewenheim*, § 44a Rn. 9; Wandtke/Bullinger/*v. Welser*, § 44a Rn. 16; wohl auch *Dreier*/Schulze, § 44a Rn. 8.

234 Wandtke/*Bullinger*, § 19a Rn. 12; Bröcker/Czychowski/Schäfer/*Wirtz*, Geistiges Eigentum im Internet, § 8 Rn. 136.

235 *Stieper*, Schranken des Urheberrechts, S. 112; wohl auch Schricker/*Loewenheim*, § 44a Rn. 9, der nur das rechtmäßige Browsen privilegieren möchte.

236 *Walter*, Europäisches Urheberrecht, Info-RL, Rn. 108, 110.

237 Eine ähnliche Regelung ist § 55a UrhG.

238 Zur offensichtlich rechtswidrig öffentlich zugänglich gemachten Vorlage aus strafrechtlicher Sicht: *Reinbacher*, GRUR 2008, 394, 397.

An dieser wirkt der Linksetzer durch den Link auf seiner Seite willentlich und kausal mit,[239] so dass eine Störerhaftung grundsätzlich anzunehmen ist. Daneben kann die primäre Verletzungshandlung auch durch den Content-Provider begangen werden. Indem dieser das Bild unberechtigt im Internet verfügbar macht, verletzt er § 19a UrhG. Es bedarf dafür noch keines Abrufs durch einen Nutzer, da schon das öffentliche Anbieten durch den Content-Provider eine Urheberrechtsverletzung darstellt.[240] Der Linksetzer fördert diese Rechtsverletzung adäquat-kausal, indem er eine erleichterte Zugriffsmöglichkeit schafft.[241] Hinsichtlich des reinen Bereitstellens für die Öffentlichkeit i.S.v. § 19a UrhG ist die Annahme eines Störungszustands allerdings zweifelhaft. Da das Bereitstellen, sobald ein Angebot an die Öffentlichkeit vorliegt, gerade keinen Abruf durch den Nutzer voraussetzt, kann eine Verlinkung keine Förderung dieser Handlung darstellen. Es ist aus urheberrechtlicher Sicht für diesen Tatbestand irrelevant, wie viele Nutzer das Werk tatsächlich aus dem Internet abrufen.[242] Eine Störerhaftung scheidet damit für diesen Fall aus. Das Recht der öffentlichen Zugänglichmachung umfasst jedoch zumindest nach richtlinien-konformer Auslegung auch das Recht der Online-Übermittlung.[243] Hinsichtlich dieses Rechts wird die Verletzung durch eine erhöhte Anzahl von Zugriffen intensiviert.[244] Dieses Ergebnis deckt sich auch mit dem Zweck des § 19a UrhG, die unkontrollierte Weiterverbreitung zu verhindern.[245] So ist der Linksetzer auch in Bezug auf das Übertragungsrecht des § 19a UrhG grundsätzlich Störer. Dabei kann dieser zwar die Verletzungshandlung selbst nicht verhindern, es ist ihm aber ohne weiteres möglich, diese durch Löschen des Links nicht weiter zu fördern und somit seinen eigenen Tatbeitrag zu beseitigen.[246]

239 *Ziem*, Pressefreiheit, S. 263; Bröcker/Czychowski/Schäfer/*Dustermann*, Geistiges Eigentum im Internet, § 4 Rn. 113.
240 Vgl. 1. Teil B.II.3.a)aa).
241 OLG Hamburg CR 2003, 56, 58 – Hundewetten im Internet; *Spindler*, JZ 2004, 150, 151; *Ott*, WRP 2006, 691, 700; *Volkmann*, GRUR 2005, 200, 204.
242 *Schack*, UrhR, Rn. 460; *Dreyer* in HK-UrhR, § 19a Rn. 9.
243 *Dreier*/Schulze, § 19a Rn. 6; *Poll*, GRUR 2007, 476, 479; *Schack*, GRUR 2007, 639, 640; *ders.*, UrhR, Rn. 460; Mestmäcker/Schulze/*Lindner*, UrhR, § 85, 86 Rn. 21; Loewenheim/*Hoeren*, Hdb UrhR, § 21 Rn. 52; *Hillig*, AfP 2006, 602, 603; vgl. Erwgr. 24 der Info-RL, der klarstellt, dass »alle Handlungen der Zugänglichmachung« vom Recht der öffentlichen Zugänglichmachung erfasst sein sollen; a.A. *Walter*, Europäisches Urheberrecht, Info-RL, Rn. 81; *Koch*, Internet-Recht, S. 359; Schricker/*v. Ungern-Sternberg*, § 19a Rn. 42, der darauf hinweist, dass eine ausdrückliche Formulierung, dass § 19a UrhG auch das Übermittlungsrecht umfasst, im Gesetzgebungsverfahren gerade abgelehnt worden ist (Bericht des Rechtsausschusses, BT-Drs. 15/837, S. 29), und in dem Recht der Online-Übermittlung daher ein unbenanntes Verwertungsrecht nach § 15 Abs. 2 UrhG sieht.
244 Schricker/*v. Ungern-Sternberg*, § 19a Rn. 27.
245 *Dreyer* in HK-UrhR, § 19a Rn. 2.
246 OLG Hamburg CR 2003, 56, 59 – Hundewetten im Internet; *Ott*, WRP 2006, 691, 700; *Volkmann*, GRUR 2005, 200, 204.

Fraglich ist jedoch, inwiefern der Suchmaschinen-Betreiber bei der Verlinkung rechtswidrig angebotener Bilder Prüfpflichten verletzt. Nach der Rechtsprechung des BGH richtet sich deren Umfang beim Setzen von Hyperlinks nach dem Zusammenhang, in dem der Link verwendet wird, dem Zweck des Links, der Kenntnis des Linksetzers von den Umständen, die zur Rechtswidrigkeit des Inhalts der verlinkten Seite führen, und der Möglichkeit, sein rechtswidriges Handeln zu erkennen.[247]

Allein der Umstand, dass Suchmaschinen und Hyperlinks für die Funktionsfähigkeit des Internets notwendig sind, mag zu eingeschränkten Prüfpflichten führen, kann eine Störerhaftung aber nicht per se entfallen lassen.[248] Dieses häufig bei Textsuchmaschinen angeführte Argument kann für Bildersuchmaschinen nur begrenzt Geltung beanspruchen. Primär wird im Internet nach Informationen und nicht nach Bildern gesucht. Ein Bild kann mit geeigneten Suchbegriffen weiterhin auch über die Textsuche gefunden werden. Das Internet würde daher ohne Bildersuchmaschinen ebenso gut funktionieren. Die Bildersuche ist zudem vielen Nutzern (noch) nicht so geläufig wie die Textsuche, so dass sie weit weniger genutzt wird. Bildersuchmaschinen stellen folglich nur einen Zusatzdienst dar und sind nicht genauso notwendiger Bestandteil des Internets wie die Textsuchmaschinen.[249] Eine Einschränkung von Prüfpflichten auf Grund der überragenden Funktion von Suchmaschinen scheidet damit vorliegend aus. Weiterhin stehen Bildersuchmaschinen unter dem Schutz der Meinungs- bzw. Pressefreiheit nach Art. 5 Abs. 1 GG[250] und nach verfassungskonformer Auslegung sind die Prüfpflichten daher einzuschränken.[251] Ein vollständiger Ausschluss von Prüfpflichten kann daraus allein aber auch nicht hergeleitet werden.[252]

---

247 BGHZ 158, 343, 352 – Schöner Wetten.
248 *Spindler*, GRUR 2004, 724, 728; *Ott*, WRP 2006, 691, 701; Bröcker/Czychowski/Schäfer/ Dustermann, Geistiges Eigentum im Internet, § 4 Rn. 113; a.A. *Volkmann*, GRUR 2005, 200, 205; LG Berlin MMR 2005, 324, 325 – Haftung für Metasuchmaschine. LG München I, MMR 2001, 56, 57 – Haftung des Suchmaschinen-Betreibers, und LG Frankfurt a.M. GRUR-RR 2002, 83, 84 – Wobenzym N II, halten Prüfpflichten für Suchmaschinen bei marken- und wettbewerbsrechtlichen Ansprüchen auf Grund der herausragenden Stellung grundsätzlich für unzumutbar.
249 LG Hamburg MMR 2009, 55, 61 – Google-Bildersuche; *Roggenkamp*, K&R 2007, 328, 329; *Omsels*, jurisPR-WettbR 7/2010 Anm. 1; a.A. *Heymann/Nolte*, K&R 2009, 759.
250 Vgl. dazu *Ziem*, Pressefreiheit, S. 39 ff.
251 Die Rechtsprechung nimmt z. B. bei Anzeigen in Presseerzeugnissen nur eingeschränkte Prüfpflichten auf grobe leicht erkennbare Rechtsverstöße an: BGH GRUR 1973, 203, 204 – Badische Rundschau; BGH GRUR 1990, 1012, 1014 – Pressehaftung I; BGH GRUR 1992, 618, 619 – Pressehaftung II; BGH GRUR 1999, 418, 420 – Möbelklassiker.
252 *Ziem*, Pressefreiheit, S. 263, hingegen schließt Prüfpflichten für Betreiber von Text-Suchmaschinen in verfassungskonformer Auslegung des § 97 UrhG im Lichte der Pressefreiheit vollständig aus.

Vielmehr sprechen die hohe Anzahl von Einträgen, die automatisierte Erfassung der Websites und die Art der Rechtsverstöße gegen eine generelle Auferlegung von Prüfpflichten.[253] Es ist den Suchmaschinen-Betreibern praktisch unmöglich, alle Einträge auf Rechtsverletzungen zu überprüfen.[254] Eine automatisierte Überprüfung scheidet aus, da, obwohl an verschiedenen Projekten zur Bilderkennung geforscht wird,[255] mit den derzeitigen Methoden nicht festgestellt werden kann, ob ein Bild mit oder ohne Zustimmung des Urhebers öffentlich zugänglich gemacht worden ist. Ferner werden die Bilder nur textuell und nicht grafisch ausgewertet.[256] Selbst geschulte Mitarbeiter könnten, von offensichtlichen Urheberrechtsverletzungen abgesehen, nicht feststellen, ob der Urheber mit dem Onlinestellen seines Werkes einverstanden ist, da es an verlässlichen Überprüfungskriterien fehlt.[257] Proaktive Überwachungspflichten sind den Suchmaschinen-Betreibern damit speziell bei der Bildersuche nicht aufzuerlegen.[258]

Es kann jedoch ebenfalls eine Störerhaftung begründen, wenn der Linksetzer von der Rechtsverletzung des Content-Providers in Kenntnis gesetzt wird und den Link aufrechterhält, obwohl eine dann zumutbare Prüfung die Rechtswidrigkeit des verlinkten Inhalts ergeben hätte.[259] Wenn der Suchmaschinen-Betreiber auf ein rechtswidriges Bild etwa durch eine Abmahnung hingewiesen wird, muss er daher prüfen, ob eine Rechtsverletzung vorliegt, und den Link auf das Bild ggf. sperren oder entfernen (»Notice and take down«). Wie konkret der Hinweis

---

253 Der BGH hat in BGHZ 148, 13, 18 ff. – ambiente.de, der DENIC auf Grund der Vielzahl von Domainregistrierungen Pflichten zur Prüfung der Domainnamen nur bei offensichtlichen Rechtsverstößen auferlegt. Für ein Online-Telefonbuch lehnte das OLG Köln MMR 2004, 250, 252, generelle Prüfpflichten ebenfalls ab. Das LG Frankenthal (Pfalz), MMR 2006, 689, 690, hat einen Pressesuchdienst auf Grund der großen Anzahl von Artikeln ebenfalls von Prüfpflichten freigesprochen.

254 *Ott*, WRP 2008, 393, 397; LG Hamburg MMR 2009, 55, 61 – Google-Bildersuche.

255 Mehrere europäische Forschungsinstitute entwickeln unter http://www.sapir.eu eine Multimediasuchmaschine, die Informationen aus Bildern auslesen kann. Marktführer Google forscht aktuell an dem Projekt »PageRank for Product Image Search«, um seine Bildersuche zu verbessern, http://www2008.org/papers/fp506.html.

256 Vgl. Begründung der Klageabweisung durch Google, LG Hamburg, Urteil vom 26.09.2008 – 308 O 42/06, Tz. 32 – Google-Bildersuche (= MMR 2009, 55).

257 Das OLG Hamburg GRUR-RR 2008, 230, 232 – Chefkoch, hatte hingegen einem Portalbetreiber auferlegt, seine Kunden zu verpflichten, den Urheber, das Datum der Entstehung und den Kameratyp hochgeladener Fotos mit anzugeben, um eine Überprüfung zu ermöglichen. Abgesehen davon, dass auch diese Angaben keinen verlässlichen Hinweis geben, ob das Bild berechtigt online zugänglich gemacht wird, ist eine derartige Methode bei Suchmaschinen auf Grund der automatischen Erfassung per se nicht denkbar.

258 Zu Text-Suchmaschinen: OLG Nürnberg K&R 2008, 614, 615; AG Charlottenburg, Urteil vom 25.02.2005 – 234 C 264/04; *Ott*, WRP 2008, 393, 397; *Meyer*, K&R 2009, 217, 218; Fromm/Nordemann/*J. B. Nordemann*, § 97 Rn. 167.

259 BGHZ 158, 343, 353 – Schöner Wetten; LG Berlin MMR 2005, 324, 325 – Haftung für Metasuchmaschine; Wandtke/Bullinger/*v. Wolff*, § 97 Rn. 17.

ausgestaltet sein und ob jedem Vorwurf nachgegangen werden muss, ist im Einzelfall zu entscheiden.[260] Jedenfalls bei hinreichend konkretisierten und belegten Rechtsverletzungen ist eine Prüfung geboten.[261] Bei Text-Suchmaschinen wird darüber hinaus gefordert, dass diese Filter und Verfahren einsetzen, um gleichartige Verstöße in Zukunft zu verhindern.[262] Bei Urheberrechtsverletzungen sind, wie bereits gezeigt, automatische Filter allerdings wirkungslos, da meist nicht zweifelsfrei festgestellt werden kann, ob ein Werk i.S.v. § 2 UrhG vorliegt und ob dieses unerlaubt online gestellt worden ist.[263] Damit sind im Bereich des Urheberrechts sowohl für die Text- als auch für die Bildersuche keine weitergehenden Prüfpflichten zumutbar.[264]

c) Ergebnis

Die Verweisung auf Originalbilder mittels Deep-Links löst damit aus Sicht der urheberrechtlichen Verwertungsrechte grundsätzlich keine Haftung der Suchmaschinen-Betreiber aus. Nachdem die Betreiber allerdings von einem Urheberrechtsverstoß auf der verlinkten Seite in Kenntnis gesetzt worden sind, muss der entsprechende Fall geprüft und der Link ggf. beseitigt werden. Andernfalls haftet der Suchmaschinen-Betreiber wegen Beihilfe nach § 97 UrhG, da er in der Zwischenzeit Kenntnis von der rechtswidrigen Haupttat hat.[265]

5.   Ergebnis

Das Abrufen des Originalbildes sowie das Erstellen und Speichern der Thumbnails stellen Vervielfältigungshandlungen i.S.v. § 16 UrhG dar. Werden ganze Bilderdatenbanken durchsucht, ist daneben das Recht des Datenbankherstellers nach §§ 87a ff. UrhG betroffen. Durch die Bereitstellung der Thumbnails zur Anzeige in der Suchergebnisliste und der Detailansicht wird das

---

260 Ebenfalls kritisch, ob jedem Hinweis nachgegangen werden muss OLG Nürnberg K&R 2008, 614, 615, mit Anm. *Feldmann*, jurisPR-ITR 19/2008 Anm. 4; *Rath*, AfP 2005, 324, 329.

261 *Meyer*, K&R 2009, 217, 218; Fromm/Nordemann/*J. B. Nordemann*, § 97 Rn. 167, sieht eine Haftung nur in offensichtlichen Fällen.

262 *Ott*, WRP 2008, 393, 397; Bröcker/Czychowski/Schäfer/*Dustermann*, Geistiges Eigentum im Internet, § 4 Rn. 113; so auch die BGH-Rechtsprechung für die Verletzung von gewerblichen Schutzrechten in Auktionshäusern: BGHZ 158, 236, 252 – Internet-Versteigerung I; BGHZ 172, 119, 133 f. – Internet-Versteigerung II; BGH GRUR 2008, 702, 706 – Internet-Versteigerung III.

263 Nach BGHZ 172, 119, 134 – Internet-Versteigerung II, sind Prüfpflichten in Form von automatischen Filtern unzumutbar, wenn keine Merkmale vorhanden sind, die für eine effektive Filterung in Betracht kommen.

264 *Ott*, WRP 2008, 393, 398; für Persönlichkeitsverletzungen so auch OLG Hamburg MMR 2010, 141.

265 Diese Lösung korrespondiert mit §§ 7–10 TMG, auch wenn das TMG direkt keine Anwendung findet (vgl. 1. Teil B.V.1).

Originalbild öffentlich zugänglich gemacht (§ 19a UrhG). Eine Haftung als Störer bzw. Gehilfe für Deep-Links auf urheberrechtswidrig online gestellte Originalbilder tritt erst ein, sobald der Suchmaschinen-Betreiber von der Rechtsverletzung in Kenntnis gesetzt und der Link daraufhin nicht geprüft und ggf. entfernt worden ist.

III. Urheberpersönlichkeitsrechte

Neben Verwertungsrechten könnten auch Urheberpersönlichkeitsrechte (§§ 12 – 14 UrhG) durch die Bildersuche betroffen sein. Diese Rechte schützen die persönliche und geistige Beziehung des Urhebers zu seinem Werk.

1. Entstellung durch Verkleinerung (§ 14 UrhG)

Bei der Verkleinerung der Originalbilder zu Thumbnails gehen Bildinformationen verloren, so dass es zu einer gröberen und teilweise ungenauen Darstellung kommt. Das Originalbild könnte dadurch entstellt werden. Eine Beeinträchtigung i.S.v. § 14 UrhG, und damit auch eine Entstellung als deren besonders schwerer Fall, ist jede Abweichung vom geistig-ästhetischen Gesamteindruck eines Werkes.[266] Diese Abweichung muss geeignet sein, die geistigen oder persönlichen Interessen des Urhebers am Werk zu gefährden. Im Rahmen der Interessenabwägung werden allerdings nur berechtigte Interessen des Urhebers geschützt (vgl. § 39 Abs. 2 UrhG).[267] Den Abdruck eines Ausschnitts einer Fotografie beispielsweise hat das LG München I als Entstellung bewertet, da im konkreten Fall gerade die Raumwirkung dem Bild sein eigentümliches Gepräge gegeben habe.[268] Bei der schlichten Verkleinerung bleibt der Gesamteindruck jedoch gerade bestehen. Das Thumbnail soll das Originalbild möglichst unverzerrt wiedergeben.[269] Die Bildinformationen werden dabei reduziert, es wird aber kein Teil bewusst weggelassen oder hervorgehoben. Dafür spricht auch der Rechtsgedanke des § 62 Abs. 3 UrhG, wonach Größenänderungen für Werknutzungen nach §§ 44a ff. UrhG zulässig sind. Solange die Aussage eines Werkes nicht gerade von dessen Größe abhängt und durch die Größenänderung der inhaltliche Gehalt des Werks nicht verändert wird, stellt die Verkleinerung mithin allein noch keine Beeinträchtigung i.S.v. § 14 UrhG dar.[270]

---

266 Dreier/*Schulze*, § 14 Rn. 10; Schricker/*Dietz*, § 14 Rn. 21.
267 *Schack*, UrhR, Rn. 389; *Ott*, Linking und Framing, S. 286.
268 LG München I, ZUM 1995, 57, 58.
269 *Schrader/Rautenstrauch*, UFITA 2007, 761, 765.
270 *Rehbinder*, UrhR, Rn. 485; *Ott*, ZUM 2009, 345, 346; *Schack*, MMR 2001, 9, 14; *Schrader/*

2. Entstellung durch Anzeige in der Suchergebnisliste (§ 14 UrhG)

Auch die Anzeige in den Suchergebnislisten könnte eine Entstellung nach § 14 UrhG bewirken. Denkbar sind Fälle, in denen ein Werk in der Suchergebnisliste etwa neben anstößigen Bildern gezeigt oder bei Eingabe von bestimmten Suchbegriffen unerwünscht aufgelistet wird.[271] Anknüpfungspunkt ist in derartigen Fällen nicht ein direkter Eingriff in die Sachsubstanz, sondern ein indirekter Eingriff durch die Darstellung in einem interessengefährdenden Sachzusammenhang.[272] Bloße Empfindlichkeiten der Urheber müssen aber außer Betracht bleiben.[273]

Das OLG Frankfurt hatte in der Springtoifel-Entscheidung eine Verletzung des § 14 UrhG für die Veröffentlichung eines Songs auf einem »rechtsradikalen« Sampler angenommen.[274] Tragendes Argument war, dass der Eindruck der Zugehörigkeit zur rechtsradikalen Szene erweckt werde. Ob es allerdings zu einer derartigen Konstellation auch bei Such-ergebnislisten kommen kann, ist höchst zweifelhaft.[275] Selbst wenn bei der Eingabe bestimmter Suchbegriffe ein Bild mit »unerwünschten« Bildern zusammen aufgelistet wird, sieht der durchschnittliche Nutzer darin keinen inhaltlichen Zusammenhang der Bilder. Es ist allgemein bekannt, dass Suchergebnislisten automatisch erstellt werden und keine andere Gemeinsamkeit zwischen den Ergebnissen außer der Zugehörigkeit zu den Suchbegriffen besteht.[276] Damit kann ein mit der Springtoifel-Entscheidung vergleichbarer Fall bei Suchergebnislisten gar nicht vorkommen.[277]

Auch die Auflistung als Suchergebnis bei »unerwünschten« Suchbegriffen kann kaum zu einer Entstellung i.S.v. § 14 UrhG führen. Wird ein Bild beispielsweise bei der Suche nach »ausdruckslose Schmiererei« aufgelistet, mag das für den Urheber nicht schmeichelhaft sein, die Schwelle zur Entstellung i.S.v. § 14 UrhG ist dennoch nicht erreicht. Zumal die Verknüpfung mit dem Suchbegriff auch hier automatisiert hergestellt wird und dem Nutzer bekannt ist, dass es auf Grund des automatisierten Verfahrens zu Fehlzuordnungen kommen kann.

Rautenstrauch, UFITA 2007, 761, 765; zur verkleinerten Darstellung einer Website in einem Frame: *Ott*, Linking und Framing, S. 292.

271 Vgl. *Ott*, ZUM 2009, 345, 346.

272 KG NJW-RR 1990, 1065, 1066 – Abdruck in gefälschter Zeitung; Schricker/*Dietz*, § 14 Rn. 23; Dreier/*Schulze*, § 14 Rn. 11; *Schack*, UrhR, Rn. 384; *Dreyer* in HK-UrhR, § 14 Rn. 41; Ernst/Vassilaki/*Wiebe*, Hyperlinks, Rn. 111.

273 Schricker/*Dietz*, § 14 Rn. 29; *Schack*, UrhR, Rn. 387; *Tränkle*, Urheberrechtliche Fragen des Einsatzes von Suchmaschinen, S. 43.

274 OLG Frankfurt GRUR 1995, 215, 216 – Springtoifel.

275 So auch *Tränkle*, Urheberrechtliche Fragen des Einsatzes von Suchmaschinen, S. 43.

276 *Tränkle*, Urheberrechtliche Fragen des Einsatzes von Suchmaschinen, S. 43.

277 Ein anderes Ergebnis ist bei Verzeichnisdiensten denkbar, da die Suchergebnisse dort redaktionell bearbeitet und Suchbegriffen zugeordnet werden.

Eine Entstellung eines Bildes nach § 14 UrhG durch die Anzeige in der Suchergebnisliste ist damit abzulehnen.

3.   Deep-Link zum Originalbild

Der Deep-Link auf das Originalbild in der Detailansicht zu jedem Suchtreffer könnte jedoch Urheberpersönlichkeitsrechte verletzen.

a)   Recht auf Anerkennung der Urheberschaft (§ 13 UrhG)
Eine Anmaßung der Urheberschaft nach § 13 UrhG, die bei Deep-Links denkbar wäre,[278] scheidet vorliegend aus, da sich die Suchmaschinen-Betreiber das verlinkte Bild in keiner Weise zueigen machen,[279] sondern ausdrücklich darauf hinweisen, dass es sich um fremde Inhalte handelt.[280]

Umgekehrt könnte aber durch den Deep-Link eine Urheberbezeichnung unterdrückt werden.[281] Gemäß § 13 S. 2 UrhG kann der Urheber bestimmen, ob das Werk mit einer Bezeichnung zu versehen ist und wie diese auszusehen hat. Wird diese Bezeichnung direkt in das Bild aufgenommen, erscheint diese, wenn man das Bild direkt über einen Deep-Link aufruft. Wird der Urheber hingegen auf der Webseite unter oder neben dem Bild im Text der Webseite genannt, ist diese Angabe bei einem Deep-Link auf das Bild nicht sichtbar.[282] Man könnte dagegen vorbringen, dass das selbe Ergebnis erreicht wird, wenn ein Nutzer das Bild über die verlinkende Webseite in einem neuen Browserfenster, also als Deep-Link, aufruft. Dafür zwingend ist aber, dass der Nutzer die ursprüngliche Webseite besucht und zur entsprechenden Stelle scrollt, um das Bild aufzurufen. Dann nimmt er die Urheberbezeichnung in jedem Fall wahr. Dieser Schritt wird bei einem Deep-Link über die Suchergebnisliste übersprungen.[283] Die Webseite wird zwar bei der Detailansicht im Frame angezeigt, jedoch können sich Bild und Urheberbezeichnung weiter unten und somit im nicht sichtbaren Bereich befinden. Diese nimmt der Nutzer damit nicht zwingend wahr.[284] Die Urhe-

---

278 Ablehnend, da die fremde Urheberschaft durch eine abweichende Adresszeile deutlich wird: *Schack*, MMR 2001, 9, 14; *Sosnitza*, CR 2001, 693, 701; *Ernst/Vassilaki/Wiebe*, Hyperlinks, Rn. 110.
279 Allgemein für Suchmaschinen: *Tränkle*, Urheberrechtliche Fragen des Einsatzes von Suchmaschinen, S. 41.
280 Vgl. 1. Teil A.III.2.
281 So *Bröcker/Czychowski/Schäfer/Wirtz*, Geistiges Eigentum im Internet, § 8 Rn. 103; *Hoeren/Sieber/Decker*, 7.6 Rn. 46; *Plaß*, WRP 2000, 599, 602; *Schaefer*, Bildersuchmaschinen, S. 83 ff.
282 Vgl. *Ott*, Linking und Framing, S. 284 mit derselben Argumentation zu Inline-Links.
283 *Berberich*, MMR 2005, 145, 147.
284 Vgl. *Berberich*, CR 2007, 393, 394.

berbezeichnung wird in diesen Fällen unter Verstoß gegen § 13 UrhG unterdrückt.

In Konstellationen, in denen der Urheber nicht direkt in dem Bild bezeichnet wird, sehen Teile der Literatur bereits in der Anzeige der Suchergebnisse eine Unterdrückung der Urheberbezeichnung, da auch hier die fremde Urheberschaft zwar durch einen Hyperlink angezeigt werde, diese aber als Urheberbezeichnung nicht ausreiche.[285] Diese Verletzung von § 13 UrhG ist allerdings bei Suchmaschinen zwangsläufig und daher einzuschränken.[286] Zu den auszugsweise oder verkleinert dargestellten Suchergebnissen kann auf Grund der automatischen Erfassung des Inhalts keine korrekte Urheberbezeichnung genannt werden. Die Möglichkeiten, eine Urheberbezeichnung an ein Werk im Internet anzubringen, sind zu vielfältig, um sie von Maschinen erfassen zu lassen. Daher sollte ein Hyperlink zur Originalseite als Urheberbezeichnung genügen, da ein Betrieb von Suchmaschinen anders nicht möglich wäre.[287] Auf den Deep-Link zum Originalbild könnte allerdings ohne Funktionseinschränkungen verzichtet werden, so dass in diesem Fall sehr wohl von einer Verletzung von § 13 UrhG ausgegangen werden kann.

b) Entstellung (§ 14 UrhG)

In einem Deep-Link könnte weiterhin eine Entstellung nach § 14 UrhG liegen. Dies wäre denkbar, wenn der Link in einem schädlichen Umfeld verwendet[288] oder der geistig-ästhetische Gesamteindruck des verlinkten Werkes beispielsweise durch nur ausschnittsweise Darstellung beeinträchtigt[289] wird. Dafür sind bei der Bildersuche allerdings keine Anhaltspunkte ersichtlich.[290] Eine Entstellung nach § 14 UrhG scheidet folglich aus.[291]

---

285 *Ziem*, Pressefreiheit, S. 242.
286 *Tränkle*, Urheberrechtliche Fragen des Einsatzes von Suchmaschinen, S. 42; Allgemein zur Einschränkung des Namensnennungsrechts im Internet auf Grund von Verkehrs- bzw. Branchenübung: *Ott*, Linking und Framing, S. 271 ff.; Hoeren/Sieber/*Decker*, 7.6 Rn. 32 ff.
287 So auch *Tränkle*, Urheberrechtliche Fragen des Einsatzes von Suchmaschinen, S. 42.
288 Bröcker/Czychowski/Schäfer/*Wirtz*, Geistiges Eigentum im Internet, § 8 Rn. 103; *Ott*, Linking und Framing, S. 290; Bettinger/*Leistner*, Werbung und Vertrieb im Internet, Teil 1 B Rn. 72; *Plaß*, WRP 2000, 599, 603; *Sosnitza*, CR 2001, 693, 701; *Tränkle*, Urheberrechtliche Fragen des Einsatzes von Suchmaschinen, S. 43.
289 *Plaß*, WRP 2000, 599, 602; Ernst/Vassilaki/*Wiebe*, Hyperlinks, Rn. 111; *Tränkle*, Urheberrechtliche Fragen des Einsatzes von Suchmaschinen, S. 43 f.; vgl. 1. Teil B.III.1.
290 Lediglich, wenn ein Bild zur Optimierung der Ladezeit in verschiedenen Teilen online gestellt worden ist und die Suchmaschine nur einen Teil verlinkt, wäre eine Verletzung von § 14 UrhG denkbar. Diese Technik ist heutzutage allerdings überholt. Daher soll auf diesen unwahrscheinlichen Sonderfall nicht eingegangen werden.
291 So wohl auch *Berberich*, CR 2007, 393, 394; allgemein für Suchmaschinen: *Tränkle*, Urheberrechtliche Fragen des Einsatzes von Suchmaschinen, S. 44.

4. Ergebnis

Eine Verletzung des Urheberpersönlichkeitsrechts auf Grund der Verkleinerung und der Anzeige in der Suchergebnisliste ist nicht anzunehmen. Auch eine Entstellung durch die Darstellung eines Suchtreffers in einem Frame scheidet aus, da der Frame nahezu bildschirmfüllend ist und es somit zu keiner verzerrten oder abgeschnittenen Darstellung kommt.[292] Lediglich der Deep-Link zum Originalbild im Rahmen der Detailansicht kann in bestimmten Konstellationen zu einer Unterdrückung der Urheberbezeichnung (§ 13 S. 2 UrhG) führen.

IV. Urheberrechtliche Schranken

Durch die Schranken des Urheberrechts (§§ 44a ff. UrhG) soll ein Interessenausgleich zwischen den Interessen der Urheber und der Werkverwerter geschaffen werden.[293] Bestimmte Nutzungshandlungen werden daher durch die enumerativ aufgezählten Schranken privilegiert.

Im Hinblick auf den Nutzen der Bildersuchmaschinen für die Allgemeinheit scheint ein klassischer Fall für eine Privilegierung vorzuliegen.[294] Die Suchmaschinen helfen sowohl dem suchenden Nutzer Bilder zu finden, als auch den Rechteinhabern, dass ihre Bilder gefunden werden können. Andererseits stehen auf Seiten der Suchmaschinen-Betreiber wirtschaftliche Interessen im Vordergrund, die auf Kosten der Rechteinhaber bei Eingreifen einer Schranke einseitig privilegiert würden. Es ist daher zu untersuchen, inwieweit die vom Gesetzgeber in den urheberrechtlichen Schranken getroffenen Abwägungen den Suchmaschinen-Betreibern zugute kommen.

Von den Schranken grundsätzlich unberührt bleiben Urheberpersönlichkeitsrechte, vgl. §§ 62, 63 UrhG.

---

292 Zur Verletzung von Urheberpersönlichkeitsrechten durch Framing siehe auch *Ott*, Linking und Framing, S. 268 ff.

293 Der Gesetzgeber ist verfassungsrechtlich nach Art. 14 Abs. 1 S. 2 GG berufen, Inhalt und Schranken des Urheberrechts festzulegen. Die §§ 44a ff. UrhG sind das Ergebnis der verfassungsrechtlichen Abwägung durch den Gesetzgeber, BGHZ 150, 6, 8 – Verhüllter Reichstag; BGHZ 154, 260, 264 – Gies-Adler; *Stieper*, Schranken des Urheberrechts, S. 42 ff.; *Schack*, FS Schricker, S. 511, 518.

294 *Heymann/Nolte*, K&R 2009, 759, 763.

1.   Vorübergehende Vervielfältigungshandlungen (§ 44a UrhG)

Inwieweit § 44a UrhG bei der kurzzeitigen Speicherung der Websites und Originalbilder im Arbeitsspeicher des Crawlers eingreift, wurde bereits erörtert.[295] Darüber hinaus könnte § 44a UrhG auch das Speichern der Thumbnails auf dem Server der Suchmaschine erfassen. Die Vervielfältigung der Originalbilder als Vorschaubilder ist allerdings nicht vorübergehend.[296] Die Thumbnails werden für die Bildersuche dauerhaft auf dem Suchmaschinen-Server abgelegt.[297] Weiterhin hat dieses Caching eine wirtschaftliche Bedeutung.[298] Das Speichern der Bilder dient der Anzeige in den Suchergebnissen. Und selbst wenn die Betreiber, wie beispielsweise Google, bei der Bildersuche direkt keine Werbung schalten, erhöht diese Zusatzfunktion die Attraktivität der Suchmaschine als solche und generiert damit mittelbar Werbeeinnahmen.[299] Das Speichern der Thumbnails ist folglich nicht von der Schranke des § 44a UrhG gedeckt.[300]

2.   Zitate (§ 51 UrhG)

Suchmaschinen-Betreiber könnten sich beim Speichern und Anzeigen der Vorschaubilder weiterhin auf das Zitatrecht nach § 51 UrhG berufen. Grundsätzlich sind nach erweiterter Auslegung auch Bildzitate von § 51 UrhG erfasst.[301] Überwiegend wird ein Eingreifen des § 51 UrhG für Bildersuchmaschinen allerdings verneint, da die Bildersuche ihrerseits kein geschütztes Werk i.S.v. § 51 UrhG darstellt.[302] Denkbar wäre allenfalls ein Schutz der Bildersuchmaschine als Datenbankwerk nach § 4 UrhG. Auch wenn der Suchdienst auf Vollständigkeit angelegt ist und somit keine Auswahl der Elemente getroffen wird, kann in der Anordnung der Verweisungen eine persönliche geistige

---

295 Vgl. 1. Teil B.II.1.a).

296 OLG Jena MMR 2008, 408, 410 – Miniaturansichten, mit Anm. *Schack*, 415; *Schrader/ Rautenstrauch*, UFITA 2007, 761, 770; *Rath*, Das Recht der Internet-Suchmaschinen, S. 109; a.A. *Heymann/Nolte*, K&R 2009, 759, 764.

297 Da die Crawler eine Webadresse nur in bestimmten Abständen erneut besuchen, sind die Thumbnails sogar weiterhin verfügbar, auch wenn das Originalbild aus dem Internet entfernt worden ist.

298 BGH GRUR 2010, 628, 630 Tz. 24 – Vorschaubilder; Vorinstanz OLG Jena MMR 2008, 408, 410 – Miniaturansichten; LG Hamburg MMR 2009, 55, 61 – Google-Bildersuche; *Ott*, ZUM 2009, 345, 346; *ders.*, ZUM 2007, 119, 125; *Wandtke/Bullinger/v. Welser*, § 44a Rn. 21; *Rath*, Das Recht der Internet-Suchmaschinen, S. 109; a.A. *Berberich*, MMR 2005, 145, 147.

299 LG Hamburg MMR 2009, 55, 61 – Google-Bildersuche.

300 A.A. *Berberich*, MMR 2005, 145, 147; Caching grundsätzlich nicht von § 44a UrhG erfasst: *Schack*, UrhR, Rn. 420; *Fromm/Nordemann/W. Nordemann*, § 44a Rn. 2; a.A. *Bröcker/ Czychowski/Schäfer/Wirtz*, Geistiges Eigentum im Internet, § 8 Rn. 138.

301 *Ott*, ZUM 2007, 119, 125; *Berberich*, MMR 2005, 145, 147; *Dreier/Schulze*, § 51 Rn. 24; *Schricker/Schricker*, § 51 Rn. 45 mwN.

302 *Ott*, ZUM 2009, 345, 346; *Berberich*, MMR 2005, 145, 147.

Schöpfung liegen.[303] Ein Datenbankwerk ist jedoch in Bezug auf alle »zitierten« Werke nicht selbständig und damit nicht durch § 51 UrhG privilegiert.[304]

Fraglich ist allerdings, ob nach dem 2007 geänderten § 51 UrhG[305] die Zitierfreiheit noch von der Übernahme in ein geschütztes Werk abhängt. Nach *Dreier* soll es seitdem allein auf den Zitatzweck ankommen.[306] Dieser liege darin, einen Nachweis auf den Inhalt jedes Suchtreffers zu geben. Damit der Nutzer die Relevanz des Treffers erkennen könne, sei die verkleinerte Abbildung des ganzen Bildes erforderlich und somit von § 51 UrhG legitimiert.[307] Aus den Gesetzesmaterialien geht ein derartiger Wille des Gesetzgebers, auf die Voraussetzung der Übernahme in ein urheberrechtlich geschütztes Werk zu verzichten, jedoch nicht hervor.[308] Das Zitatrecht sollte nur vorsichtig auf andere Werkarten ausgedehnt und nicht grundlegend erweitert werden. Damit ist es weiterhin erforderlich, dass das zitierende Werk urheberrechtlich schutzfähig ist.[309]

Selbst wenn man mit *Dreier* die Übernahme in ein urheberrechtlich geschütztes Werk nicht mehr voraussetzen möchte, fehlt es vorliegend an einem legitimen Zitatzweck.[310] Bildersuchmaschinen erleichtern lediglich das Auffinden, beschäftigen sich aber nicht selbst inhaltlich mit den Suchergebnissen. Es findet keine geistige Auseinandersetzung mit dem zitierten Werk statt, die der Grund für die Privilegierung des § 51 UrhG ist.[311] Daher ist das Speichern und Anzeigen der Thumbnails von der Zitierfreiheit des § 51 UrhG nicht gedeckt.[312]

---

303 Google verwendet für die Anordnung der Elemente beispielsweise das PageRank-System, einen Algorithmus, der die Relevanz eines Suchtreffers auf Grund verschiedenster Parameter bestimmt.

304 BGHZ 116, 136, 141 – Leitsätze; BGH GRUR 1973, 216, 217 f. – Handbuch moderner Zitate; Schricker/*Schricker*, § 51 Rn. 22; Wandtke/Bullinger/*Lüft*, § 51 Rn. 8; Fromm/Nordemann/*Dustmann*, § 51 Rn. 19; *Ott*, ZUM 2007, 119, 125; *Ziem*, Pressefreiheit, S. 255.

305 § 51 UrhG wurde durch das zweite Gesetz zur Regelung des Urheberrechts in der Informationsgesellschaft vom 26.10.2007 (BGBl. I, S. 2513) geändert.

306 So auch OLG Jena MMR 2008, 408, 410 – Miniaturansichten; *Heymann/Nolte*, K&R 2009, 759, 764.

307 *Dreier*/Schulze, § 51 Rn. 24; *Dreier*, FS Krämer, S. 225, 232 ff.

308 RegE, BT-Drs. 16/1828, S. 25.

309 LG Hamburg MMR 2009, 55, 60 – Google-Bildersuche; *Schack*, MMR 2008, 414, 415; *ders.*, UrhR, Rn. 545; *Kubis*, ZUM 2006, 370, 376; Wandtke/Bullinger/*Lüft*, § 51 Rn. 8; Fromm/Nordemann/*Dustmann*, § 51 Rn. 19.

310 BGH GRUR 2010, 628, 630 Tz. 27 – Vorschaubilder; Vorinstanz OLG Jena MMR 2008, 408, 410 – Miniaturansichten, mit Anm. *Schack*, 415; LG Hamburg MMR 2009, 55, 60 – Google-Bildersuche; a.A. *Heymann/Nolte*, K&R 2009, 759, 764.

311 *Ott*, ZUM 2009, 345, 346.

312 So auch zum schweizer Recht (Art. 25 URG): Müller/Oertli/*Macciacchini*, URG, Art. 25 Rn. 15; a.A. *Schweizer*, sic! 2003, 249, 253 ff.

3.   Privatkopie (§ 53 UrhG)

Auf die Schranke des § 53 Abs. 1 S. 2 UrhG können sich die Suchmaschinen-Betreiber hinsichtlich der Speicherung von Thumbnails ebenfalls nicht berufen.[313] Sie sind nicht als Hilfsperson für die Nutzer der Suchmaschine tätig, sondern vervielfältigen die Werke für den Betrieb der Suchmaschine und somit zu eigenen Zwecken.[314] Darüber hinaus könnte aus der mittelbaren Gewinnerzielung durch Werbeeinnahmen[315] folgen, dass die Vervielfältigung entgeltlich ist. Von § 53 Abs. 1 S. 2 UrhG sind jedoch neben Vervielfältigungen auf Papier oder ähnlichen Trägern nur unentgeltliche Nutzungshandlungen erfasst. Da es aber keinen Unterschied macht, ob der Nutzer für die Suchergebnisse zahlt oder ob er stattdessen Werbung wahrnehmen muss, liegt es nahe, vorliegend eine Entgeltlichkeit anzunehmen und eine Privilegierung nach § 53 UrhG auch aus diesem Grund zu verneinen.[316] Auch § 53 Abs. 2 UrhG ist nicht einschlägig.[317]

4.   Katalogbildfreiheit (§ 58 UrhG)

Ferner könnte die Schranke der Katalogbildfreiheit im Hinblick auf die Speicherung und Anzeige der Thumbnails eingreifen. § 58 Abs. 1 UrhG privilegiert den Veranstalter einer Ausstellung oder eines öffentlichen Verkaufs, nicht aber jeden Dritten.[318] Da allenfalls der Inhaber der Website, auf der ein Bild »ausgestellt« wird, Veranstalter i.S.v. § 58 Abs. 1 UrhG sein könnte, scheidet eine Anwendung zu Gunsten der Suchmaschinen-Betreiber aus.[319]

Die Vervielfältigung der Originalbilder in Form der Thumbnails[320] ist auch nicht von § 58 Abs. 2 UrhG gedeckt. Auch hier gehören die Suchmaschinen-

---

313 OLG Jena MMR 2008, 408, 410 – Miniaturansichten; LG Hamburg MMR 2009, 55, 60 – Google-Bildersuche; *Ziem*, Pressefreiheit, S. 250; *Schaefer*, Bildersuchmaschinen, S. 102 ff.; allgemein zu Suchmaschinen: *Rath*, Das Recht der Internet-Suchmaschinen, S. 110.

314 LG Hamburg MMR 2009, 55, 60 – Google-Bildersuche, welches aber entgegen dem Wortlaut des § 53 UrhG auf die öffentliche Zugänglichmachung und nicht auf die Vervielfältigung abstellt.

315 Vgl. 1. Teil B.IV.1.

316 So auch OLG Jena MMR 2008, 408, 410 – Miniaturansichten.

317 Dazu ausführlich *Ziem*, Pressefreiheit, S. 249 ff.

318 LG Hamburg MMR 2009, 55, 60 – Google-Bildersuche; Schricker/*Vogel*, § 58 Rn. 15; *Dreier/Schulze*, § 58 Rn. 5.

319 OLG Jena MMR 2008, 408, 410 – Miniaturansichten, mit Anm. *Schack*, 415; LG Hamburg MMR 2009, 55, 60 – Google-Bildersuche; *Dreier/Schulze*, § 58 Rn. 5; *Schrader/Rautenstrauch*, UFITA 2007, 761, 771 f.; *Ott*, ZUM 2009, 345, 351; *Heymann/Nolte*, K&R 2009, 759, 764.

320 Die Anzeige der Vorschaubilder nach § 19a UrhG ist von § 58 Abs. 2 UrhG schon gar nicht umfasst.

Betreiber nicht zum Kreis der Begünstigten.[321] Ebenso ist für eine erweiternde Auslegung des § 58 UrhG als Schranke für »Internet-Kataloge« kein Raum. Der Gesetzgeber hat die Online-Nutzungen trotz Kenntnis des Problems um die Nutzung von Thumbnails in § 58 Abs. 2 UrhG bei der Erweiterung 2003[322] nicht mit aufgenommen.[323]

5. Analoge Anwendung der Schranke für Werke an öffentlichen Plätzen (§ 59 UrhG)

Denkbar wäre eine analoge Anwendung des § 59 UrhG. Durch diese Schranke wird insbesondere das Filmen und Fotografieren im öffentlichen Raum über den Anwendungsbereich des § 57 UrhG hinaus ermöglicht.[324] Sofern sich Werke bleibend an öffentlichen Wegen, Straßen oder Plätzen befinden, ist die Vervielfältigung, Verbreitung und öffentliche Wiedergabe in den von § 59 UrhG genannten Formen zulässig.

Diese Wertung könnte man auf das Internet übertragen.[325] Wenn ein Urheber sein Werk im Internet ohne Sperren öffentlich zugänglich macht (§ 19a UrhG), stellt er es gleichsam auf einen öffentlichen Platz. Jeder kann es zu jeder Zeit wahrnehmen. Nach dem Rechtsgedanken des § 59 UrhG könnten Suchmaschinen-Betreiber so diese »öffentlichen« Werke vervielfältigen und ihrerseits öffentlich zugänglich machen.

Diese Analogie stößt aber auf grundlegende Bedenken. Für den Bereich der Suchmaschinen mag eine derartige Schranke durchaus sinnvoll erscheinen. Ließe man die analoge Anwendung zu, bliebe sie jedoch nicht auf Suchmaschinen beschränkt. Die Konsequenz wäre, dass alle Werke, die im Internet »dauerhaft« abrufbar sind, von jedermann zustimmungs- und vergütungsfrei verwertet werden dürften. Selbst deren kommerzielle Verwertung wäre erlaubt.[326] Dies aber würde viel zu weit führen und wäre nicht mehr vom Zweck des § 59 UrhG gedeckt.[327] Ein derart weit reichender Rechtsgedanke, dass bei allen frei zugänglichen Werken die Belange der Öffentlichkeit stets Vorrang vor den urheberrechtlich geschützten Interessen haben, lässt sich nicht rechtfertigen.

---

321 LG Hamburg MMR 2009, 55, 60 – Google-Bildersuche.
322 § 58 UrhG wurde neu gefasst durch Gesetz vom 10.09.2003 (BGBl. I, S. 1174).
323 OLG Jena MMR 2008, 408, 410 – Miniaturansichten; LG Hamburg MMR 2009, 55, 60 – Google-Bildersuche; ausführlich *Schrader/Rautenstrauch*, UFITA 2007, 761, 773 ff.
324 *Dreier*/Schulze, § 59 Rn. 1.
325 So angedacht von *Leistner/Stang*, CR 2008, 499, 502.
326 Vgl. *Dreier*/Schulze, § 59 Rn. 1.
327 *Leistner/Stang*, CR 2008, 499, 502; *Ott*, ZUM 2009, 345, 351; *Heymann/Nolte*, K&R 2009, 759, 764.

§ 59 UrhG ist vielmehr eng auszulegen.[328] Eine analoge Anwendung des
§ 59 UrhG auf den Bereich des Internets scheidet aus.

6.   Analoge Anwendung der Schranke für Zeitungsartikel und
      Rundfunkkommentare (§ 49 UrhG)

Dem Wortlaut nach kann auch § 49 UrhG nicht zu Gunsten der Suchmaschinen-
Betreiber angewendet werden. Es fehlt am meinungsbildenden Charakter der in
der Bildersuche angezeigten Bilder, da sie keinen Bezug zu politischen, wirtschaftlichen oder religiösen Tagesfragen haben.[329]

Niemann möchte § 49 UrhG dennoch analog auf Bildersuchmaschinen anwenden.[330] Zur Begründung zieht er die Entscheidung »Elektronischer Pressespiegel«[331] heran. Der BGH hatte § 49 UrhG durch extensive Auslegung auch auf
unternehmensinterne elektronische Pressespiegel für anwendbar erklärt, da
diese neue Nutzungsform an die Stelle der privilegierten Nutzung getreten und
vom Zweck des § 49 UrhG umfasst sei.[332] Hieraus leitet Niemann ab, dass
§ 49 UrhG in Bezug auf neue Technologien grundsätzlich analogiefähig sei, da
nach seiner Auffassung der BGH die Schranke nicht ausgelegt, sondern analog
angewandt habe.[333] Zweck des § 49 UrhG sei es, möglichst ungehinderten Zugang zu tagesaktuellen Informationen zu gewähren. Davon seien auf Grund der
gewandelten Bedeutung der im Internet abrufbaren Inhalte für die Meinungsfreiheit auch Bilder, die über die Bildersuche gefunden werden können, erfasst.[334] Das Internet erfülle vor allem im Kontext des Web 2.0[335] die Funktion
einer Zeitschrift oder Zeitung.[336] Dass vorliegend nur Bilder gesucht werden
können, spiele vor diesem Hintergrund keine Rolle.[337] Die Betreiber der Suchmaschine hätten dabei nicht die Absicht, sich unentgeltlich eine Lizenz zu er-
schleichen, sondern handelten im Interesse der Urheber. Diese seien durch eine
analoge Anwendung des § 49 UrhG sogar besser gestellt, da die Chance im In-

---

328 BGH GRUR 2001, 51, 53 – Parfumflakon; v. Gierke, FS Erdmann, S. 103, 108; Fromm/
      Nordemann/W. Nordemann, § 59 Rn. 1; Schricker/Vogel, § 59 Rn. 4.
329 Berberich, MMR 2005, 145, 147; zu Textsuchmaschinen: Ziem, Pressefreiheit, S. 253. Im
      Einzelfall kann die Übernahme eines Bildes in die Bildersuche von § 49 UrhG gedeckt sein.
      Dieses sollte aber die Ausnahme sein.
330 Niemann, CR 2009, 97; zustimmend Scherzer, jurisPR-ITR 5/2009 Anm. 2.
331 BGHZ 151, 300 – Elektronischer Pressespiegel.
332 BGHZ 151, 300, 310 f. – Elektronischer Pressespiegel.
333 Niemann, CR 2009, 97, 100.
334 Niemann, CR 2009, 97, 101.
335 Als Web 2.0 wird eine neue Sichtweise des Internets als interaktives und kollaboratives
      Medium bezeichnet, während es vorher nur als statische Informationsplattform gesehen
      wurde.
336 So auch Scherzer, jurisPR-ITR 5/2009 Anm. 2.
337 Niemann, CR 2009, 97, 101.

ternet wahrgenommen zu werden, ohne Bildersuchmaschinen exponentiell sinken würde.[338] Möchte der Urheber seine Werke nicht in die Bildersuche aufgenommen haben, so könne er die Nutzung mit Meta-Tags oder dem Robots Exclusion Standard[339] verhindern.[340]

Der BGH selbst betont jedoch, dass trotz der ausnahmsweise extensiven Auslegung im Fall »Elektronischer Pressespiegel« die Schranken als Ausnahmebestimmungen grundsätzlich eng auszulegen sind.[341] Richtig ist, dass § 49 UrhG ein Ausfluss von Art. 5 GG ist und die Meinungsfreiheit schützt. § 49 UrhG soll aber vorwiegend das Interesse der Allgemeinheit an umfassender und rascher Berichterstattung fördern.[342] Der Gesetzgeber stellt in seiner Begründung auf die schnelle Unterrichtung der Öffentlichkeit ab und macht weiterhin deutlich, dass sich die Schranke ausschließlich auf Äußerungen zu Tagesfragen bezieht.[343] Die privilegierte Nutzung muss sich daher auf eine für die Meinungsbildung relevante aktuelle Darstellung beziehen.[344] Für eine Analogie müsste die Bildersuche eben diesem Zweck dienen. Bei Bildern im Internet kann jedoch regelmäßig nicht davon ausgegangen werden, dass sie tagesaktuelle Fragestellungen betreffen. Ferner handeln die Betreiber von Bildersuchmaschinen nicht altruistisch, wie von *Niemann* dargestellt, sondern erzielen durch die Bildersuche zumindest mittelbar Werbeeinnahmen.[345] Sie würden auf Kosten der Urheber Geld verdienen, zumal *Niemann* auch die Vergütungspflicht nach § 49 Abs. 1 S. 2 UrhG ausschließen möchte.[346] Damit würden die Verwertungsmöglichkeiten der Urheber weit über die Grenzen des § 49 UrhG hinaus beschränkt. Damit liegt keine mit § 49 UrhG vergleichbare Interessenlage vor, so dass die Schranke nicht analog auf Bildersuchmaschinen angewendet werden kann.

7.   Umkehrschluss zu § 12 Abs. 2 UrhG

Ein Teil der Literatur versucht mit einem Umkehrschluss aus § 12 Abs. 2 UrhG eine neue Schranke zu begründen.[347] Nach Veröffentlichung eines Werkes soll jeder die Möglichkeit haben, den Inhalt dieses Werkes öffentlich mitzuteilen und

---

338 *Niemann*, CR 2009, 97, 101.
339 Zur Funktion der robots.txt und Meta-Tags vgl. 1. Teil A.I.2.
340 *Niemann*, CR 2009, 97, 102.
341 BGHZ 151, 300, 310 – Elektronischer Pressespiegel.
342 *Dreier*/Schulze, § 49 Rn. 1; Wandtke/Bullinger/*Lüft*, § 49 Rn. 1.
343 RegE, BT-Drs. IV/270, S. 66.
344 Schricker/*Melichar*, § 49 Rn. 8; *Dreier*/Schulze, § 49 Rn. 8; Wandtke/Bullinger/*Lüft*, § 49 Rn. 9; Fromm/Nordemann/*W. Nordemann*, § 49 Rn. 3; *Ziem*, Pressefreiheit, S. 253.
345 Vgl. 1. Teil B.IV.1.
346 *Niemann*, CR 2009, 97, 102.
347 Schricker/*Dietz*, § 12 Rn. 29; *Rehbinder*, UrhR, Rn. 511; *Müsse*, Urheberpersönlichkeitsrecht, S. 141; ähnlich *Ulmer*, UrhR, S. 213; wohl auch *Schack*, UrhR, Rn. 367 Fn. 47; Fromm/

zu beschreiben, auch wenn er damit in die Verwertungsrechte des Urhebers eingreift. Diese Schranke wurde in der Rechtsprechung zuletzt vom OLG Frankfurt für Abstracts diskutiert.[348] In diesem Fall ging es um Kurzfassungen von Buchrezensionen, die ein Websitebetreiber online gestellt hatte. Das LG Frankfurt hatte die Klage unter anderem wegen § 12 Abs. 2 UrhG abgewiesen, da es daraus eine Berechtigung zur Herstellung und Verbreitung von Abstracts ableitete.[349] Dem hat das OLG Frankfurt zu Recht widersprochen. Durch den Umkehrschluss werden die Bestimmungen der §§ 23, 24 UrhG umgangen.[350] Die Schranken des Urheberrechts sind abschließend geregelt. Daher ist kein Raum für eine neue Schranke.[351] Aus der Gesetzesbegründung lässt sich ebenfalls kein Wille des Gesetzgebers ableiten, die Rechte des Urhebers zu beschränken. Durch § 12 UrhG soll seine Rechtsposition sogar ausdrücklich gestärkt werden.[352] Auch mit der Einschränkung, dass die Lektüre des Werkes durch die Inhaltsangabe nicht ersetzt werden darf,[353] wird nur Rechtsunsicherheit geschaffen, da eine scharfe Trennung der erlaubten von den nicht erlaubten Nutzungshandlungen nicht möglich ist.[354] § 12 Abs. 2 UrhG ist daher nur zu entnehmen, dass Inhaltsmitteilungen eines veröffentlichten Werkes als solche den Tatbestand der unfreien Bearbeitung nicht erfüllen.[355] Ob eine zustimmungspflichtige Bearbeitung oder Vervielfältigung vorliegt, muss aber im Einzelfall nach den von Rechtsprechung und Literatur entwickelten allgemeinen Kriterien bestimmt werden.[356] Eine urheberrechtliche Schranke ist in § 12 Abs. 2 UrhG folglich nicht zu sehen.[357] Diese ist auch gar nicht notwendig, da eine Inhaltsangabe durchaus ohne Übernahme geschützter Werkteile möglich ist.[358] Daher können die ur-

---

Nordemann/*Dustmann*, § 12 Rn. 21 und *Dreyer* in HK-UrhR, § 12 Rn. 25, die den Streit fälschlich für lediglich theoretisch erklären, im Zweifel aber den Verwertungsbelangen des Urhebers Vorrang gewähren.

348 OLG Frankfurt a.M. GRUR 2008, 249, 251 – Abstracts; die Revision ist beim BGH anhängig (Az. I ZR 13/08).

349 LG Frankfurt a.M. ZUM 2007, 65, 67.

350 OLG Frankfurt a.M. GRUR 2008, 249, 251 – Abstracts; Wandtke/*Bullinger*, § 12 Rn. 22; *Ott*, ZUM 2009, 345, 350.

351 Dreier/*Schulze*, § 12 Rn. 24; Wandtke/*Bullinger*, § 12 Rn. 22.

352 RegE, BT-Drs. IV/270, S. 44; so auch Wandtke/*Bullinger*, § 12 Rn. 22.

353 So RGZ 129, 252 – Operettenführer; Loewenheim/*Dietz*, Hdb UrhR, § 16 Rn. 11; *Rehbinder*, UrhR, Rn. 511; *Schack*, UrhR, Rn. 367; *Ulmer*, UrhR, S. 213; *Dreyer* in HK-UrhR, § 12 Rn. 25.

354 Wandtke/*Bullinger*, § 12 Rn. 22.

355 OLG Frankfurt a.M. GRUR 2008, 249, 251 – Abstracts; Loewenheim/*Dietz/Peukert*, Hdb UrhR, § 16 Rn. 11.

356 LG Hamburg NJW 2004, 610, 614.

357 OLG Frankfurt a.M. GRUR 2008, 249 – Abstracts, 251; LG Hamburg NJW 2004, 610, 614; Dreier/*Schulze*, § 12 Rn. 24; Wandtke/*Bullinger*, § 12 Rn. 22; Fromm/Nordemann/*Hertin*, 9. Aufl., § 12 Rn. 14; Loewenheim/*Dietz/Peukert*, Hdb UrhR, § 16 Rn. 11; *Leistner/Stang*, CR 2008, 499, 503.

358 Wandtke/*Bullinger*, § 12 Rn. 22; Dreier/*Schulze*, § 12 Rn. 24.

heberrechtlich relevanten Nutzungen von Werken im Rahmen der Bildersuche nicht von § 12 Abs. 2 UrhG erfasst sein.[359] Zudem besteht Einigkeit, dass jedenfalls eine vollständige Wiedergabe nicht von § 12 Abs. 2 UrhG gedeckt ist.[360] Thumbnails sind zwar verkleinerte Abbildungen, stellen aber dennoch das Werk als Ganzes dar. Es handelt sich, wie bereits festgestellt, um eine Vervielfältigung des Originalwerks[361] und nicht um eine bloße Inhaltsangabe i.S.v. § 12 UrhG, die das Gesamtwerk lediglich beschreibt, aber nicht kopiert.[362]

8. Erschöpfung des Verbreitungsrechts (§ 17 Abs. 2 UrhG)

In den Verfahren vor dem LG Hamburg haben die Suchmaschinen-Betreiber angeführt, dass ihre Nutzungshandlungen wegen der Erschöpfung des Verbreitungsrechts nach § 17 Abs. 2 UrhG zulässig seien.[363] Nach den vom BGH aufgestellten Grundsätzen sind Vervielfältigungen und ein öffentliches Zugänglichmachen von urheberrechtlich schutzfähigen Werken zu Werbezwecken im Rahmen des Weitervertriebs zulässig, sofern die Ware i.S.v. § 17 Abs. 2 UrhG in den Verkehr gebracht worden ist.[364] Im Fall des LG Hamburg hatte der Kläger T-Shirts mit Comic-Motiven vertrieben. Diese Motive waren unberechtigt ins Internet gestellt und unter anderem von der Google Bildersuche aufgenommen worden. Während sich ein Händler für Werbung im Rahmen des nach § 17 Abs. 2 UrhG privilegierten Vertriebs dieser T-Shirts auf die vom BGH aufgestellten Grundsätze berufen könnte, ist dies dem Bildersuchmaschinen-Betreiber verwehrt.[365] Die Bildersuche hat keinen Bezug zur körperlichen Verbreitung von Waren, sondern liefert lediglich einen Hinweis auf die Existenz eines Bildes im Internet.[366] Darüber hinaus stellt der vor dem LG Hamburg verhandelte Sachverhalt einen Sonderfall dar. Die in die Bildersuche aufgenommenen Werke haben überwiegend keinen Bezug zum Verkauf von Waren.

---

359 *Kleinemenke*, CR 2009, 55, 56; ähnlich *Leistner/Stang*, CR 2008, 499, 502 f., die eine Anwendung des § 12 Abs. 2 UrhG auf Bildersuchmaschinen inhaltlich für passend erachten, aber grundsätzliche methodische Zweifel an der Zulässigkeit des Umkehrschlusses haben.
360 LG Hamburg NJW 2004, 610, 614; Fromm/Nordemann/*Dustmann*, § 12 Rn. 21; Dreier/*Schulze*, § 12 Rn. 24.
361 Vgl. 1. Teil B.II.1.a).
362 BGH GRUR 2010, 628, 630 Tz. 23 – Vorschaubilder; *Ott*, ZUM 2009, 345, 350; a.A. *Leistner/Stang*, CR 2008, 499, 503, *Kleinemenke*, CR 2009, 55, 56 und *Heymann/Nolte*, K&R 2009, 759, 762, die auf die Substituierbarkeit abstellen und daher in den Thumbnails auf Grund der »Zeigerfunktion« eine Inhaltsangabe sehen.
363 LG Hamburg MMR 2009, 55, 60 f. – Google-Bildersuche.
364 BGHZ 144, 232, 238 ff. – Parfumflakon.
365 LG Hamburg MMR 2009, 55, 60 f. – Google-Bildersuche.
366 LG Hamburg MMR 2009, 55, 61 – Google-Bildersuche.

Somit finden die aus § 17 Abs. 2 UrhG abgeleiteten Grundsätze auf Bildersuchmaschinen keine Anwendung.

9.   Analoge Anwendung der urheberrechtlichen Schranken

Da keine Schranke die Nutzungshandlungen der Bildersuchmaschinen erfasst,
wäre eine analoge Anwendung der urheberrechtlichen Schranken zu Gunsten
der Bildersuchmaschinen denkbar. Grund für eine Analogie oder extensive
Auslegung der Schranken könnte das Interesse der Allgemeinheit an einer
übersichtlichen Suchergebnisliste bei der Bildersuche sein. Ohne Vorschaubilder ist eine Bildersuche ineffizient.[367] Die Suchmaschinen-Betreiber führen
weiterhin an, eine kostenpflichtige Lizenzierung der Thumbnails sei praktisch
nicht möglich und unrentabel. Der Zusatzdienst müsse daher ohne urheberrechtliche Privilegierung eingestellt werden.[368]

Grundsätzlich sind die Schranken des Urheberrechts jedoch nicht analogiefähig, da es sich um einzeln aufgeführte Ausnahmevorschriften handelt.[369] Im
Hinblick auf neue technische Nutzungsmöglichkeiten kann eine analoge Anwendung oder auch extensive Auslegung von Schranken allerdings in Betracht
kommen, sofern diese Nutzung vom Zweck der Schranke mit umfasst ist.[370] Da
die Schranken im deutschen Recht speziell und nicht generalklauselartig geregelt sind, soll auf diese Weise eine Anpassung des Urheberrechts an technische
Neuerungen ermöglicht werden. Dabei müssen die technischen Gegebenheiten
und der Kenntnisstand des Gesetzgebers zum Zeitpunkt der Einführung bzw.
letzten Änderung der entsprechenden Norm berücksichtigt werden.[371]

Wie schon erörtert, passt keine der im UrhG aufgeführten Schranken vom
Regelungsgedanken her auf die Nutzung durch Bildersuchmaschinen.[372] Zudem
war dem Gesetzgeber bewusst, dass Suchmaschinen in fremde Rechte eingreifen.[373] In der Fachliteratur wird die Problematik der Bildersuchmaschinen seit

---

367   Vgl. 1. Teil F.I.
368   So *Schrader/Rautenstrauch*, UFITA 2007, 761, 773, die einem gesetzeswidrigen Geschäfts-
      modell, wie der Bildersuche, allerdings zu Recht keinen verfassungsrechtlichen Schutz
      gewähren und eine extensive Auslegung der urheberrechtlichen Schranken für nicht ge-
      boten erachten.
369   Schricker/*Melichar*, vor §§ 44a ff. Rn. 16; Fromm/Nordemann/*W. Nordemann*, vor §§ 44a ff.
      Rn. 3; *Schack*, UrhR, Rn. 533.
370   BGHZ 151, 300, 311 – Elektronischer Pressespiegel; BGHZ 154, 260, 265 – Gies-Adler;
      Rehbinder, UrhR, Rn. 435; *Schack*, UrhR, Rn. 533; *Dreier*/Schulze, vor §§ 44a ff. Rn. 7;
      Heymann/Nolte, K&R 2009, 759, 763; *Poeppel*, Die Neuordnung der urheberrechtlichen
      Schranken im digitalen Umfeld, S. 41 ff.; wohl auch *Koch*, Die Auswirkungen der digitalen
      Informationstechnologien auf die Schranken des Urheberrechts, S. 219.
371   *Schrader/Rautenstrauch*, UFITA 2007, 761, 774.
372   Vgl. 1. Teil B.IV.5 und 1. Teil B.IV.6; so auch *Ziem*, Pressefreiheit, S. 259 ff.
373   Der RegE zum Gesetz über den Elektronischen Geschäftsverkehr aus 2001, BT-Drs. 14/6098,

2003 diskutiert[374] und im Rahmen der Änderung des TMG war erstmals ein Suchmaschinenprivileg in § 8a des Gesetzesentwurfs der FDP-Fraktion[375] enthalten. Dennoch ist der Gesetzgeber im Urheberrecht im Hinblick auf die Privilegierung von Suchmaschinen bislang untätig geblieben.[376] Somit fehlt es sowohl an einer planwidrigen Regelungslücke als auch an einer vergleichbaren Interessenlage. Eine analoge Anwendung urheberrechtlicher Schranken auf Suchmaschinen ist damit nicht möglich.[377]

10. Ungeschriebene Schranke für Suchmaschinen

Schließlich wäre eine ungeschriebene Schranke im Sinne einer »Nutzung im allgemeinen Interesse« denkbar.[378] Eine derart allgemein gefasste Schranke gibt es in Deutschland nicht.[379]

In den USA hingegen werden Bildersuchmaschinen nach § 107 CA für zulässig erachtet. Die »fair use«-Doktrin ermöglicht eine umfassende Interessenabwägung, die in den bisherigen Verfahren zu Gunsten der Bildersuchmaschinen ausgefallen ist.[380] Das US-amerikanische Urheberrecht unterscheidet sich jedoch grundlegend von der deutschen Systematik.[381] In den USA sind die Verwertungsrechte in § 106 CA abschließend aufgezählt, während die Schranke des »fair use« (§ 107 CA) offen und damit einer umfassenden Interessenabwägung zugänglich ist. Im deutschen Recht hingegen sind die Verwertungsrechte in § 15 UrhG offen und weit gefasst, während die Schranken in den §§ 44a ff. UrhG enumerativ aufgelistet sind. Wegen dieser systematischen Unterschiede kann eine Schranke im Sinne der »fair use«-Klausel, welche die allgemeinen Interes-

---

S. 37, trifft bewusst keine Regelung für Suchmaschinen, um die Rechtsentwicklung erst einmal abzuwarten. So auch LG Hamburg MMR 2009, 55, 61 – Google-Bildersuche; *Schrader/Rautenstrauch*, UFITA 2007, 761, 775.

374 Den ersten Anstoß gab das LG Hamburg GRUR-RR, 2004, 313 – thumbnails.

375 BT-Drs. 16/11173 vom 02.12.2008.

376 In der öffentlichen Anhörung vor dem Ausschuss für Wirtschaft und Technologie zur Änderung des TMG vom 04.03.2009, Protokoll 16/88, S. 38 f., wurde die Notwendigkeit einer urheberrechtlichen Regelung speziell für Bildersuchmaschinen erörtert.

377 So auch LG Hamburg MMR 2009, 55, 61 – Google-Bildersuche, das es ebenfalls als Aufgabe des Gesetzgebers ansieht, eine urheberrechtliche Regelung zu schaffen; a.A. *Niemann*, CR 2009, 97, 99.

378 Angedacht und zu Recht abgelehnt in LG Hamburg GRUR-RR 2004, 313, 317 – thumbnails.

379 *Dreier/Schulze*, vor §§ 44a ff. Rn. 7; speziell auf die Bildersuche bezogen LG Hamburg MMR 2009, 55, 62 – Google-Bildersuche.

380 Kelly v. Arriba Soft Corp., 280 F.3d 934 (9th Cir. 2002); Perfect 10 ./. Google, Inc., 416 F.Supp.2d 828 (C.D. Cal. 2006) (= MR-Int 2007, 115). Ausführliche Darstellung der Verfahren bei *Ott*, ZUM 2007, 119, 120 ff.

381 Vgl. zu den systematischen Unterschieden etwa *Schack*, FS Schricker, S. 511 f.

sen der Internetnutzer berücksichtigen würde, nicht in das deutsche Urheberrecht übertragen werden.[382]

Eine solche allgemeine Schranke wäre zudem mit der Info-RL unvereinbar.[383] Deren Art. 5 zählt die zulässigen urheberrechtlichen Schranken abschließend auf. Darüber hinausgehende Schranken dürfen die Mitgliedstaaten nicht vorsehen.[384] Und eine offene Schranke, welche die Interessen der Allgemeinheit berücksichtigt, findet sich im Katalog des Art. 5 Info-RL nicht.[385]

Damit können die Nutzungshandlungen der Betreiber von Bildersuchmaschinen nicht durch eine ungeschriebene Schranke privilegiert werden. Auch eine von den Schranken des Urheberrechts losgelöste Güter- und Interessenabwägung verbietet sich, da die §§ 44a ff. UrhG das Ergebnis einer grundsätzlich abschließenden Güterabwägung des Gesetzgebers sind.[386] So kann weder der Nutzen für die Allgemeinheit noch das wirtschaftliche Interesse der Suchmaschinen-Betreiber an ihrer bisherigen gewerblichen Tätigkeit einen Eingriff in urheberrechtliche Verwertungsrechte rechtfertigen.[387]

11. Ergebnis

Zu Gunsten der Bildersuchmaschinen-Betreiber greifen damit keine der urheberrechtlichen Schranken ein. Auch durch eine analoge Anwendung, extensive Auslegung oder ungeschriebene Schranke können die Nutzungshandlungen nicht legitimiert werden.

---

382 LG Hamburg GRUR-RR 2004, 313, 317 – thumbnails; *Schack*, FS Schricker, S. 511, 512; *Roggenkamp*, K&R 2007, 328; *Schrader/Rautenstrauch*, UFITA 2007, 761, 779; a.A. *Mittelstädt*, Bildersuche von Google, S. 12, der den Rechtsgedanken der »fair use«-Defense auch im deutschen Recht anwenden möchte.

383 *Schack*, FS Schricker, S. 511, 512.

384 Vgl. Erwgr. 32 der Info-RL.

385 Anders entschied die Audiencia Provincial de Barcelona, Urteil vom 17.09.2008 – 92/2006. Das Gericht nahm zu Gunsten von Google eine Abwägung an Hand der »fair use«-Doktrin vor und begründete damit die Zulässigkeit der Cache-Funktion. Da sich das Gericht damit über die Bestimmungen der Info-RL hinwegsetzt, dürfte die Entscheidung jedoch ein Einzelfall bleiben und kaum Befürworter finden; vgl. *Ott*, MMR 12/2008, XII f.

386 BGHZ 150, 6, 8 – Verhüllter Reichstag; BGHZ 154, 260, 266 – Gies-Adler; *Poeppel*, Die Neuordnung der urheberrechtlichen Schranken im digitalen Umfeld, S. 50; *Schack*, FS Schricker, S. 511, 517 f.; *Schricker/Melichar*, vor §§ 44a ff.; *Dreier/Schulze*, vor §§ 44a ff. Rn. 7; *Schack*, UrhR, Rn. 537.

387 LG Hamburg MMR 2009, 55, 61 – Google-Bildersuche; *Schack*, MMR 2008, 414, 415; *Ott*, ZUM 2007, 119, 125.

V. Einschränkungen der Haftung

Neben den Privilegierungen durch urheberrechtliche Schranken werden in Rechtsprechung und Literatur weitere Einschränkungen der Haftung diskutiert, um den Betrieb von Bildersuchmaschinen urheberrechtlich zu privilegieren. Hintergrund ist, dass die Bildersuche als sozial nützlich angesehen wird und daher Möglichkeiten gesucht werden, um eine Einstellung dieses Zusatzdienstes aus urheberrechtlichen Gründen abzuwenden.

1. Haftungsprivilegierung nach dem TMG

a) Rechtslage nach dem TDG

Früher wurde von Teilen der Rechtsprechung und Literatur eine Privilegierung von Suchmaschinen und Hyperlinks durch das TDG angenommen.[388] Bezogen auf die Bildersuche hatte das AG Bielefeld die Speicherung und Anzeige der Thumbnails als von § 10 TDG erfasst angesehen.[389] Zweifelhaft war dabei allerdings, ob die Speicherung der Bilder als Thumbnails nicht entgegen § 10 Nr. 1 TDG (jetzt § 9 Nr. 1 TMG) in veränderter Form geschieht. Jedenfalls war eine derartige Speicherung nicht vom Schutzzweck der Norm gedeckt. Da die Interessenlage auch mit dem Proxy-Caching nicht vergleichbar war, schieden im Ergebnis eine direkte wie eine analoge Anwendung von § 10 TDG (§ 9 TMG) aus.[390] Auch eine mögliche Störerhaftung für Hyperlinks konnte nicht durch eine Analogie zu §§ 9 ff. TDG beschränkt werden, da Art. 21 Abs. 2 ECRL wie der Gesetzgeber des TDG eine Regelung für Suchmaschinen und Hyperlinks bewusst offen gelassen hatten, so dass es für eine analoge Anwendung an einer Regelungslücke fehlte.[391] Die herrschende Meinung lehnte daher die Anwendung der §§ 9 ff. TDG auf Suchmaschinen und Hyperlinks zu Recht ab.[392]

---

388 AG Bielefeld MMR 2005, 556, 557; LG München I, MMR 2004, 261, 262 (zur Markenrechtsverletzung bei Werbe-Keywords); *Hörnle*, NJW 2002, 1008, 1011; *Dippelhofer*, Haftung für Hyperlinks, S. 81; *v. Lackum*, MMR 1999, 697.

389 AG Bielefeld MMR 2005, 556, 557.

390 So auch *Gercke*, MMR 2005, 557, 558; *Jürgens/Köster*, MMR 1/2005, XX, XXI; a.A. *Sieber/Liesching*, MMR 2007 Beilage zu Heft 8, S. 1, 20 f.; *Hoeren/Sieber/Höfinger*, 18.1 Rn. 126 ff., die eine direkte Anwendung von § 9 TMG ablehnen, sich aber für eine analoge Anwendung aussprechen; *Berberich*, CR 2007, 393.

391 Gegenäußerung der Bundesregierung, BT-Drs. 14/6098, S. 37; *Koch*, CR 2004, 213, 214 ff.; a.A. *Sieber/Liesching*, MMR 2007 Beilage zu Heft 8, S. 1, 9 f.

392 BGHZ 158, 343, 349 – Schöner Wetten; LG Bielefeld CR 2006, 350; *Spindler/Schmitz/Geis*, TDG, vor § 8, Rn. 59; *Berberich*, CR 2007, 393; *Koch*, Internet-Recht, S. 698; a.A. *Ott*, ZUM 2007, 119, 127; *ders.*, WRP 2008, 393, 398 mwN.

b)   Aktuelle Rechtslage nach dem TMG

Auch nach Einführung des TMG, welches das TDG und den Mediendienste-staatsvertrag zum 01.03.2007 weitestgehend wortgleich abgelöst hat, ist keine Änderung der Rechtslage eingetreten.[393] Weiterhin sind weder das Speichern der Thumbnails noch das Setzen der Hyperlinks vom TMG erfasst.[394] Die Haftung von Suchmaschinenbetreibern wurde bei der Konzeption des TMG wiederum bewusst nicht geregelt.[395] Zudem würden durch eine direkte oder analoge An-wendung der §§ 8 ff. TMG nur Schadensersatzansprüche vor Kenntnis der Rechtsverletzung ausgeschlossen, eine Verpflichtung zur Sperrung und weiter-gehende Haftung blieben nach § 7 Abs. 2 TMG ohnehin unberührt.

Auch ein Rückgriff auf Art. 14 Abs. 1 ECRL, wie der BGH in einem obiter dictum seiner Entscheidung zu Vorschaubildern vorschlägt,[396] ist abzulehnen.[397] Der BGH hätte seine Argumentation richtigerweise nicht auf die ECRL sondern auf die nationale Umsetzung in § 10 TMG stützen müssen. Fraglich ist auch, ob die »Louis Vuitton«-Entscheidung des EuGH[398] derart weit zu verstehen ist, dass auch Bildersuchmaschinen-Betreiber umfasst sind. Indem der BGH auch Un-terlassungsansprüche unter das TMG fallen lassen möchte, setzt er sich zudem in Widerspruch zu § 7 Abs. 2 S. 2 TMG und seiner bisherigen Rechtsprechung.[399]

c)   Änderung des TMG

Da das TMG auf die Haftung von Suchmaschinen keine Anwendung findet, wird teilweise eine Erweiterung der gesetzlichen Privilegierung gefordert.[400] Im De-zember 2008 hatte die FDP-Fraktion daraufhin erstmals einen dem österrei-chischen § 14 E-Commerce-Gesetz entsprechenden Entwurf zur Änderung des

---

393 BGH NJW 2008, 1882, 1883 Tz. 20 – ueber18.de; *Fechner*, Medienrecht, Kap. 12 Rn. 51; *Ott*, WRP 2008, 393, 398.
394 Allgemein zu Suchmaschinen: *Spindler*, CR 2007, 239, 245; *Köhler/Arndt/Fetzer*, Recht des Internet, Rn. 796; *Fromm/Nordemann/J. B. Nordemann*, § 97 Rn. 187; wohl auch *Heymann/Nolte*, K&R 2009, 759, 765; a.A. *Sieber/Liesching*, MMR 2007 Beilage zu Heft 8, S. 1, 11 ff., die sowohl § 8 TMG auf das Verlinken als auch § 9 TMG analog auf die Anzeige der Linktexte, Thumbnails und Snippets anwenden; *Ott*, WRP 2008, 393, 398; *Hoeren/ Sieber*, 18.2 Rn. 207, der eine analoge Anwendung von § 10 TMG für möglich hält.
395 Vgl. RegE, BT-Drs. 16/3078, S. 12; Beschlussempfehlung und Bericht des Ausschusses für Wirtschaft und Technologie, BT-Drs. 16/4078, S. 5 ff.; so auch BGH NJW 2008, 1882, 1883 Tz. 20 – ueber18.de; *Ott*, WRP 2008, 393, 398; *Spindler*, CR 2007, 239, 245.
396 BGH GRUR 2010, 628, 633 Tz. 39 – Vorschaubilder.
397 A.A. *Niemann*, K&R 2010, 507, 508.
398 EuGH, 23.03.2010 –C-236/08 bis C-238/08, K&R 2010, 320 – Google ./. Louis Vuitton.
399 *Fahl*, K&R 2010, 437, 440 f.; *Rössel*, MMR 2010, 480, 481; *Hüttner*, WRP 2010, 1008, 1014 f.
400 *Koch*, CR 2004, 213, 216; *Mohr*, Internetspezifische Wettbewerbsverstöße, S. 138; so auch der Antrag der Fraktion Bündnis 90/Die Grünen, BT-Drs. 16/6394, S. 4, Punkt 10.

TMG vorgestellt, der die Haftung von Suchmaschinen-Betreibern entschärfen sollte.[401]

§ 8a Suchmaschinen

(1) Diensteanbieter, die Nutzern elektronische Hilfsmittel zur Suche nach fremden Informationen bereitstellen, sind für die abgefragten Informationen nicht verantwortlich, sofern sie
1. deren Übermittlung nicht veranlasst,
2. deren Empfänger nicht ausgewählt und
3. diese weder nichtautomatisiert ausgewählt noch verändert haben.
(2) § 7 Abs. 4 und § 8 Abs. 1 Satz 2 gelten entsprechend.

In der Begründung heißt es, dass durch die Änderung des TMG bestehende Rechtslücken geschlossen werden sollen.[402] Ob dieses Ziel mit der Einführung der vorgeschlagenen Norm erreicht werden kann, ist allerdings zweifelhaft.

Bereits die Formulierung ist unpräzise und wirft Auslegungsfragen auf. So ist unklar, was unter den »abgefragten Informationen« zu verstehen ist. Nach einer engen, am Wortlaut orientierten Auslegung würde nur die Anzeige in der Suchergebnisliste auf Anfrage der Nutzer erfasst. Sinnvoll wäre jedoch eine komplette Freistellung auch für die Speicher- und Konvertiervorgänge beim Crawlen.[403] Weiterhin wäre im Hinblick auf den Streit, ob beim Crawlen die Informationen durch die Speicherung als Thumbnails oder Snippets verändert werden,[404] eine klarstellende Formulierung in Satz 1 Nr. 3 zu empfehlen.

Eine Ausnahme für die Verantwortlichkeit der Suchmaschinen entspräche darüber hinaus nicht dem System der ECRL und damit des TMG. Nach Erwägungsgrund 42 der ECRL sollen die Haftungsprivilegierungen nur Fälle erfassen, die technische Vorgänge zum Betrieb eines Kommunikationsnetzes darstellen, sofern darüber Informationen Dritter übermittelt werden. Zweck ist es also *technische* Dienstleister wie Access-Provider, die einen Zugang zum Internet herstellen (§§ 8, 9 TMG), und Host-Provider, die fremde Informationen für den Abruf speichern (§ 10 TMG), von einer Schadensersatzhaftung vor Kenntnis freizustellen. Suchmaschinen betreiben jedoch weder ein Kommunikationsnetz, noch vermitteln sie den Zugang zu einem solchen. Sie stellen vielmehr einen Wegweiser in einem bestehenden Kommunikationsnetz, dem Internet, dar und bieten eine eigene inhaltliche und keine rein technische Dienstleistung an.[405] Zwar handelt es sich bei den durch Suchmaschinen angezeigten und vermit-

---

401 BT-Drs. 16/11173, S. 4.
402 BT-Drs. 16/11173, S. 5.
403 Vgl. 1. Teil A.I.
404 Vgl. 1. Teil B.V.1.a).
405 *Jürgens/Köster*, MMR 1/2005, XX, XXI.

telten Inhalten nicht um eigene Informationen i.S.v. § 7 Abs. 1 TMG, so dass Suchmaschinen bezüglich dieses Inhalts nicht als Content-Provider anzusehen sind.[406] Ihre Tätigkeit geht jedoch über die eines reinen Access- bzw. Host-Providers hinaus, da sie die Zusammenstellung in Suchergebnislisten als eigene Informationen bereitstellen.[407] Eine Privilegierung von Suchmaschinen ist daher vom Regelungszweck des TMG nicht umfasst.[408]

Weiterhin würde diese Haftungserleichterung für Verletzungen von Urheberrechten gelten, wie sie bei der Bildersuche begangen werden. Die Regelung würde damit materiell wie eine Schranke des Urheberrechts wirken. Eine derartige Schranke findet sich aber nicht in der grundsätzlich abschließenden Aufzählung des Art. 5 Abs. 3 Info-RL, so dass sie europarechtlich unzulässig wäre. In Erwägungsgrund 16 der Info-RL wird auf die ECRL zwar ausdrücklich Bezug genommen und klargestellt, dass die Haftungsregelungen der ECRL durch die Info-RL nicht berührt werden, die Haftungsprivilegierung für Suchmaschinen würde aber über die ECRL hinaus gehen und ist damit von diesem Vorbehalt nicht mehr erfasst.

Damit ist zu hoffen, dass vom Gesetzgeber keine Haftungsprivilegierung für Suchmaschinen in das TMG aufgenommen wird. Die Norm wäre aus urheberrechtlicher Sicht gemeinschaftsrechtswidrig und darüber hinaus auch haftungsrechtlich unvollkommen, da vom TMG weder Ansprüche auf Unterlassung noch mögliche strafrechtliche Sanktionen umfasst sind.[409]

2.   Ausdrückliche Einwilligung

Rechtlich unproblematisch sind die Konstellationen, in denen der Urheber dem Suchmaschinen-Betreiber eine ausdrückliche Einwilligung zur Nutzung seiner Werke erteilt hat. In diesem Fall liegt in der Erstellung und Speicherung der Thumbnails keine rechtswidrige Urheberrechtsverletzung.[410] Vielfach ist die Nutzung sogar im Interesse des Urhebers, wenn dieser möchte, dass seine Werke über die Bildersuche gefunden werden. Durch ein gutes Suchmaschinen-Marketing kann die Klickrate und damit die Bekanntheit einer Website und der darin

---

406 *Jürgens/Köster*, MMR 1/2005, XX, XXI; zweifelnd *Ott*, ZUM 2009, 345, 351.
407 *Roggenkamp*, jurisPR-ITR 14/2010 Anm. 2.
408 So auch *Arnd Haller (FSM)*, Öffentliche Anhörung vor dem Ausschuss für Wirtschaft und Technologie zur Änderung des TMG vom 04.03.2009, Protokoll 16/88, S. 39; a.A. *Koch*, CR 2004, 213, 217.
409 *Henning Lesch (eco)*, Öffentliche Anhörung vor dem Ausschuss für Wirtschaft und Technologie zur Änderung des TMG vom 04.03.2009, Protokoll 16/88, S. 39.
410 Ob eine Einwilligung auch in Verletzungen von Urheberpersönlichkeitsrechten möglich ist, wird vorliegend nicht erörtert, da diese bei Bildsuchmaschinen nur in Einzelfällen vorliegen (vgl. zum Meinungsstand: *Ohly*, Die Einwilligung im Privatrecht, S. 267 ff.; *Schricker/Dietz*, vor §§ 12 ff. Rn. 26 ff.).

enthaltenen Werke enorm gesteigert werden. Zu untersuchen ist daher, wie eine derartige ausdrückliche Einwilligung erklärt werden kann und welche rechtlichen Folgen sie hat.

a) Form der Einwilligung

Eine schriftliche Einwilligung von den Urhebern der indexierten Werke einzuholen oder entgegenzunehmen, ist für Suchmaschinen-Betreiber kaum praktikabel. Es würde einen viel zu hohen Verwaltungsaufwand bedeuten, die Einwilligungen den Suchergebnissen zuzuordnen und zu archivieren. Suchmaschinen-Betreiber bieten daher automatisierte elektronische Verfahren an, durch die eine Einwilligung erklärt werden kann.

Auf der Internetseite der meisten Suchmaschinen befindet sich ein Formular, um eine Website für die Suche anzumelden. Mit der Eingabe der Startseite einer Website in dieses Formular erklärt der Anmelder, dass die Suchmaschine alle Unterseiten und Inhalte der Website in den Index der Datenbank aufnehmen und für die Suche bereitstellen darf. Es wird somit eine ausdrückliche Einwilligung zur Speicherung in der Datenbank und Anzeige in den Suchergebnissen erklärt.[411] Ob in dieser Eingabe jedoch auch eine Einwilligung hinsichtlich der Verkleinerung und Speicherung der Bilder für die Bildersuche zu sehen ist, muss im Einzelfall durch Auslegung ermittelt werden. Im Formular von Google wird allgemein von der Anmeldung »einzelner Seiten« gesprochen.[412] Auch bei Yahoo werden »Websites und Webpages« zur Aufnahme vorgeschlagen.[413] Die Anmelde-Formulare gelten aber allgemein für alle Dienste der jeweiligen Suchmaschine. Hintergrund ist, dass ein Betreiber seine Website nur einmal eintragen und nicht für jeden Zusatzdienst ein eigenes Formular ausfüllen muss. Dies kann der durchschnittliche Anmelder auch erkennen. Bei Google beispielsweise steht in der Beschreibung zum Anmelde-Formular: »Dadurch verbreiten Sie Ihren Content über die Angebote von Google...«.[414] So ist offensichtlich, dass der komplette Inhalt der Website in den Index der Suchmaschinen aufgenommen wird und somit auch Zusatzdienste wie die Bildersuche umfasst sind. Damit erfasst die Einwilligung durch das Anmelden einer Website grundsätzlich alle Dienste einer Suchmaschine und gilt auch für das Erstellen und Speichern von Thumbnails.

Weiterhin können den Crawlern der Suchmaschinen über den Robots Exclusion Standard und Meta-Tags im Kopf einer Website Berechtigungen zum

---

411 *Tränkle*, Urheberrechtliche Fragen des Einsatzes von Suchmaschinen, S. 65.
412 http://www.google.de/addurl/.
413 http://siteexplorer.search.yahoo.com/de/free/submit.
414 http://www.google.de/intl/de/submit_content.html.

Indexieren von Internetseiten erteilt werden.[415] Wird durch ein »Allow« in der robots.txt-Datei oder ein »index« im Meta-Tag die Aufnahme in die Datenbank gewünscht, ist darin ebenfalls eine Einwilligung zu sehen. Diese ist ebenso wie die Anmeldung einer Website über das Anmelde-Formular als grundsätzliche Einwilligung zu verstehen und bezieht sich auf alle Dienste einer Suchmaschine. Wenn der Webmaster spezielle Dienste ausschließen möchte, kann er von der generellen Einwilligung Ausnahmen machen und diese für die Crawler im Quellcode mit angeben.[416]

b) Berechtigte Person

Die Einwilligung ist wirksam, wenn sie von einem Berechtigten erklärt wird. Da in urheberrechtlich relevante Nutzungshandlungen eingewilligt wird, ist grundsätzlich nur der Urheber zur Erklärung berechtigt. Er kann jedoch analog § 185 Abs. 1 BGB Dritten das Recht einräumen, in die fremden Nutzungshandlungen einzuwilligen.

Bei der Anmeldung über das Formular der Suchmaschine stellt sich allerdings ein praktisches Problem. Die Suchmaschinen-Betreiber können nicht überprüfen, ob der Urheber oder ein sonstiger Berechtigter die Einwilligung erklärt hat, da die Identität des Anmeldenden in der Regel nicht aufgeklärt werden kann. Jeder kann eine beliebige Website zur Aufnahme in den Index vorschlagen. Eine sichere Identifizierung ist, selbst wenn die IP-Adresse und das Datum der Anmeldung gespeichert werden, nicht möglich. Aus diesem Grund ist es für den Suchmaschinen-Betreiber nutzlos, sich im Streitfall auf diese Einwilligung durch die Anmeldung zu berufen. Selbst wenn der Urheber eigenhändig das Formular ausgefüllt und abgesendet hat, kann dies im Prozess nicht nachgewiesen werden. Die Einwilligung über ein ungeschütztes Anmelde-Formular ist damit aus rechtlicher Sicht praktisch wertlos.

Anders ist die Lage beim Robots Exclusion Standard und den Meta-Tags. Diese können nur vom Inhaber der Website oder mit einem von ihm herausgegebenen Passwort erstellt und geändert werden. Der Kreis der Personen, die Zugriff auf die Erklärung haben, ist also begrenzt und bestimmbar. Da der Betreiber einer Website und der Urheber aber nicht zwingend dieselbe Person sind, ist zu prüfen, unter welchen Umständen der Website-Betreiber die Einwilligung als Berechtigter erklären kann.

Rechtlich eindeutig sind dabei zwei Konstellationen. Sind Urheber des Werkes und Inhaber der Website identisch, so erklärt der Urheber die Einwilligung

---

415 OLG Jena MMR 2008, 408, 411 – Miniaturansichten; *Schrader/Rautenstrauch*, UFITA 2007, 761, 775; vgl. 1. Teil A.I.2.
416 So auch *Schrader/Rautenstrauch*, UFITA 2007, 761, 775. Zu den technischen Möglichkeiten, wie spezielle Dienste oder Verzeichnisse ausgeschlossen werden können, siehe oben 1. Teil A.I.2.

wirksam als Berechtigter. Liegt umgekehrt in der öffentlichen Zugänglichmachung eines Werkes durch den Website-Betreiber eine Urheberrechtsverletzung, ist dieser regelmäßig auch nicht berechtigt eine Einwilligung in die Verwertung des Werkes durch Suchmaschinen zu erteilen.[417] Damit wäre die Einwilligung von einem Nichtberechtigten erklärt und dem Urheber gegenüber wirkungslos.

Zu untersuchen bleiben die Fälle, in denen ein Werk vom Urheber autorisiert öffentlich zugänglich gemacht worden ist und der Website-Betreiber die Einwilligung zur Aufnahme in den Index erklärt hat. Die Berechtigung zur Einwilligung kann der Website-Betreiber nur vom Urheber ableiten. Ob diese vorliegt, ergibt sich regelmäßig aus dem Vertrag zwischen Urheber und Website-Betreiber über die Einräumung der Nutzungsrechte zur Verwendung des Werkes. Ist keine vertragliche Regelung getroffen und bestehen somit über den Umfang der Rechtseinräumung Zweifel, dann muss die Reichweite der eingeräumten Nutzungsrechte durch Auslegung bestimmt werden. Eine Richtschnur dafür ist die in § 31 Abs. 5 UrhG kodifizierte Zweckübertragungstheorie. Im Zweifelsfall sind nur diejenigen Nutzungsrechte eingeräumt, die zur Verwirklichung des Vertragszwecks notwendig sind. Alle anderen Rechte sollen so weit wie möglich beim Urheber verbleiben. Zweck des Vertrages, den ein Bild-Urheber mit einem Website-Betreiber schließt, ist die Bereitstellung der Grafik für das Internet. Die Rechtseinräumung ist dabei meist auf eine bestimmte Website beschränkt. Dieses Recht ist nach § 34 Abs. 1 S. 1 UrhG ohne Zustimmung des Urhebers nicht übertragbar. Dennoch ist es gängige Praxis, Internetseiten über Suchmaschinen bekannt zu machen, um Besucher auf die eigene Seite zu locken. Dies gilt auch für die Bildersuchmaschinen. Daher muss der Urheber, wenn er einem Dritten das Recht der öffentlichen Zugänglichmachung einräumt, damit rechnen, dass sein Werk auch über Bildersuchmaschinen zu finden ist. Damit ist regelmäßig davon auszugehen, dass der Website-Betreiber, der ein Werk autorisiert online stellt, berechtigt ist, den Suchmaschinen-Betreibern gegenüber eine Einwilligung zu erklären. Möchte der Urheber eine Aufnahme in Bildersuchmaschinen verhindern, kann er dieses vertraglich mit dem Website-Betreiber regeln.

c) Rechtsfolgen

Umstritten ist, wie eine Einwilligung rechtlich einzuordnen ist. Teilweise wird in dem Einverständnis des Urhebers die Einräumung eines einfachen Nutzungsrechts i.S.v. § 31 Abs. 2 UrhG gesehen.[418] Die Einwilligung könnte aber auch eine rein schuldrechtliche Nutzungsgestattung nach § 29 Abs. 2 UrhG oder eine ei-

---

417 Vgl. zur Einwilligung in das Setzen von Hyperlinks *Ott*, Linking und Framing, S. 358.
418 *Schack*, UrhR, Rn. 346; *Ott*, Linking und Framing, S. 357; *Burmeister*, Urheberrechtsschutz gegen Framing im Internet, S. 112 ff.; wohl auch *Dreier/Schulze*, § 29 Rn. 10.

genständige Form der Berechtigung zur Nutzung des Werkes als zumindest geschäftsähnliche Handlung darstellen und so die Rechtswidrigkeit der Handlung entfallen lassen.[419] Eine genaue dogmatische Einordnung kann hier allerdings offen bleiben.[420] Wenn der Urheber oder ein sonstiger Berechtigter eine ausdrückliche Einwilligung erklärt hat, ist die Nutzung durch den Suchmaschinen-Betreiber zumindest nicht rechtswidrig.

3. Konkludente Einwilligung

Liegt keine ausdrückliche Einwilligung vor, könnte die urheberrechtliche Nutzung durch die Suchmaschinen-Betreiber von einer konkludenten Einwilligung des Website-Betreibers gedeckt sein. Dafür müsste an das Online-Stellen einer Webseite bzw. eines Bildes oder an das Unterlassen von Schutzmaßnahmen angeknüpft werden. Raum für diese durch schlüssiges Verhalten erklärte Einwilligung bleibt allerdings nur, sofern der Website-Betreiber nicht eine Aufnahme in den Index der Suchmaschine z. B. durch den Robots Exclusion Standard oder Meta-Tags explizit verboten hat.

Im Internet allgemein anerkannt ist die »Lizenz zum Blättern«.[421] Ein Website-Betreiber erklärt sich durch die öffentliche Zugänglichmachung seiner Website und der darin enthaltenen Werke damit einverstanden, dass das Angebot von Nutzern im Browser angezeigt wird. Darüber hinaus wird vereinzelt davon ausgegangen, dass auf Grund der konkludenten Zustimmung der Inhalt der Website zu privaten Zwecken ausgedruckt werden darf.[422] In Bezug auf das Verlinken wird teilweise ebenfalls eine konkludente Einwilligung gesehen.[423] Wer eine Webseite ins Internet stellt, muss nach dieser Ansicht damit rechnen, dass Dritte Links auf seine Seite setzen, sofern er dem nicht ausdrücklich widersprochen hat. Dies gilt ebenso für Deep-Links, die heutzutage gängige Praxis

---

419 BGH GRUR 2010, 628, 631 Tz. 33 ff. – Vorschaubilder; Schricker/*Schricker*, vor §§ 28 ff. Rn. 27; *v. Ungern-Sternberg*, GRUR 2009, 369, 370; *Rath*, Das Recht der Internet-Suchmaschinen, S. 112; *Sosnitza*, CR 2001, 693, 699; Fromm/Nordemann/*J. B. Nordemann*, § 29 Rn. 25; Möhring/Nicolini/*Lütje*, § 97 Rn. 68; *Ohly*, Die Einwilligung im Privatrecht, S. 276 f.; allgemein zur Einwilligung: BGH NJW 1980, 1903, 1904.

420 So auch *Tränkle*, Urheberrechtliche Fragen des Einsatzes von Suchmaschinen, S. 64.

421 Hoeren/Sieber/*Ernst*, 7.1 Rn. 57; *Ott*, Linking und Framing, S. 356; *v. Ungern-Sternberg*, GRUR 2009, 369, 372; *Rath*, Das Recht der Internet-Suchmaschinen, S. 111 f.; *Sosnitza*, CR 2001, 693, 699; *Härting*, Internetrecht, Rn. 220.

422 Angedacht in BGHZ 174, 359, 368 – Drucker und Plotter; *v. Ungern-Sternberg*, GRUR 2008, 247, 249.

423 *Ott*, Linking und Framing, S. 356; Dreier/*Schulze*, § 16 Rn. 14; *Schack*, MMR 2001, 9, 14; *Sosnitza*, CR 2001, 693, 699; *Plaß*, WRP 2000, 599, 603; *Rath*, Das Recht der Internet-Suchmaschinen, S. 113; *Hoeren*, Internetrecht, S. 133; Dorn/Krämer/*Krusemark*, E-Commerce, Rn. 475; Schmid/Wirth/*Seifert*, § 97 Rn. 10; a.A. OLG Hamburg GRUR 2001, 831 – Roche Lexikon Medizin.

sind.[424] Aus urheberrechtlicher Sicht kommt es in diesen Fällen jedoch auf eine konkludente Einwilligung gar nicht (mehr) an. Die Handlungen, in die eingewilligt werden sollen, sind nach überwiegender Ansicht entweder von den Verwertungsrechten überhaupt nicht umfasst oder aber auf Grund von urheberrechtlichen Schranken zustimmungsfrei. So liegt im »Browsen« keine rechtswidrige Vervielfältigung i.S.v. § 16 UrhG, da mit der Anzeige am Bildschirm kein körperliches Vervielfältigungsstück erstellt wird und die notwendige körperliche Vervielfältigung im Arbeitsspeicher des Computers oder Bildschirms überwiegend von § 44a UrhG gedeckt ist.[425] Der Ausdruck zu privaten Zwecken ist von § 53 UrhG erfasst. Weiterhin greift ebenso wie das Setzen von Links auch das Verlinken mittels Deep-Links nicht in urheberrechtliche Verwertungsrechte ein.[426] Einer konkludenten Einwilligung bedarf es in diesen Fällen folglich nicht.

Fraglich ist jedoch, inwieweit diese Ansätze auf die Auswertung und Übernahme von Werken durch Suchmaschinen übertragbar sind. Erklärungsinhalt wäre die Zustimmung zur Aufnahme der Website in die Datenbank der Suchmaschine und zur Anzeige in der Suchergebnisliste. Für die Textsuche wird dies vom überwiegenden Teil der Literatur zu Recht angenommen.[427] Die Anzeige der Snippets ist meist mangels Werkqualität urheberrechtlich zulässig und die Verlinkung der Webseite in der Suchergebnisliste stellt schon gar keine urheberrechtliche Nutzung dar. Lediglich das Speichern des normalisierten Textes in der Datenbank der Suchmaschine kann in Verwertungsrechte eingreifen. Da dieser allerdings nie vollständig angezeigt wird und lediglich zur Ermöglichung der Suche dient, scheint eine konkludente Einwilligung gerade vor dem Hintergrund der überragenden Bedeutung der Textsuche für das Internet interessengerecht.[428] Wünscht ein Website-Betreiber die Aufnahme in eine Suchmaschinen-Datenbank nicht, kann er diese mittels Meta-Tags oder dem Robots Exclusion Standard verhindern bzw. seine Website durch andere technische Maßnahmen schützen.

Bei der Bildersuche hingegen werden durch den Suchmaschinen-Betreiber Nutzungshandlungen vorgenommen, die weitaus stärker in die urheberrecht-

---

424 *Ott*, Linking und Framing, S. 366 ff.; *Rath*, Das Recht der Internet-Suchmaschinen, S. 125 f.
425 BGHZ 112, 264, 278 – Betriebssystem; Wandtke/Bullinger/*Heerma*, § 16 Rn. 13; Schricker/ *Loewenheim*, § 16 Rn. 19 mwN.
426 Vgl. 1. Teil B.II.4.
427 *v. Ungern-Sternberg*, GRUR 2009, 369, 372; *Rath*, Das Recht der Internet-Suchmaschinen, S. 135; *Tränkle*, Urheberrechtliche Fragen des Einsatzes von Suchmaschinen, S. 69; *Schack*, MMR 2008, 414, 416.
428 So auch *Rath*, Das Recht der Internet-Suchmaschinen, S. 135; *Roggenkamp*, K&R 2007, 328, 329; *Ott*, ZUM 2007, 119, 126; a.A. *Berberich*, CR 2007, 393, 394, der eine konkludente Einwilligung mangels urheberrechtlicher Verletzungshandlung nicht für nötig erachtet.

lichen Verwertungsrechte eingreifen als bei der Textsuche.[429] Die Speicherung der verkleinerten Version des Originalbildes dient nicht der technischen Ermöglichung der Suche, sondern ausschließlich der verbesserten Anzeige der Suchergebnisse. Das Originalbild wird zudem durch die Thumbnails nach § 19a UrhG öffentlich zugänglich gemacht. Darin ist eine erheblich höhere Nutzungsintensität zu sehen, so dass eine konkludente Einwilligung nicht ohne Weiteres angenommen werden kann.

a)   Dogmatische Einordnung

Eine konkludente Willenserklärung liegt vor, wenn das eigentliche Handeln zunächst eine selbständige Bestimmung hat, aber mittelbar einen darüber hinausgehenden Willen ausdrückt.[430] Der Erklärungswert des Verhaltens bestimmt sich entweder nach einer Vereinbarung der Parteien oder, sofern keine individuelle Vereinbarung getroffen worden ist, nach der Anschauung der betroffenen Verkehrskreise.[431] Wie bei ausdrücklichen Willenserklärungen ist auf die Sicht eines objektiven Dritten abzustellen und nach §§ 133, 157 BGB auszulegen.[432] Teilweise wird gefordert, dass sich der Handelnde der Umstände bewusst sein muss, aus denen sich die schlüssige Erklärung ergibt.[433] Es ist jedoch schon aus dem objektiven Verhalten auf den Geschäftswillen zu schließen.[434] Eine subjektive Komponente im Sinne eines Erklärungswillens ist daneben nach heute herrschender Ansicht ebenso wie bei der ausdrücklichen Willenserklärung nicht erforderlich. Hätte der »Erklärende« bei Anwendung der zumutbaren Sorgfalt erkennen können, dass sein Verhalten objektiv als konkludente Willenserklärung aufgefasst wird, und vertraut der Empfänger schutzwürdig auf diese, ist jener erst einmal an seine Willenserklärung gebunden, kann sie aber anfechten.[435] Da das Vorliegen und der Inhalt einer konkludenten Willenserklärung aber nach der Verkehrsanschauung zu beurteilen sind, kann regelmäßig davon ausgegangen werden, dass der Äußernde die Erklärungswirkung seines Verhaltens zumindest fahrlässig verkannt hat. Wer sich in

---

429 So auch *Schack*, MMR 2008, 414, 415.
430 *Brox/Walker*, BGB AT, Rn. 90; *Flume*, BGB AT II, S. 72 f.; Erman/*Palm*, vor § 116, Rn. 7.
431 *Medicus*, BGB AT, Rn. 334; Erman/*Palm*, vor § 116, Rn. 7; Jauernig/*Jauernig*, vor § 116 Rn. 8.
432 BGH NJW 1963, 1248; Palandt/*Ellenberger*, § 133 Rn. 11; *Schack*, BGB AT, Rn. 244 ff.; Prütting/Wegen/Weinreich/*Ahrens*, vor §§ 116 ff. Rn. 20; MüKo-BGB/*Kramer*, vor § 116 Rn. 23.
433 *Flume*, BGB AT II, S. 73.
434 *Brox/Walker*, BGB AT, Rn. 90; *Schack*, BGB AT, Rn. 244; Palandt/*Ellenberger*, Einf v § 116 Rn. 6; Erman/*Palm*, vor § 116, Rn. 7; Prütting/Wegen/Weinreich/*Ahrens*, vor §§ 116 ff. Rn. 20.
435 BGHZ 91, 324, 328; BGHZ 109, 171, 177; Palandt/*Ellenberger*, Einf v § 116 Rn. 17; *Schack*, BGB AT, Rn. 247 f.; *Brox/Walker*, BGB AT, Rn. 85.

den entsprechenden Verkehrskreisen bewegt, muss sich mit den dort üblichen Sitten und Gepflogenheiten vertraut machen. Für die konkludente Einwilligung gelten insoweit keine Besonderheiten.[436]

Daher ist aus objektiver Sicht zu bestimmen, ob das Online-Stellen von Bildern eine konkludente Einwilligung in die Indexierung durch Bildersuchmaschinen bedeutet.[437] Es kommt nicht auf die Sicht des konkreten Website-Betreibers an, sondern darauf, ob der Rechtsverkehr im Online-Stellen eine Zustimmung zur Aufnahme, Verkleinerung und Anzeige der Bilder durch Bildersuchmaschinen sieht. Geht man davon aus, dass eine derartige Verkehrsauffassung besteht, dann muss sich der Website-Betreiber, selbst wenn er mit der Arbeitsweise von Bildersuchmaschinen und den Folgen der öffentlichen Zugänglichmachung seiner Bilder nicht vertraut ist, die konkludent erklärte Einwilligung zurechnen lassen.[438] Wegen der im Urheberrecht geltenden Zweckübertragungslehre in § 31 Abs. 5 UrhG sind an das Vorliegen einer konkludenten Einwilligung aber besonders strenge Anforderungen zu stellen.[439]

b) Befürwortende Ansicht

In der Rechtsprechung hatte sich 2007 das LG Erfurt erstmals mit der Frage einer konkludenten Einwilligung in Bezug auf Bildersuchmaschinen zu befassen.[440] Die Klägerin, eine bildende Künstlerin, hatte mehrere Kunstwerke auf ihrer Website online gestellt. Mit der Klage wollte sie Google verbieten lassen, diese als Thumbnails zu verwerten. Das Gericht sah im Online-Stellen der Bilder die Zustimmung zur urheberrechtlichen Nutzung. Dabei stellte es vorrangig auf die Interessenlage ab. Zur Trennung von Wesentlichem und Unwesentlichem seien Suchmaschinen und damit auch Bildersuchmaschinen von essenzieller Bedeutung für die Internetnutzer. Die Suchmaschinen würden auch den Website-Betreibern dienen, da diese ein Interesse daran hätten, dass ihre Seiten gefunden und aufgerufen werden. Dabei sei die Abbildung der Thumbnails viel aussagekräftiger als Worte und diene somit dem Website-Betreiber. Darüber hinaus hätte der Urheber keine nennenswerten Interessen, die Nutzung seiner Werke durch die Bildersuchmaschinen zu verhindern. Wünsche er die Nutzung nicht, so könne er den Zugriff technisch auf einfache Weise verhindern. Nutze der

---

436 *V. Ungern-Sternberg*, GRUR 2009, 369, 370 mwN.
437 So auch *Tränkle*, Urheberrechtliche Fragen des Einsatzes von Suchmaschinen, S. 66, der allerdings fälschlicherweise nicht von einem konkludenten Verhalten sondern von einer Pflicht zur Erklärung gegenüber den Suchmaschinen-Betreibern aus § 242 BGB ausgeht.
438 *Leistner/Stang*, CR 2008, 499, 505. Das OLG Jena MMR 2008, 408, 411 – Miniaturansichten, geht davon aus, dass dennoch subjektive Mindestanforderungen erfüllt sein müssen, so dass der »Erklärende« wenigstens mit der beigelegten Bedeutung seines Handelns rechnen muss.
439 *Schack*, MMR 2008, 414, 415.
440 LG Erfurt MMR 2007, 393 – Thumbnails bei Google.

Website-Betreiber diese Möglichkeit nicht, sei davon auszugehen, dass er gegen die Nutzung durch Bildersuchmaschinen nichts einzuwenden habe.[441]

Auch große Teile der Literatur nehmen eine konkludente Einwilligung an.[442] Vielfach wird wie vom LG Erfurt darauf abgestellt, dass der Urheber kein nennenswertes Interesse habe, die Nutzung durch Bildersuchmaschinen zu verhindern.[443] Die öffentliche Zugänglichmachung eines Bildes sei gerade darauf gerichtet, dass möglichst viele Internetnutzer das Werk finden und betrachten.[444] Daher werde die Verwertung des Werkes durch die Bildersuche nicht beeinträchtigt, sondern gefördert.[445] Auch die grundlegende Bedeutung der Bildersuche für das Internet spreche für eine konkludente Einwilligung, da andernfalls eine Bildersuche nicht sinnvoll betrieben werden könne.[446]

Meyer argumentiert weitergehend, der Urheber dürfe sich mit dem Urheberrecht gar nicht gegen typische Nutzungshandlungen wehren, die zum Wesen des Internets gehören. Mit dem Online-Stellen erkläre er sich mit der typischen Nutzung einverstanden und würde andernfalls rechtsmissbräuchlich handeln. Zwar könne keine allgemeine Interessenabwägung nach der US-amerikanischen »fair use«-Klausel erfolgen, doch müsse sich das Recht der Entwicklung des Internets und der typischen Internet-Angebote anpassen.[447]

Um einen Interessenausgleich zu schaffen, werden von der Literatur unterschiedliche zusätzliche Anforderungen an die Annahme einer konkludenten Einwilligung gestellt. *Ott* hat diese Ansätze in vier Voraussetzungen zusammengefasst, die seiner Ansicht nach kumulativ vorliegen müssen.[448]

---

441 LG Erfurt MMR 2007, 393 f. – Thumbnails bei Google.
442 *Berberich*, MMR 2005, 145, 147; *Ott*, ZUM 2007, 119, 126; *ders.*, ZUM 2009, 345, 346; *ders.*, WRP 2009, 351, 368; *Bernreuther*, WRP 2008, 1057, 1065; *Heymann/Nolte*, K&R 2009, 759, 761; *Dreier/Schulze*, § 19a Rn. 6; *Wandtke/Bullinger/Heerma*, § 16 Rn. 21; *Leistner/Stang*, CR 2008, 499, 503 ff.; *Schricker/Wild*, § 97 Rn. 40 m; *Meyer*, K&R 2007, 177, 183; *ders.*, K&R 2008, 201, 207; *Braun*, jurisPR-ITR 6/2006 Anm. 4; *v. Ungern-Sternberg*, GRUR 2009, 369, 372; *Hoeren*, MMR 2009, 62; *Wäßle*, K&R 2008, 729, 731; *Niemann*, CR 2009, 97, 98 Fn. 15; *Tränkle*, Urheberrechtliche Fragen des Einsatzes von Suchmaschinen, S. 69; zweifelnd *Berberich*, CR 2007, 393, 394; *Hüttner*, WRP 2010, 1008, 1013; differenzierend *Fromm/Nordemann/Dustmann*, § 16 Rn. 27.
443 *Berberich*, MMR 2005, 145, 147; *Braun*, jurisPR-ITR 6/2006 Anm. 4.
444 *Leistner/Stang*, CR 2008, 499, 504 f.
445 *Berberich*, MMR 2005, 145, 146.
446 *Ott*, ZUM 2009, 345, 347; *Heymann/Nolte*, K&R 2009, 759, 761.
447 *Meyer*, K&R 2008, 201, 207.
448 *Ott*, ZUM 2007, 119, 126; *ders.*, ZUM 2009, 345, 346 f.

aa)   *Kein Widerspruch gegen die Werkverwendung*

Der Urheber bzw. Website-Betreiber dürfe der Werkverwendung durch Bilder-suchmaschinen nicht ausdrücklich widersprochen haben.[449] Dies könne durch individuelle Benachrichtigung (z.B. eine E-Mail an den Support oder über ein Opt-out[450]-Formular) oder auch durch technische Mittel, wie dem Robots Exclusion Standard oder Meta-Tags, geschehen.[451] Es stelle für den Urheber auch keinen unzumutbaren Aufwand dar, da schon zwei Zeilen in der robots.txt-Datei für einen Widerspruch ausreichten.[452]

Ob es für die Suchmaschinen-Betreiber aber praktisch realisierbar und bezahlbar ist, jeder E-Mail nachzugehen und Bilder manuell aus dem Suchindex zu löschen, ist fraglich. Auch könnte der Widerspruch als Text auf der entsprechenden Website stehen. Diesen könnten die Crawler gar nicht automatisiert erfassen und verarbeiten, wodurch wieder ein Haftungsrisiko für die Suchmaschinen-Betreiber entstünde. Daher plädiert *Tränkle* dafür, nur standardisierte Erklärungen für beachtlich zu erklären.[453] Dann könne ein Widerspruch automatisch verarbeitet werden. Dagegen ist aber anzuführen, dass es nicht jedem Website-Betreiber möglich ist, Erklärungen nach dem Robots Exclusion Standard oder mittels Meta-Tags abzugeben. Soweit *Tränkle* argumentiert, wenn es einem Seiteninhaber möglich sei, eine Website zu erstellen, könne er auch standardisierte Erklärungen abgeben und würde sich andernfalls widersprüchlich verhalten,[454] ist dies aus tatsächlicher Sicht unzutreffend. Wenn beispielsweise ein Homepage-Baukasten-System[455] verwendet wird, hat der Inhaber der Website meist keinen Zugriff auf den Quellcode und keine Möglichkeit, eine robots.txt-Datei anzulegen. Auch fehlt es dem Rechteinhaber oft an der Kenntnis, wie eine robots.txt-Datei oder Meta-Tags eingerichtet werden.[456]

---

449 *Ott*, ZUM 2007, 119, 126; *Leistner/Stang*, CR 2008, 499, 505.
450 Unter einem *Opt-out-Verfahren* versteht man die automatische Aufnahme von Einträgen in eine Liste mit der Möglichkeit einer Abmeldung. Durch ein entsprechendes Formular kann der Website-Betreiber bzw. Urheber dann beantragen, dass sein Bild nicht mehr über die Suchmaschinen angezeigt wird. Dagegen wird beim *Opt-in-Verfahren* ein Eintrag erst auf Anfrage in die Liste aufgenommen. Es ist also eine Anmeldung erforderlich (vgl. 1. Teil F.III).
451 *Ott*, ZUM 2007, 119, 126; *Berberich*, CR 2007, 393.
452 *Tränkle*, Urheberrechtliche Fragen des Einsatzes von Suchmaschinen, S. 68; *Berberich*, MMR 2005, 145, 147; *Heymann/Nolte*, K&R 2009, 759, 761 f.
453 *Tränkle*, Urheberrechtliche Fragen des Einsatzes von Suchmaschinen, S. 68.
454 *Tränkle*, ebd.
455 Mit einem *Homepage-Baukasten-System* kann sich jedermann ohne Programmierkenntnisse eine eigene Website ähnlich wie in Word zusammenstellen. Diese Systeme sind weit verbreitet und werden z.B. von http://www.homepage-baukasten.de, http://www.beepworld.de oder http://www.jimdo.com angeboten.
456 So auch *Roggenkamp*, K&R 2007, 328, 329.

bb)   Beschränkung auf den absolut notwendigen Umfang
Nach *Ott* muss sich die Werknutzung weiterhin auf den absolut notwendigen
Umfang beschränken.[457] Damit soll verhindert werden, dass mehr Nutzungs-
rechte übertragen werden als unbedingt notwendig. Auf die Verwendung der
Thumbnails könne bei der Bildersuche aber nicht verzichtet werden, ohne die
Effizienz der Suche massiv zu beeinträchtigen.[458] Solange die Vorschaubilder
derart klein dargestellt werden, sei der absolut notwendige Umfang der Nutzung
daher nicht überschritten.

cc)   Keine Kollision mit Urheberinteressen
Auch dürfe die Werkverwendung den Interessen der Urheberrechtsinhaber
nicht zuwiderlaufen.[459] Grundsätzlich liege die Bildersuche, wie bereits dargestellt, im Interesse des Urhebers, da die Werkverwendung nur gefördert werde.[460]
Eine Beeinträchtigung liege aber vor, wenn die Suchmaschinen-Betreiber sich
die Werke zueigen machten. Bei der derzeitigen Form der Bildersuche sei dies
aber nicht der Fall, da für den Nutzer ohne weiteres erkennbar sei, dass es sich
bei den Suchergebnissen um fremde Angebote handle.[461] Weiterhin dürften
keine aktuellen oder potentiellen Verwertungsmöglichkeiten des Berechtigten
beeinträchtigt werden. Denkbar sei eine Beeinträchtigung beispielsweise, wenn
die Originalbilder ebenso klein wären wie die entsprechenden Thumbnails.
Daher sei bei Angeboten von Handybildern oder Icons nicht mehr von einer
konkludenten Einwilligung auszugehen.[462] Nach *Leistner/Stang* dürften auch
urheberpersönlichkeitsrechtliche Interessen nicht gefährdet werden. Ein ent-
stellender Charakter oder eine sonstige Beeinträchtigung sei bei Thumbnails in
der Regel nicht denkbar, müsse aber im Einzelfall anhand des Thumbnails geprüft werden.[463]

dd)   Keine Lizenzierung üblich
Könne der Urheber mit einer individuellen kostenpflichtigen Lizenzierung
rechnen, sei ebenfalls nicht auf eine Einwilligung in die kostenlose Nutzung zu
schließen.[464] Bei der Vielzahl von Bildern, die in den Suchmaschinen indiziert

---

457 *Ott*, ZUM 2007, 119, 127.
458 *Berberich*, MMR 2005, 145; vgl. zur Diskussion, ob eine Bildersuche ohne Vorschaubilder
     möglich ist: 1. Teil F.I.
459 *Ott*, ZUM 2007, 119, 126; *Leistner/Stang*, CR 2008, 499, 505.
460 *Berberich*, MMR 2005, 145, 146.
461 *Leistner/Stang*, CR 2008, 499, 506.
462 *Ott*, ZUM 2007, 119, 126; *Leistner/Stang*, CR 2008, 499, 506; *Berberich*, MMR 2005, 145, 146.
463 *Leistner/Stang*, CR 2008, 499, 506.
464 *Ott*, ZUM 2007, 119, 126; *Leistner/Stang*, CR 2008, 499, 506.

sind,[465] sei eine individuelle Lizenzierung allein auf Grund der Transaktionskosten wirtschaftlich nicht realisierbar.[466] Die Vertragskosten für die Millionen von Bildern im Internet und eine angemessene Lizenzgebühr seien so hoch, dass der Dienst nur eingestellt werden könne.[467] Weiterhin sei eine vollautomatische Ermittlung der Urheber nicht möglich, so dass praktisch gar keine Verträge über die Nutzung der Bilder geschlossen werden können.[468] Die Urheber könnten also vernünftigerweise nicht mit einer individuellen Lizenzierung rechnen.[469]

ee) Zwischenergebnis

Unter den aufgezeigten Voraussetzungen ist nach dieser Ansicht von einer konkludenten Einwilligung auszugehen. Diese kann aber nur greifen, wenn ein Bild durch den Urheber oder einen Berechtigten online gestellt wurde. Die Konstruktion einer konkludenten Einwilligung löst damit immer nur einen Teil der rechtlichen Probleme um Bildersuchmaschinen und bildet keine rechtlich sichere Grundlage für deren Betrieb.[470]

c) Ablehnende Ansicht

Das OLG Jena hat in seinem Berufungs-Urteil zur Google Bildersuche eine konkludente Einwilligung im Gegensatz zur Vorinstanz[471] abgelehnt.[472] Die Richter gingen allerdings zu Unrecht von einer Umgestaltung der Bilder i.S.v. § 23 UrhG aus[473] und diskutierten das Vorliegen einer darauf bezogenen konkludenten Einwilligung. Sie argumentierten, dem schlüssigen Verhalten fehle der erforderliche Erklärungsinhalt. An Einwilligungen in Urheberrechtsverletzungen müssten auf Grund des Schutzzweckes, der vor allem in der Zweckübertragungslehre zum Ausdruck komme, strenge Anforderungen gestellt werden. Daher sei das Einstellen von Bildern ohne technische Schutzmaßnahmen keine konkludente Einwilligung in die Umgestaltung durch Suchmaschinen. Der Website-Betreiber handele mit der Absicht, dass seine Bilder von Internetnutzern angesehen werden. Ein darüber hinausgehender Wille, Suchma-

---

465 Bei der Bildersuche von Google sind derzeit über 2 Milliarden Bilder zu finden; vgl. oben Fn. 21.

466 LG Erfurt MMR 2007, 393, 394 – Thumbnails bei Google; *Berberich*, MMR 2005, 145, 146; *Leistner/Stang*, CR 2008, 499, 506.

467 LG Erfurt MMR 2007, 393, 394 – Thumbnails bei Google.

468 *Berberich*, MMR 2005, 145, 146.

469 Anders kann das bei Thumbnails im Rahmen der Nachrichtensuche aussehen, vgl. *Ott*, ZUM 2007, 119, 127; *Berberich*, MMR 2005, 145, 146.

470 *Meyer*, K&R 2007, 177, 183; *Ott*, ZUM 2007, 119, 127; *ders.*, ZUM 2009, 345, 347. *Leistner/Stang*, CR 2008, 499, 506 nehmen in diesem Fall auch keine konkludente Einwilligung an, schätzen das Risiko für die Bildersuchmaschinen allerdings als nicht zu hoch ein.

471 LG Erfurt MMR 2007, 393 – Thumbnails bei Google.

472 OLG Jena MMR 2008, 408, 411 f. – Miniaturansichten.

473 Vgl. 1. Teil B.II.2.a).

schinen-Betreibern Nutzungsrechte einzuräumen, sei aber nicht zu erkennen. Auch aus dem bloßen Wissen um die Existenz und Methoden der Bildersuchmaschinen könne kein derartiger Wille abgeleitet werden. Anders könne dies nur im Einzelfall beurteilt werden, wenn beispielsweise eine Website besonders gestaltet sei, um »Traffic zu generieren«. In diesem Fall sei eine konkludente Einwilligung denkbar.

Weiterhin könne man auch nicht an das Unterlassen von Schutzmaßnahmen anknüpfen. Schweigen werde ein Erklärungswert nur in den Fällen beigemessen, in denen es explizit vom Gesetz bestimmt sei oder sich nach der Verkehrssitte eine Erklärungspflicht aus § 242 BGB ergebe. Eine dahingehende allgemeine Verkehrssitte konnten die Richter nicht feststellen.[474] Die Frage, ob im Online-Stellen eine konkludente Einwilligung in Bezug auf das Indexieren und Anzeigen der Bilder zu sehen ist, ließen die Richter jedoch explizit offen, da es für die Entscheidung im konkreten Fall nicht darauf ankam.[475]

Weite Teile der Literatur und Rechtsprechung lehnen die Annahme einer konkludenten Einwilligung auch in Bezug auf die Vervielfältigung und öffentliche Wiedergabe der Bilder durch Bildersuchmaschinen ab.[476] Dabei werden neben den Argumenten des OLG Jena unterschiedliche Begründungen angeführt. Vielfach könne keine konkludente Einwilligung vorliegen, weil die Website-Betreiber nicht Urheber der online gestellten Bilder seien oder nicht über die Nutzungsrechte für eine Sublizenzierung nach § 35 UrhG verfügten.[477] Auch wenn die Bilder urheberrechtswidrig online gestellt werden, wäre eine konkludente Einwilligung rechtlich nicht wirksam.[478]

Roggenkamp sieht in der Bildersuche lediglich einen Zusatzservice, der kein wesentlicher Bestandteil des Internets sei, so dass dieser nicht um jeden Preis mit der Konstruktion einer konkludenten Einwilligung geschützt werde müsse, wie es vielfach für die Textsuche angeführt wird.[479] Auch die Befürchtung des LG Erfurt, eine Bildersuche sei anders als in der praktizierten Form nicht möglich, hielt er nicht für stichhaltig. Andere Bilderdienste wie z. B. flickr.com, die Bilder

---

474 So auch *Ziem*, Pressefreiheit, S. 247.
475 OLG Jena MMR 2008, 408, 412 – Miniaturansichten.
476 LG Hamburg GRUR-RR 2004, 313, 316 f. – thumbnails; *Schack*, GRUR 2007, 639, 643; *Meyer*, K&R 2009, 217, 223; *Dreier/Schulze*, § 16 Rn. 14; *Roggenkamp*, K&R 2007, 328, 329; *ders.*, jurisPR-ITR 14/2008 Anm. 2; *Schrader/Rautenstrauch*, UFITA 2007, 761, 776 ff.; *Ziem*, Pressefreiheit, S. 247; *Harte-Bavendamm/Jürgens*, FS Schricker, S. 33, 47; *Gercke*, MMR 2005, 557, 558; *Wandtke/Bullinger/v. Wolff*, § 97 Rn. 32; *Schmid/Wirth/*Seifert, § 97 Rn. 10; *Seidel/Nink*, CR 2009, 666, 667; *Schaefer*, Bildersuchmaschinen, S. 134 f.; zweifelnd *Wimmers/Schulz*, CR 2008, 170, 177.
477 *Schack*, GRUR 2007, 639, 643; *Harte-Bavendamm/Jürgens*, FS Schricker, S. 33, 47.
478 LG Hamburg MMR 2009, 55, 59 – Google-Bildersuche; *Wimmers/Schulz*, CR 2008, 170, 177; *Harte-Bavendamm/Jürgens*, FS Schricker, S. 33, 47.
479 *Roggenkamp*, K&R 2007, 328, 329; *ders.*, jurisPR-ITR 14/2008 Anm. 2; so auch *Gercke*, MMR 2005, 557, 558.

selbst von den Rechteinhabern einstellen lassen, funktionierten durch die manuelle Angabe von Schlagwörtern sogar viel besser. Weiterhin spricht er sich gegen die Annahme des LG Erfurt aus, die Urheber hätten kein nennenswertes Interesse, die Nutzung der Thumbnails frei zugänglicher Bilder zu verhindern. Zwar sei die Bildersuche objektiv nützlich und dem Rechteinhaber entstünden keine nennenswerten finanziellen Einbußen, das Urheberrecht schütze aber gerade auch die ideellen Interessen. Grundsätzlich stehe es daher im Belieben des Urhebers, wem er welche Nutzungsrechte einräume. Ebenso wie das OLG Jena sieht *Roggenkamp* auch in der Tatsache, dass der Website-Betreiber keine Maßnahmen gegen die Aufnahme in die Bildersuche getroffen hat, keine konkludente Einräumung von Nutzungsrechten.[480] Ein präventives Tätigwerden zum Schutz von Werken verlange das deutsche Recht gerade nicht.[481]

Ähnlich wie das OLG Jena argumentiert auch *Schack*. Der Website-Betreiber habe zwar ein Interesse daran, dass seine Inhalte gefunden, betrachtet und verlinkt werden, ein darüber hinausgehender Wille, Nutzungsrechte einzuräumen oder schuldrechtlich in Nutzungshandlungen einzuwilligen, liege aber nicht vor. Dies sei aus Sicht des objektiven Empfängerhorizonts auch klar erkennbar, so dass eine konkludente Einwilligung ausscheide. Soweit die Suchmaschinen-Betreiber anführten, dass eine Aufnahme der Bilder durch einfache technische Mittel verhindert werden könne und daher das Online-Stellen als konkludente Einwilligung auszulegen sei, sei zu beachten, dass der Erklärungswert einer Handlung nicht von einer Partei einseitig bestimmt werden könne. Dafür sei eine Verkehrssitte (§ 157 BGB) bzw. ein Handelsbrauch (§ 346 HGB) erforderlich, die hier gerade nicht gegeben seien.[482]

Schrader/Rautenstrauch stellen ebenso wie das OLG Jena auf die Zweckübertragungslehre ab und sehen im Online-Stellen auch mit Rücksicht auf das Urheberpersönlichkeitsrecht keine konkludente Einwilligung. Andernfalls werde die gesetzgeberische Wertung, die sich in den Schranken niedergeschlagen hat, unterlaufen. Die Abwägung auf Grundlage der urheberrechtlichen Schranken falle vorliegend gerade gegen die Interessen der Suchmaschinen-Betreiber aus und daher müsse es beim Ausschließlichkeitsrecht des Urhebers bleiben.[483]

Weiter führt *Ziem* an, viele Website-Betreiber kennten die Funktionsweise von Suchmaschinen nicht und wüssten gar nicht, dass zustimmungsbedürftige Handlungen vorgenommen werden. Da eine konkludente Einwilligung aber

---

480 So auch *Schack*, MMR 2008, 414, 416.
481 *Roggenkamp*, K&R 2007, 328, 329; *ders.*, jurisPR-ITR 14/2008 Anm. 2.
482 *Schack*, MMR 2008, 414, 415 f.
483 *Schrader/Rautenstrauch*, UFITA 2007, 761, 776 ff.

voraussetze, dass der Zustimmende von der Zustimmungsbedüftigkeit Kenntnis habe, könne gar keine Einwilligung vorliegen.[484]

d)   Stellungnahme

Grundsätzlich setzt eine wirksame konkludente Einwilligung voraus, dass der Website-Betreiber die für eine Einwilligung erforderlichen Rechte innehat. Er muss deshalb entweder selbst Urheber sein oder vom Urheber ermächtigt sein, Dritten Nutzungsrechte einzuräumen (§ 35 Abs. 1 UrhG).

Eine konkludente Einwilligung ist unproblematisch, wenn der Website-Betreiber seine Internetseite speziell für Bildersuchmaschinen optimiert hat.[485] Dann ist dem Online-Stellen ein dahingehender Wille zu entnehmen. Eine Einwilligung ist daher beispielsweise für die durch Abmahnungen im Hamburger Raum bekannt gewordene Internetseite www.marions-kochbuch.de[486] anzunehmen. Auf dieser Internetseite werden Fotos von Lebensmitteln mit Rezepten zur Verfügung gestellt. Durch eine geschickte Gestaltung der Internetseite mit Meta-Tags und Schlagworten in der Nähe der Bilder haben es die Betreiber geschafft, bei der Bildersuche nach verschiedensten Lebensmitteln unter den ersten Treffern angezeigt zu werden.[487] Ziel dieser Optimierung war es, Nutzer dazu zu verleiten, die Bilder zu kopieren und selbst online zu nutzen, um die Nutzer dann kostenpflichtig abzumahnen. In derartigen Fällen liegt der eindeutige Wille vor, eine urheberrechtliche Nutzung durch Bildersuchmaschinen zu erlauben. Da es für die technische Gestaltung einer Website, Angaben in Meta-Tags und dem Alt-Attribut allerdings verschiedenste Gründe geben kann, wird sich in der Praxis eine Bildersuchmaschinenbezogene Optimierung nur in den seltensten Fällen beweisen lassen.[488]

Nach *Leistner*/Stang ist weitergehend auch in der allgemeinen Suchmaschinenoptimierung von einer Einwilligung auszugehen. Diese Gestaltung habe zwar keinen direkten Bezug zur Bilder-suche,[489] der Website-Betreiber wolle aber grundsätzlich durch Suchmaschinen gefunden werden und willige daher in alle gängigen Formen der Suche ein.[490] Diese Ansicht ist allerdings abzulehnen. Aus einer allgemeinen Suchmaschinenoptimierung kann mangels Bezug zur

---

484 *Ziem*, Pressefreiheit, S. 247.
485 *Leistner/Stang*, CR 2008, 499, 505; *Roggenkamp*, jurisPR-ITR 14/2010 Anm. 2.
486 Vgl. BGH, Urteil vom 12.11.2009 – I ZR 166/07 – marions.kochbuch.de; Vorinstanz OLG Hamburg GRUR-RR 2008, 230 – Chefkoch; OLG Hamburg ZUM 2009, 417 – Long Island Ice Tea; OLG Hamburg ZUM-RD 2009, 317 – Kochbuch-Mettenden.
487 http://www.heise.de/ct/Online-Fotos-abgemahnt-/artikel/126159.
488 *Ott*, ZUM 2009, 345, 349.
489 A.A. OLG Jena MMR 2008, 408, 413 f. – Miniaturansichten.
490 *Leistner/Stang*, CR 2008, 499, 505.

Bildersuche nicht auf einen Willen zur Nutzungsrechtseinräumung geschlossen werden.

Fraglich bleibt, wie die Fälle zu behandeln sind, in denen keine spezielle Suchmaschinenoptimierung vorgenommen worden ist. Weithin Einigkeit besteht darin, dass nicht an das bloße Unterlassen von Schutzmaßnahmen angeknüpft werden kann, um eine konkludente Einwilligung anzunehmen. Dem »Schweigen« ist vorliegend kein Erklärungswert zugeordnet, da keine Pflicht zur Erklärung besteht. Eine dahingehende Verkehrssitte haben die Suchmaschinen-Betreiber auch nicht durch den selbst festgelegten Robots Exclusion Standard oder Meta-Tags zur Verhinderung einer Aufnahme geschaffen. Dies kann in Zukunft anders zu beurteilen sein, wenn sich diese Schutzmaßnahmen unter den Website-Betreibern derart etabliert haben, dass im Unterlassen eine Zustimmung zu sehen ist. Derzeit ist vielen Betreibern einer Website diese Möglichkeit aber noch unbekannt oder sie haben technisch keinen Zugriff auf die robots.txt-Datei und Meta-Tags.[491] Anknüpfungspunkt kann daher nur das Online-Stellen der Bilder ohne Zugangsbeschränkung sein, also ein aktives Handeln und kein bloßes Unterlassen oder Schweigen.

Die befürwortende Ansicht stützt ihr Ergebnis vorwiegend auf wirtschaftliche Gesichtspunkte. Die Bildersuche sei für die Allgemeinheit notwendig und dem Urheber entstünde dadurch kein Schaden, vielmehr werde die Verwertung gefördert. Durch eine individuelle Lizenzierung entstünden zudem hohe Kosten, so dass der Betrieb der Bildersuche wirtschaftlich unrentabel würde. Dabei ist richtig, dass die Bildersuche einen nützlichen Zusatzdienst darstellt. Ob dieser Dienst aber für die Funktionsweise des Internets ebenso notwendig ist wie die Textsuche, erscheint zweifelhaft.[492] Auch gibt es, wie *Roggenkamp* richtig anführt,[493] andere Bilderdienste, die mit einer Einwilligung der Urheber arbeiten. Die Suche könnte also technisch umgestellt werden, um Rechtsverletzungen zu vermeiden.

Indes ist der Ansatzpunkt der Befürworter einer konkludenten Einwilligung grundsätzlich verfehlt. Denn es kommt nicht darauf an, ob der Urheber ein Interesse hat, die Nutzung durch Bildersuchmaschinen zu verbieten. Der Urheber muss sein Verhalten nicht rechtfertigen. Seine Rechte stehen vielmehr unter dem Vorbehalt einer über die Schranken des Urheberrechts hinausgehenden Interessenabwägung. Das Urheberrecht schützt als Ausschließlichkeitsrecht nicht nur wirtschaftliche, sondern vor allem auch persönlichkeitsrechtliche Interessen des Urhebers. Aus welchem Grund er verhindern möchte, dass seine Bilder über die Bildersuche gefunden werden, ist irrelevant. Die zu

---

491 *Roggenkamp*, K&R 2007, 328, 329.
492 So aber *Heymann/Nolte*, K&R 2009, 759.
493 *Roggenkamp*, K&R 2007, 328, 329.

untersuchende Kernfrage ist, ob eine Verkehrssitte besteht, wonach im Bereitstellen von Bildern im Internet ohne Zugangsbeschränkung ein Einverständnis zur Nutzung dieser Bilder durch Bildersuchmaschinen zu sehen ist. Dabei spielen natürlich auch wirtschaftliche Erwägungen eine Rolle, diese sind aber nicht alleine ausschlaggebend.

Wie eingangs dargestellt, ist davon auszugehen, dass Website-Betreiber grundsätzlich ein Interesse daran haben, dass ihre Inhalte über das Internet aufgerufen und betrachtet werden. Auch entspricht es in der Regel ihrem Willen, möglichst viel Beachtung im Internet zu finden und daher mittels Textsuchmaschinen gefunden zu werden. Über die Bildersuche machen sich allerdings die wenigsten Website-Betreiber Gedanken. Zwar sind Bildersuchmaschinen seit 2001 in Deutschland verfügbar. Vor allem technisch unerfahrenen Website-Betreibern sind Bildersuchmaschinen dennoch nicht geläufig. Dass nur wenige Betreiber Kenntnis über die exakte technische Funktionsweise der Suchmaschinen haben, ist für eine Einwilligung unerheblich, solange die grundlegende Vorgehensweise, das Speichern und Anzeigen von Thumbnails, bekannt ist.[494] Website-Betreiber wissen in der Regel aber gar nicht, dass die Bilder von ihren Websites überhaupt automatisch in die Bildersuche aufgenommen werden. Selbst wenn ein Website-Betreiber die Bildersuche kennt und weiß, dass Bilder automatisch übernommen werden, hat er oft gar nicht die Möglichkeit, seinen entgegenstehenden Willen auszudrücken. Bei Websites, die beispielsweise über ein Baukasten-System erstellt werden, fehlt häufig der Zugriff auf Meta-Tags und die robots.txt-Datei, so dass es dem Betreiber technisch nicht möglich ist, eine Übernahme durch Suchmaschinen zu verhindern.[495] Weiterhin sind Website-Betreiber, die ein Bild berechtigt online stellen, häufig nicht berechtigt Sublizenzen nach § 35 Abs. 1 UrhG zu erteilen. Diese Tatsache spricht auch gegen die Annahme eines grundsätzlichen Willens, Bildersuchmaschinen die verkleinerte Übernahme und Anzeige der online gestellten Bilder zu erlauben.

Ein objektiver Dritter kann somit nicht davon ausgehen, dass 'durch das Online-Stellen in eine weitergehende urheberrechtliche Nutzung eingewilligt wird. Es besteht diesbezüglich keine Verkehrssitte, und eine konkludente Einwilligung kommt nicht in Betracht.

Davon abgesehen könnte die Konstruktion einer konkludenten Einwilligung den Suchmaschinen-Betreibern nur einen unvollkommenen Schutz bieten.[496] Denn eine wirksame Einwilligung könnte stets nur der Urheber oder ein zur Sublizenzierung Berechtigter erteilen. Auch können Bilder, die vor Inbetrieb-

---

494 A.A. für das allgemeine Crawlen: *Ziem*, Pressefreiheit, S. 247; *Rath*, Das Recht der Internet-Suchmaschinen, S. 134 f.
495 Vgl. 1. Teil B.V.3.b)aa).
496 *Berberich*, CR 2007, 393, 394; *Niemann*, CR 2009, 97, 98 Fn. 15; *Heymann/Nolte*, K&R 2009, 759, 761.

nahme der Bildersuche online gestellt wurden, nicht erfasst sein. Nach den aufgestellten Kriterien greift die Einwilligung weiterhin nicht bei kleinen Bildern, die ebenso groß wie das Originalbild sind.[497] Damit wäre die Nutzung zahlreicher Bilder von vornherein durch keine Einwilligung gedeckt. Diese Bilder herauszufiltern ist für die Suchmaschinen aber technisch nicht möglich. In Einzelfällen könnte dem Suchmaschinen-Betreiber daher mit einer konkludenten Einwilligung zwar geholfen sein, doch sein Haftungsrisiko für alle übrigen Bilder bestünde unvermindert fort.

e)   Ansicht des BGH: rechtfertigende Einwilligung
Ebenso wie das OLG Jena hat der BGH in seinem Urteil zur Bildersuche eine konkludente Einräumung von Nutzungsrechten (§ 31 UrhG) abgelehnt.[498] Auch eine (bloß) schuldrechtliche Gestattung (§ 29 Abs. 2, 2. Alt UrhG) komme nicht in Betracht, da ein Rechtsbindungswille der Klägerin nicht erkennbar sei.

Gleichwohl sah das Gericht in dem Verhalten der Klägerin eine die Rechtswidrigkeit ausschließende (schlichte) Einwilligung. Aus Sicht der Suchmaschinen-Betreiber könne das Verhalten der Klägerin objektiv als Einverständnis verstanden werden, dass die Bilder in dem bei der Bildersuche üblichen Umfang genutzt werden dürfen. Zu diesen üblichen Nutzungshandlungen gehöre die Nutzung der Thumbnails. Der Klägerin sei es zuzumuten, Sicherungsmaßnahmen gegen das Auffinden ihrer Werke durch Bildersuchmaschinen zu ergreifen.

Zuzustimmen ist dem BGH insoweit, als neben der Einräumung von Nutzungsrechten und der schuldrechtlichen Gestattung (Einwilligung) grundsätzlich die Möglichkeit besteht, rechtfertigend in eine Nutzung einzuwilligen.[499] Dafür spricht auch der Gesetzeswortlaut der § 29 Abs. 2 und § 97 Abs. 1 S. 1 UrhG. Anders als der BGH ausführt, kann die schuldrechtliche Gestattung jedoch auch so ausgestaltet sein, dass gegen eventuelle Rechtsverletzungen nicht vorgegangen werde. Eine trennscharfe Abgrenzung zwischen der schuldrechtlichen Gestattung und der rechtfertigenden Einwilligung erscheint daher in der Praxis kaum möglich.[500]

Unklar ist ferner, ob der BGH die rechtfertigende Einwilligung im konkreten Fall auf das schlichte Online-Stellen der Bilder ohne technische Zugriffsbeschränkungen[501] oder auch auf die Suchmaschinen-Optimierung der klägeri-

---

497 Siehe oben 1. Teil B.V.3.b)cc).
498 BGH GRUR 2010, 628, 630 f. Tz. 28 ff. – Vorschaubilder.
499 *Ohly*, Die Einwilligung im Privatrecht, S. 144; *Schricker*/Schricker, vor §§ 28 ff. Rn. 25 ff.;
     Fromm/Nordemann/*J. B. Nordemann*, § 29 Rn. 25.
500 *Bullinger/Garbers-von Boehm*, GRUR-Prax 2010, 257.
501 So *Conrad*, ZUM 2010, 585, 586; *Niemann*, K&R 2010, 507, 508; *Hüttner*, WRP 2010, 1008,
     1011 ff.; *Bullinger/Garbers-von Boehm*, GRUR-Prax 2010, 257.

schen Website[502] gestützt hat. Dies geht aus den Urteilsgründen nicht eindeutig hervor, ist für die Praxis jedoch von erheblicher Bedeutung. Kann nur auf Grund der Suchmaschinen-Optimierung auf einen entsprechenden Willen geschlossen werden, ist das Grundsatzurteil des BGH für die Betreiber der Bildersuchmaschinen faktisch nutzlos.

Auch in der Begründung vermag das Urteil des BGH nicht zu überzeugen. Übereinstimmend mit dem OLG Jena argumentiert das Gericht, durch die öffentliche Zugänglichmachung der Bilder komme »lediglich der Wille zum Ausdruck, dass diese Abbildungen von anderen Internetbenutzern angesehen werden können. [...] Dass bestimmte Texte und Wörter von Suchmaschinen gefunden werden sollen, bringt nicht unzweideutig den Willen zum Ausdruck, dass dem Suchmaschinenbetreiber das Recht übertragen werden soll, auch Abbildungen [...] im Wege von Vorschaubildern verkleinert anzuzeigen.«[503] Im Rahmen der rechtfertigenden Einwilligung führt der BGH hingegen aus, in dem klägerischen Verhalten liege sehr wohl ein Einverständnis zur Nutzung. Der Rechteinhaber habe damit der Wiedergabe seiner Werke in Vorschaubildern zugestimmt.[504]

Selbst wenn man an die rechtfertigende Einwilligung niedrigere Anforderungen stellt als an die konkludente Einräumung eines Nutzungsrechts, ist die Argumentation widersprüchlich.[505] Eine Handlung, die nach dem Ergebnis der Auslegung keinen Erklärungswert hinsichtlich der Nutzung durch Bildersuchmaschinen hat, kann nicht gleichzeitig objektiv als Einverständnis zur Nutzung verstanden werden. Eine Trennung zwischen dem Willen zur konkludenten Einräumung von (einfachen) Nutzungsrechten und einer konkludent erteilten rechtfertigenden Einwilligung ist in der vorliegenden Konstellation nicht möglich.

Folglich liegt im Online-Stellen von Bildern ohne Zugangssperren auch keine rechtfertigende Einwilligung.[506]

f)   Ergebnis

Somit ist nur bei einer Suchmaschinenoptimierung, die speziell auf Bildersuchmaschinen abzielt, von einer konkludenten Einwilligung auszugehen, sofern das entsprechende Bild vom Urheber oder einem zur Sublizenzierung Berechtigten online gestellt worden ist. Durch das Online-Stellen ohne eine Zugangsbeschränkung willigt der Website-Betreiber nicht in die Nutzung durch

---

502 So *Rössel*, MMR 2010, 480, 481; *Roggenkamp*, jurisPR-ITR 14/2010 Anm. 2.
503 BGH aaO Tz. 31.
504 BGH aaO Tz. 35.
505 So auch *Hüttner*, WRP 2010, 1008, 1012.
506 Vgl. auch *Fahl*, K&R 2010, 437, 440; *Hüsch*, CR 2010, 452, 455 f.

Bildersuchmaschinen ein. Hierfür mangelt es an der erforderlichen Verkehrssitte.

4. Mutmaßliche Einwilligung

Wenn der Website-Betreiber weder ausdrücklich noch konkludent in die Nutzung seiner Bilder eingewilligt hat, könnte man an eine mutmaßliche Einwilligung denken. Diese kommt immer dann in Betracht, wenn der Rechteinhaber
nicht die Möglichkeit hat, einen Willen zu bilden oder zu äußern. Dann wird der
hypothetische Wille ermittelt, um zu bestimmen, ob eine Einwilligung vorliegt.
Als Anhaltspunkt wird dabei teilweise auf die Geschäftsführung ohne Auftrag
zurückgegriffen.[507] Zivilrechtlich wird die mutmaßliche Einwilligung vorwiegend im Arztrecht bei der Behandlung Bewusstloser oder Minderjähriger diskutiert.[508] Sie ist allerdings subsidiär zur ausdrücklichen Einwilligung und
kommt damit nur in Betracht, wenn diese nicht eingeholt werden kann und der
Eingriff unaufschiebbar ist.[509]

Eine Einwilligung in die Nutzung durch Bildersuchmaschinen kann, wie
schon gezeigt, mittels automatisierter Erklärungen eingeholt werden.[510] Auch
treten keine schwerwiegenden Nachteile ein, wenn ein Bild nicht in die Bildersuche aufgenommen und nicht unter den Suchergebnissen angezeigt wird. Es
kann abgewartet werden, ob der Rechteinhaber seine Zustimmung zur Nutzung
erteilt. Der Eingriff ist damit nicht unaufschiebbar. Eine mutmaßliche Einwilligung in die urheberrechtliche Nutzung von Bildern durch Suchmaschinen-
Betreiber kann daher nicht angenommen werden.

5. Venire contra factum proprium (§ 242 BGB)

In besonderen Fällen könnte die Geltendmachung von Unterlassungs- und
Schadensersatzansprüchen gegen die Betreiber von Bildersuchmaschinen
rechtsmissbräuchlich i.S.v. § 242 BGB sein. Allein auf Grund des Online-Stellens
von Bildern ohne Zugangsbeschränkung kann man einem Website-Betreiber
mögliche Ansprüche gegen Suchmaschinen-Betreiber aber nicht mit dem Ar-

---

507 *Fischer*, FS Deutsch 1999, S. 545, 548 ff.; *Ohly*, Die Einwilligung im Privatrecht, S. 214;
MüKo-BGB/*Wagner*, § 823 Rn. 739; Soergel/*Spickhoff*, BGB, § 823 Rn. 126.

508 Vgl. *Fischer*, FS Deutsch 1999, S. 545; *Zentai*, Die strafrechtliche und zivilrechtliche Aufklärung zu der Einwilligung in die ärztliche Heilbehandlung, S. 29 ff.; MüKo-BGB/*Wagner*,
§ 823 Rn. 739 f.

509 RGZ 68, 431, 434; BGH NJW 1977, 337, 338 – Aufklärungspflicht über unvorhergesehenes
Operationsrisiko; *Fischer*, FS Deutsch 1999, S. 545, 550 f.; *Ohly*, Die Einwilligung im Privatrecht, S. 220 f.

510 Vgl. 1. Teil B.V.2.

gument des venire contra factum proprium verwehren.[511] Wie schon im Rahmen der konkludenten Einwilligung diskutiert, liegt in der öffentlichen Zugänglichmachung von Bildern keine Zustimmung zur Übernahme in Bildersuchmaschinen. Auch wird dadurch kein schutzwürdiges Vertrauen geschaffen, dass eine Aufnahme in Bildersuchmaschinen erwünscht sei. Der Website-Betreiber äußert sich zur Übernahme seiner Bilder in Suchmaschinen schlichtweg nicht. Daher kann ein späteres Vorgehen gegen den Suchmaschinen-Betreiber nicht als widersprüchlich oder treuwidrig i.S.v. § 242 BGB gewertet werden.

Optimiert der Website-Betreiber seine Internetseite hingegen für Suchmaschinen, dann können die Suchmaschinen-Betreiber durchaus schutzwürdig darauf vertrauen, dass er die Aufnahme in Suchmaschinen wünsche,[512] so das OLG Jena, nachdem es zuvor eine konkludente Einwilligung abgelehnt hatte.[513] Die Klägerin hatte ihre Internetseite durch ständig aktualisierte Meta-Tags suchmaschinenoptimiert.[514] Daraus schloss das Gericht, sie habe den Zugriff auf ihre Website für Suchmaschinen erleichtert, um bevorzugt als Suchtreffer angezeigt zu werden und die Crawler auf ihre Internetseite zu locken.[515] Dieses »Anlocken« habe sich auch nicht nur auf die Textsuche bezogen. Die Klägerin habe mit der Programmierung ihrer Internetseite insgesamt Interesse an der Aufnahme durch Suchmaschinen gezeigt, zu denen auch die Bildersuche gehöre. Die Klägerin könne sich daher nun nicht gegen die Nutzung ihrer Bilder als Thumbnails wenden, da diese bei der Bildersuche üblich und ihr Vorgehen mithin treuwidrig sei.[516]

Problematisch an der Argumentation des OLG Jena ist jedoch, dass sie zu sehr vom Ergebnis geleitet ist. Die Richter haben eine konkludente Einwilligung dogmatisch überzeugend abgelehnt,[517] wollten die Bildersuche aber nicht komplett verbieten. Daher haben sie das Verhalten der Klägerin als rechtsmissbräuchlich eingestuft. Selbst wenn man der Ansicht des OLG Jena folgt, stünden Bildersuchmaschinen aber weiterhin auf rechtlich unsicherem Boden. Der Einwand des venire contra factum proprium würde nur eine kleine Zahl der Websites umfassen, da eine Suchmaschinenoptimierung vorausgesetzt wird, die erst einmal nachgewiesen werden müsste.[518] Auch aus technischer Sicht ist die

---

511 Gegen *Berberich*, MMR 2005, 145, 147 f.; *Braun*, jurisPR-ITR 6/2006 Anm. 4.
512 So *Meyer*, K&R 2009, 217, 223; *Ernst*, MR-Int 2009, 1, 3.
513 OLG Jena MMR 2008, 408, 413 f. – Miniaturansichten.
514 In tatsächlicher Hinsicht ist unklar, welche Optimierung vorgenommen worden ist. Das OLG Jena spricht von einer Befehlszeile »Meta Name = keywords Content« im Quellcode. Daraus ist zu schließen, dass die Meta-Angaben »keywords« und »description« im Kopf der Website gemeint sind. So auch *Bernreuther*, WRP 2008, 1057, 1065.
515 So auch OLG Rostock GRUR-RR 2008, 1, 2 – Urheberrechtsschutz von Webseiten.
516 OLG Jena MMR 2008, 408, 413 f. – Miniaturansichten.
517 Vgl. 1. Teil B.V.3.c).
518 *Ott*, WRP 2009, 351, 367; *ders.*, K&R 2008, 306, 307 f.

Entscheidung des OLG Jena fragwürdig. Durch Angaben in Meta-Tags werden Crawler in keinem Fall angelockt.[519] Ob und wie oft eine Internetseite durchsucht wird, hängt von dem internen Algorithmus der Suchmaschinen ab.[520] Die Internetseiten werden dabei unabhängig davon, ob sie suchmaschinenoptimiert sind oder nicht, durchsucht und in die Datenbank aufgenommen.[521] Weiterhin wird der Meta-Tag »keywords«, auf den das OLG Jena maßgeblich abgestellt hat, von den meisten Suchmaschinen, wie auch Google, gar nicht berücksichtigt.[522]

Zu Recht wird ein rechtsmissbräuchliches Verhalten in derartigen Konstellationen von der Literatur daher weitestgehend abgelehnt.[523] Einer allgemeinen Suchmaschinenoptimierung fehlt schon der inhaltliche Bezug zur Bildersuche, da die Textsuche und die Bildersuche zwei voneinander unabhängig angebotene Suchdienste sind.[524] Die Techniken, um eine Internetseite für die Textsuche zu optimieren und Bilder in der Bildersuche gut zu platzieren, unterscheiden sich grundlegend. Während es für die Textsuche auf den Inhalt der Seite ankommt, sind für die Bildersuche neben dem Ranking-Faktor der verlinkenden Seite vor allem Schlagworte im Dateinamen, im Alt- bzw. Title-Attribut und im Text im direkten Umfeld des Bildes relevant.[525] Folglich kann ein Betreiber einer Bildersuchmaschine sich nicht auf eine allgemeine Suchmaschinenoptimierung berufen.

Denkbar wäre schon eher, in einer Optimierung speziell für Bildersuchmaschinen die Grundlage für ein rechtsmissbräuchliches Verhalten zu sehen.[526] Eine solche Optimierung lag allerdings im vom OLG Jena zu entscheidenden Fall nicht vor. Programmiert ein Website-Betreiber seine Internetseite speziell für die Bildersuche, dann darf der Betreiber einer Bildersuche darauf vertrauen, dass eine Aufnahme in die Datenbank und die Übernahme der Bilder als Thumbnails erwünscht sind. Dies ist aber keine Frage eines widersprüchlichen Verhaltens, sondern richtigerweise bei der Einwilligung zu diskutieren.[527] Eine Suchmaschinenoptimierung speziell für Bildersuchmaschinen ist, wie bereits

---

519 *Ott*, K&R 2008, 306, 307; *Roggenkamp*, jurisPR-ITR 14/2008 Anm. 2.
520 Vgl. 1. Teil A.I.1.
521 *Ott*, K&R 2008, 306, 307.
522 Vgl. 1. Teil A.I.3.
523 *Schack*, MMR 2008, 414, 416; *Ott*, ZUM 2009, 345, 349; *ders.*, K&R 2008, 306, 307; *ders.*, WRP 2009, 351, 367; *Bernreuther*, WRP 2008, 1057, 1065; *Roggenkamp*, jurisPR-ITR 14/2008 Anm. 2; zweifelnd *Hoffmann*, NJW 2008, 2624, 2628.
524 *Schack*, MMR 2008, 414, 416; *Ott*, ZUM 2009, 345, 349; *ders.*, WRP 2009, 351, 367; *Roggenkamp*, jurisPR-ITR 14/2008 Anm. 2.
525 Vgl. 1. Teil A.I.3; Techniken zur Suchmaschinenoptimierung für die Google Bildersuche: http://inetzwerk.de/bilder-fur-die-google-bildersuche-optimieren/; http://www.seosmarty.com/image-seo/; http://www.seoconsult.co.uk/SEOBlog/search-engine-optimisation/optimising-for-google-image-search.html.
526 *Ott*, K&R 2008, 306, 307; *ders.*, WRP 2009, 351, 367.
527 *Schack*, MMR 2008, 414, 416; *Ott*, ZUM 2009, 345, 349.

gezeigt, als konkludente Einwilligung zu werten.[528] Damit stellt sich die Frage eines subsidiär zu prüfenden widersprüchlichen Verhaltens nicht mehr. Um die Geltendmachung von Ansprüchen gegen einen Suchmaschinen-Betreiber als ein rechtsmissbräuchliches Verhalten nach § 242 BGB zu werten, müssten folglich andere, für die konkludente Einwilligung nicht relevante Anhaltspunkte vorliegen. Das OLG Jena widerspricht sich damit in seiner Argumentation selbst, indem es erst eine konkludente Einwilligung ablehnt, dann aber aus denselben Gründen auf ein rechtsmissbräuchliches Verhalten der Klägerin schließt.

6. Ergebnis

De lege lata können keine der in Rechtsprechung und Literatur erörterten Einschränkungen die Bildersuchmaschinen-Betreiber von ihrer Haftung befreien.[529] Während in Einzelfällen von einer ausdrücklichen oder konkludenten Einwilligung ausgegangen werden kann, bleibt es in den meisten Konstellationen bei den zuvor dargestellten Urheberrechtsverletzungen und einer Haftung der Suchmaschinen-Betreiber.

VI. Passivlegitimation

Nach § 97 UrhG kann jeder in Anspruch genommen werden, der eine Urheberrechtsverletzung selbst begeht, sie veranlasst hat oder in irgendeiner Weise vorsätzlich dazu beiträgt (vgl. § 830 Abs. 2 BGB), sofern sein Verhalten für die Rechtsverletzung adäquat-kausal geworden ist.[530] Als Störer haftet darüber hinaus, wer an einer fremden Rechtsverletzung willentlich und adäquat-kausal lediglich mitgewirkt oder diese gefördert hat. Der Störer ist begrifflich auch Verletzer i.S.v. § 97 UrhG, kann aber nur auf Unterlassung und Beseitigung in Anspruch genommen werden.[531]

---

528 Vgl. 1. Teil B.V.3.e).
529 Zur Haftungseinschränkung de lege ferenda vgl. 1. Teil F.
530 BGH GRUR 1987, 37, 39 – Videolizenzvertrag; BGH GRUR 1994, 363, 364 f. – Holzhandelsprogramm; Schricker/*Wild*, § 97 Rn. 35; Fromm/Nordemann/*J. B. Nordemann*, § 97 Rn. 145 ff.; Wandtke/Bullinger/*v. Wolff*, § 97 Rn. 14; *Schack*, UrhR, Rn. 766; *Dreier/Schulze*, § 97 Rn. 23.
531 Schricker/*Wild*, § 97 Rn. 36a; *Schack*, UrhR, Rn. 767; Fromm/Nordemann/*J. B. Nordemann*, § 97 Rn. 154 ff.; Wandtke/Bullinger/*v. Wolff*, § 97 Rn. 15; Loewenheim/*Vinck*, Hdb UrhR, § 81 Rn. 15; a.A. *Dreier/Schulze*, § 97 Rn. 33, *Lettl*, UrhR, § 11 Rn. 49; *Schmid/Wirth/Seifert*, § 97 Rn. 10, die den Störer begrifflich nicht als Verletzer ansehen. Auf die dogmatische Einordnung, ob der Störer Verletzer i.S.v. § 97 UrhG ist oder eine quasinegatorische Haftung entsprechend § 1004 BGB begründet wird, soll hier nicht weiter eingegangen werden, da man sich im Ergebnis einig ist, dass auf Grund der Mitwirkung an der Urhe-

Hinsichtlich der Verlinkung urheberrechtswidrig online gestellter Bilder liegt, wie erörtert, eine Störerhaftung der Suchmaschinen-Betreiber vor, da diese die fremde Urheberrechtsverletzung durch das Verlinken willentlich und adäquat-kausal fördern.[532] In Bezug auf das Crawlen, Erstellen, Speichern und Anzeigen von Thumbnails kommt hingegen eine Haftung als Täter in Betracht, da hier eigene Nutzungshandlungen durch die Betreiber von Bildersuchmaschinen begangen werden. Von Teilen der Literatur wird diese direkte Verletzerhaftung bestritten.[533] *Wimmers/Schulz* argumentieren, die Suchmaschine agiere nur als Werkzeug der Website-Inhaber. Zur Begründung ihrer Ansicht ziehen sie die BGH-Entscheidungen CB-infobank I und II sowie Kopienversanddienst[534] heran. Hiernach sei bei jedem technischen Vorgang, der ein Verwertungsrecht berührt, zu fragen, ob der technische Dienstleister das Werk selbst nutze oder sich ein Dritter dieses »Herstellers« nur für eine eigene Nutzung bediene.[535] Die Betreiber von Bildersuchmaschinen hätten keinerlei Beziehung zum indexierten Inhalt. Vielmehr steuerten die Website-Inhaber durch das Online-Stellen und eventuelle Befehle in der robots.txt-Datei oder Meta-Tags die Aufnahme in die Datenbank und Anzeige bei den Suchergebnissen. Die Suchmaschinen seien allein technischer Dienstleister und begingen die Urheberrechtsverletzungen somit nicht selbst.[536]

In den Urteilen CB-infobank I und II, Kopienversanddienst und den drei gleichlautenden Entscheidungen zum Internet-Videorecorder, die jüngst zu shift.tv und save.tv ergangen sind,[537] hatte sich der BGH mit der Frage zu beschäftigen, wer Hersteller i.S.v. § 53 UrhG ist. Die Grundaussage dieser Entscheidungen[538] ist auch außerhalb der Schranke des § 53 UrhG auf die Verwertungsrechte aus § 16 und § 19a UrhG im technischen Bereich zu übertragen: Werknutzer ist, wer die Nutzungshandlung technisch vornimmt, auch wenn er sich dabei Hilfsmittel bedient, die ein Dritter zur Verfügung gestellt hat.[539]

---

berrechtsverletzung Unterlassungs- und Beseitigungsansprüche gegen den Störer bestehen.

532 Vgl. 1. Teil B.II.4.

533 *Wimmers/Schulz*, CR 2008, 170, 177; *Heymann/Nolte*, K&R 2009, 759, 762 f.; *Dreier/ Schulze*, § 97 Rn. 32; *Niemann*, CR 2009, 97 Fn. 12.

534 BGHZ 134, 250 – CB-infobank I; BGH NJW 1997, 1368 – CB-infobank II; BGHZ 141, 13 – Kopienversanddienst.

535 *Wimmers/Schulz*, CR 2008, 170, 173.

536 *Wimmers/Schulz*, CR 2008, 170, 177; *Heymann/Nolte*, K&R 2009, 759, 762 f.

537 BGH ZUM-RD 2009, 369 – Internet-Videorecorder – RTL ./. shift.tv; BGH ZUM-RD 2009, 508 – Sat.1 ./. shift.tv; BGH ZUM 2009, 765 – RTL ./. save.tv.

538 BGHZ 134, 250, 261 – CB-infobank I; BGH NJW 1997, 1368, 1369 – CB-infobank II; BGHZ 141, 1, 21 – Kopienversanddienst; BGH ZUM-RD 2009, 369, 371 Tz. 16 – Internet-Videorecorder; so auch OLG München GRUR-RR 2003, 365, 366 – Münzkopierer.

539 LG Hamburg MMR 2009, 55, 58 – Google-Bildersuche; *Schricker/v. Ungern-Sternberg*, § 15 Rn. 15, 47, § 19a Rn. 55; *Stieper*, ZUM 2004, 911, 915 f., der aber auf die Sachherrschaft über den Kopiervorgang abstellt; *Fringuelli/Nink*, CR 2008, 791, 793.

Die Suchmaschinen-Betreiber sind bei der Aufnahme von Bildern in ihre Datenbank hiernach als Nutzer und nicht als bloßes Werkzeug zu sehen. Die Website-Inhaber können durch das Online-Stellen von Bildern und Angaben im Robots Exclusion Standard oder Meta-Tags zwar steuern, welche Bilder in die Bildersuche aufgenommen werden können, doch treffen die Suchmaschinen-Betreiber ihre Entscheidung selbständig. Mit den Crawlern durchsuchen sie das Internet aktiv und verarbeiten die so gewonnenen Informationen nach eigenen Kriterien.[540] Es wird demnach nicht, wie im Fall des OLG München zum CD-Münzkopiererautomaten,[541] eine technische Einrichtung zur Verfügung gestellt, die von Dritten eigenständig genutzt und gesteuert werden kann. Die Suchmaschinen arbeiten selbständig nach den »einprogrammierten« Vorgaben des Betreibers und haben die volle Kontrolle über die eingestellten Suchergebnisse.[542] Auch auf den Zeitpunkt der Aufnahme hat der Website-Betreiber keinen Einfluss. Er bedient sich damit nicht bloß eines technischen Mittels, sondern die Suchmaschinen-Betreiber beherrschen den Vorgang und nehmen die Nutzungshandlung selbst als Täter vor.[543] Die Website-Betreiber können allenfalls als Mittäter oder Teilnehmer haften.[544]

Auch im Hinblick auf die öffentliche Zugänglichmachung (§ 19a UrhG) könnte man argumentieren, dass der Endnutzer der Suchmaschine durch die Eingabe eines Suchbegriffs selbst Werknutzer ist und sich dabei der Bildersuchmaschine nur als Hilfsmittel bedient.[545] Schon in den Entscheidungen CB-infobank I und II hat der BGH jedoch klargestellt, dass eine eigene Werknutzung vorliegt, sobald zur rein technisch-mechanischen Vervielfältigung eine weitere Tätigkeit wie beispielsweise die Recherche hinzutritt.[546] Eine solche Recherchetätigkeit nimmt vorliegend auch die Bildersuchmaschine vor. Nicht der Endnutzer, sondern die Suchmaschine entscheidet, welche Suchergebnisse angezeigt werden.[547] Zudem setzt § 19a UrhG ein Zugänglichmachen voraus, welches gegeben ist, sobald das Werk zum Abruf bereitgehalten wird. Ein konkreter Abruf ist gerade nicht erforderlich.[548] Bei Suchmaschinen werden die Sucher-

---

540 *Ott*, ZUM 2009, 345, 350.
541 OLG München GRUR-RR 2003, 365 – Münzkopierer.
542 *Kleinemenke*, CR 2009, 55; *Leistner/Stang*, CR 2008, 499, 501.
543 Vgl. auch Tribunal Bruxelles MR-Int 2006, 193, 194, zur Nachrichtensuche.
544 Vgl. LG Hamburg MMR 2009, 55, 59 – Google-Bildersuche.
545 So *Wimmers/Schulz*, CR 2008, 170, 177; *Dreier*/Schulze, § 97 Rn. 32; auch angedacht, aber zu Recht abgelehnt vom LG Hamburg MMR 2009, 55, 59 – Google-Bildersuche. Eine Werknutzung im Hinblick auf die Vervielfältigung beim Crawlen kann durch den Endnutzer schon gar nicht erfolgen, da diese durch die Crawler zeitlich vorgelagert und unabhängig von der Eingabe bestimmter Suchbegriffe geschieht.
546 BGHZ 134, 250, 265 f. – CB-infobank I; BGH NJW 1997, 1368, 1369 f. – CB-infobank II.
547 LG Hamburg MMR 2009, 55, 59 – Google-Bildersuche.
548 Vgl. 1. Teil B.II.3.a)aa).

gebnisse und mithin auch die Thumbnails ohne eine konkrete Suchanfrage für die Anzeige bereitgehalten. Damit ist § 19a UrhG schon ohne das Handeln eines Endnutzers verwirklicht. Auch würde dieser, wollte man die Nutzung i.S.v. § 19a UrhG dem Endnutzer zurechnen, durch eine Suchanfrage kein Angebot an die Öffentlichkeit bewirken können.[549]

Somit sind die Betreiber der Bildersuchmaschinen bezüglich aller dargestellten Nutzungshandlungen als Täter passivlegitimiert und können aus § 97 UrhG in Anspruch genommen werden.[550]

VII.   Rechtsfolgen

Nach § 97 Abs. 1 UrhG kann der Verletzer auf Beseitigung und bei Wiederholungsgefahr auf Unterlassung in Anspruch genommen werden. Handelt er vorsätzlich oder fahrlässig, so haftet er nach § 97 Abs. 2 UrhG auf Schadensersatz. Daneben kommen eine Schadensersatzhaftung nach § 823 Abs. 1 BGB als sonstiges Recht und ein quasinegatorischer Unterlassungsanspruch entsprechend § 1004 BGB in Betracht. Ob diese Ansprüche allerdings von § 97 UrhG als lex specialis verdrängt werden[551] oder parallel anzuwenden sind,[552] ist umstritten. Darauf kommt es im Ergebnis jedoch nicht an, da §§ 823 Abs. 1, 1004 BGB keinen weitergehenden urheberrechtlichen Schutz als § 97 UrhG bieten.[553]

Nach § 97a UrhG kann der Geschädigte weiterhin den Verletzer abmahnen und Erstattung der erforderlichen Aufwendungen verlangen. Über §§ 97 ff. hinaus finden gemäß § 102a UrhG auch andere gesetzliche Vorschriften Anwendung, wie beispielsweise die Geschäftsführung ohne Auftrag und das Bereicherungsrecht.

1.   Ansprüche auf Beseitigung und Unterlassung (§ 97 Abs. 1 UrhG)

Die Beseitigungs- und Unterlassungsansprüche sind verschuldens- und schadensunabhängig. Da beim Crawlen, der Verkleinerung und Anzeige der Suchergebnisse, die Suchmaschinen-Betreiber selbst Nutzungshandlungen vorneh-

---

549 Vgl. Schricker/*v. Ungern-Sternberg*, § 19a Rn. 55.
550 BGH GRUR 2010, 628, 629 Tz. 20 – Vorschaubilder; LG Hamburg MMR 2009, 55, 59 – Google-Bildersuche; *Ott*, ZUM 2009, 345, 350; *Leistner/Stang*, CR 2008, 499, 501; *Kleinemenke*, CR 2009, 55.
551 BGHZ 26, 52, 59 – Sherlock Holmes; Loewenheim/*Vinck*, Hdb UrhR, § 81 Rn. 64; *Dreier/Schulze*, Einl. Rn. 33; Schricker/*Schricker*, Einl. Rn. 31.
552 Fromm/Nordemann/*J. B. Nordemann*, § 97 Rn. 225; wohl auch *Schack*, UrhR, Rn. 805; vgl. § 102a UrhG.
553 *Schack*, UrhR, Rn. 805; *Dreier/Schulze*, Einl. Rn. 33.

men, kommt es anders als bei der Störerhaftung hier nicht auf die Verletzung zumutbarer Prüfpflichten an.[554] Lediglich bei der Verlinkung urheberrechtswidrig online gestellter Bilder kommt eine Störerhaftung in Betracht, welche die Verletzung von Prüfpflichten oder Kenntnis von der fremden Urheberrechtsverletzung voraussetzt.[555] Auch reicht es rechtlich nicht aus, dass die Suchmaschinen-Betreiber nach dem »Notice and take down«-Verfahren vorgehen und Inhalte nach einem Widerspruch des Rechteinhabers[556] aus ihren Datenbanken löschen. Der urheberrechtliche Anspruch auf Beseitigung und Unterlassung besteht ab dem Zeitpunkt der Indizierung und hängt nicht von der Kenntnis des Suchmaschinen-Betreibers ab.

Der Rechteinhaber kann somit nach § 97 Abs. 1 UrhG die Beseitigung des rechtswidrigen Zustands, also die Löschung des Thumbnails und sämtlicher weiterer Kopien, verlangen, die der Suchmaschinen-Betreiber auf seinen Servern gespeichert hat. Weiterhin muss im Rahmen der Unterlassungspflicht sichergestellt werden, dass dasselbe Bild nicht erneut von Crawlern gefunden und in die Datenbank aufgenommen wird. Hierzu ist zumindest die URL des Originalbildes in eine Sperrliste aufzunehmen oder der Suchmaschinen-Betreiber muss andere technische Maßnahmen zur Verhinderung der erneuten Aufnahme einrichten, um eine Wiederholungsgefahr auszuschließen. Dagegen kann vom Website-Betreiber nicht verlangt werden, dass er die Aufnahme selbst mittels Meta-Tags oder dem Robots Exclusion Standard verhindert.[557]

2. Schadensersatzanspruch (§ 97 Abs. 2 UrhG)

Ein Schadensersatzanspruch folgt daraus, dass die Suchmaschinen-Betreiber die Urheberrechte bzw. verwandten Schutzrechte schuldhaft verletzt und dadurch einen Schaden verursacht haben.

---

554 *Ott*, ZUM 2007, 119, 127; so aber: LG Bielefeld CR 2006, 350; *Wimmers/Schulz*, CR 2006, 350, 352; *Braun*, jurisPR-ITR 6/2006 Anm. 4, zur Speicherung der Thumbnails. Zur Frage der Begrenzung einer Täterhaftung bei Immaterialgüterrechtsverletzungen, vgl. *Schack*, FS Reuter, VI.

555 Vgl. 1. Teil B.II.4.

556 Einige Suchmaschinen, wie z. B. Yahoo, stellen für einen Widerspruch des Rechteinhabers ein Formular bereit: http://help.yahoo.com/l/de/yahoo/search/abuse.html. Google hingegen verlangt eine Erklärung per Post oder Fax, vgl. http://www.google.de/dmca.html.

557 Diesen Weg scheinen die Suchmaschinen-Betreiber zu bevorzugen, da er für sie keinen zusätzlichen Aufwand bedeutet. Google beispielsweise weist die Urheber ausdrücklich darauf hin, zuerst den Webmaster der entsprechenden Internetseite zu kontaktieren: http://www.google.com/support/websearch/bin/answer.py?hl=de&answer=9109.

a) Verschulden

Das Verschulden nach § 97 Abs. 2 UrhG setzt Vorsatz oder Fahrlässigkeit (§ 276 Abs. 2 BGB) voraus. Ein vorsätzliches Handeln wird den Suchmaschinen-Betreibern meist nicht nachweisbar sein. Sie sind sich allerdings bewusst, dass die in der Bildersuche zu findenden Bilder teilweise urheberrechtlich geschützt sind.[558] Darauf deutet auch der Hinweis in der Detailansicht bei der Google Bildersuche hin: »Das Bild ist möglicherweise urheberrechtlich geschützt«. Es ist ebenfalls davon auszugehen, dass den Suchmaschinen-Betreibern, die überwiegend eigene Rechtsabteilungen unterhalten, die urheberrechtliche Problematik um die Erstellung und Anzeige von Thumbnails bekannt ist.[559] Zwar sind die Betreiber der Auffassung, dass die Nutzungen im Rahmen der Bildersuche zulässig sind. Aber auch wenn diese Ansicht durch einzelne Amts- und Landgerichte[560] bestätigt wurde, können die Suchmaschinen-Betreiber darauf nicht vertrauen. Solange eine umstrittene Rechtsfrage nicht höchstrichterlich entschieden ist, lässt das Vertrauen eines Nutzers auf die Rechtsprechung einzelner Instanzgerichte das Verschulden nicht auf Grund eines Rechtsirrtums entfallen.[561] Da die Betreiber sich an der Grenze des rechtlich Zulässigen bewegen, müssen sie also in Betracht ziehen, dass ihr Verhalten höchstrichterlich untersagt werden kann. Sie handeln somit bei der Nutzung der Bilder zumindest fahrlässig.[562]

b) Schaden

Der zu ersetzende Schaden bestimmt sich grundsätzlich nach §§ 249 ff. BGB. Im Immaterialgüterrecht kann der Geschädigte jedoch anstelle des konkreten entstandenen Schadens diesen auch an Hand des beim Verletzer entstandenen Gewinns (§ 97 Abs. 2 S. 2 UrhG) oder der üblichen Lizenzgebühr (§ 97 Abs. 2 S. 3 UrhG) bemessen.[563]

Ein konkreter Schaden durch die Übernahme eines Bildes in die Bildersuche dürfte für die Rechteinhaber in der Regel schwer nachzuweisen sein. Auch der

---

558 LG Hamburg, Urteil vom 26.09.2008 – 308 O 42/06, Tz. 95 – Google-Bildersuche (= MMR 2009, 55).

559 LG Hamburg, ebd.

560 Vgl. LG Bielefeld CR 2006, 350; Vorinstanz AG Bielefeld MMR 2005, 556; LG Erfurt MMR 2007, 393 – Thumbnails bei Google.

561 BGHZ 130, 205, 220 – Feuer, Eis & Dynamit; BGHZ 131, 308, 318 – Gefärbte Jeans; BGH GRUR 1998, 568, 569 – Beatles-Doppel-CD; BGH GRUR 1990, 1035, 1038 – Urselters II; Schricker/*Wild*, § 97 Rn. 54; *Schack*, UrhR, Rn. 765; Fromm/Nordemann/*J. B. Nordemann*, § 97 Rn. 65; *Dreier*/Schulze, § 97 Rn. 57; wohl auch Wandtke/Bullinger/*v. Wolff*, § 97 Rn. 56.

562 LG Hamburg, Urteil vom 26.09.2008 – 308 O 42/06, Tz. 95 – Google-Bildersuche (= MMR 2009, 55), geht von bedingtem Vorsatz aus; *Harte-Bavendamm/Jürgens*, FS Schricker, S. 33, 47.

563 Zur dreifachen Schadensberechung vgl. *Stieper*, WRP 2010, 624.

bei den Suchmaschinen-Betreibern entstandene Gewinn ist kaum messbar. Zwar werden durch die Bildersuche bei den großen Suchanbietern wie Google zumindest mittelbar Werbeeinnahmen generiert, diese auf die Nutzung eines bestimmten Bildes zurückzuführen ist aber unmöglich. Daher müsste man den Anteil der Werbeeinnahmen, die mittelbar durch die Bildersuche geschaffen werden, schätzen und durch die Anzahl der indexierten Bilder teilen. Auf Grund der großen Anzahl von Bildern würden allerdings selbst bei einer für den Geschädigten großzügigen Berechnung keine nennenswerten erzielten Gewinne herauskommen.[564]

Denkbar wäre allerdings eine Schadensberechnung nach § 97 Abs. 2 S. 3 UrhG, indem eine fiktive Lizenzgebühr zu Grunde gelegt wird. Nach der BGH-Rechtsprechung ist »rein objektiv [...] darauf abzustellen, was bei vertraglicher Einräumung ein vernünftiger Lizenzgeber gefordert und ein vernünftiger Lizenzgeber gewährt hätte, wenn beide die im Zeitpunkt der Entscheidung gegebene Sachlage gekannt hätten«.[565] Der Verletzer muss die übliche volle Lizenzgebühr als Schaden ersetzen, auch wenn er auf Grund der Entgeltlichkeit von einer Nutzung Abstand genommen hätte.[566] Voraussetzung für die Lizenzanalogie ist aber, dass die entgeltliche Benutzung üblich ist, da andernfalls keine fiktive Lizenzgebühr bestimmt werden kann.[567] Mit diesem Argument, dass eine Lizenzierung nicht üblich sei, hatte das LG Bielefeld einen Schadensersatzanspruch abgelehnt.[568] Die Klägerin hatte sich für die Schadensberechnung auf die Honorarempfehlung der Mittelstandsgemeinschaft Foto-Marketing (MFM) gestützt, die grundsätzlich als Indiz zur Ermittlung einer branchenüblichen Lizenz herangezogen werden kann.[569] Nach Ansicht des Gerichts hatte die Klägerin aber nicht ausreichend vorgetragen, dass für die Nutzung von Thumbnails bei Suchmaschinen üblicherweise ein Entgelt gezahlt werde, und im Übrigen sei bei

---

564 Geht man bei Google von 10 Mrd. € Jahresgewinn durch Werbung aus und lässt 5 % der Einnahmen auf die Bildersuche entfallen, liegt der erzielte Gewinn pro Bild bei geschätzt über 2 Mrd. Bildern (vgl. Fn. 21) bei weniger als 25 Cent.

565 St. Rspr., BGH GRUR 1975, 323, 324 – Geflügelte Melodien; BGH GRUR 1990, 1008, 1009 – Lizenzanalogie; zum Patentrecht: RGZ 171, 227, 239; BGHZ 44, 372, 380 f. – Meßmer-Tee II; zum Geschmacksmusterrecht: BGH GRUR 2006, 143, 145 – Catwalk.

566 *Schack*, UrhR, Rn. 780; Fromm/Nordemann/*J. B. Nordemann*, § 97 Rn. 92.

567 BGH GRUR 1990, 1008, 1009 – Lizenzanalogie; BGHZ 44, 372, 376 – Meßmer-Tee II; BGHZ 60, 206, 211 – Miss Petite; BGH GRUR 2006, 143, 145 – Catwalk; Wandtke/Bullinger/*v. Wolff*, § 97 Rn. 69; *Schack*, UrhR, Rn. 780; *Lettl*, UrhR, § 11 Rn. 79.

568 LG Bielefeld CR 2006, 350.

569 Vgl. nur OLG Hamburg ZUM 2002, 833, 836 – Internetnutzung von Lichtbildern; OLG Düsseldorf GRUR-RR 2006, 393, 394 – Informationsbroschüre; OLG Brandenburg MMR 2009, 258, 259 – GPS-Empfänger; Wandtke/Bullinger/*v. Wolff*, § 97 Rn. 77; Fromm/ Nordemann/*J. B. Nordemann*, § 97 Rn. 115; kritisch: BGH GRUR 2006, 136, 138 – Pressefotos; OLG Hamburg GRUR-RR 2008, 230, 234 – Chefkoch; *Grübler/Jürgens*, GRUR-RR 2008, 235.

der MFM keine Honorarempfehlung für Vorschaubilder angegeben.[570] Dem stimmen Teile der Literatur zu, denn eine Lizenzierung sei unüblich, und die Thumbnails hätten ohnehin einen Wert, der gegen Null tendiere.[571]

Das LG Hamburg hingegen hält den Einwand, dass eine Lizenzierung bei der Bildersuche unüblich sei, für unerheblich, da eine Lizenzanalogie auch für Nutzungen möglich sei, die sich durch neue Geschäftmodelle ergeben. Das LG hat den Schaden daher geschätzt.[572] Dem ist im Ergebnis zuzustimmen, da eine Lizenzanalogie auch in Betracht kommt, wenn eine Lizenzierung in der Branche zwar unüblich ist, das verletzte Recht seiner Art nach aber vermögensmäßig genutzt werden kann.[573] Die fiktive Lizenzgebühr ist dann nach dem objektiven Wert der Nutzung zu bestimmen.[574] Dieser Wert der Nutzung von Thumbnails tendiert auch nicht gegen Null. Schon die Tatsache, dass ein Werk von einem Dritten für kommerzielle Zwecke genutzt wird, zeigt, dass der Nutzung ein wirtschaftlicher Wert zukommt.[575] Zwar liegt die fiktive Lizenzgebühr für Thumbnails deutlich unter der Gebühr für die Online-Nutzung großer, hochauflösender Bilder nach der MFM-Empfehlung;[576] als Vergleichswert kann jedoch auf Honorare für vergleichbare Nutzungen, wie beispielsweise Icons, Avatare[577] oder Handybilder, zurückgegriffen werden. Auch die Tarife der VG-Bild-Kunst für die Nutzung von Bildern im Internet oder im kleineren Format auf Briefmarken oder Telefonkarten[578] können einen Richtwert darstellen. Auf dieser Grundlage kann das Gericht die fiktive Lizenzgebühr für den Zeitraum, in dem das betreffende Bild über die Bildersuche zu finden war, nach § 287 ZPO schätzen.

---

570 LG Bielefeld CR 2006, 350.
571 *Wimmers/Schulz*, CR 2006, 350, 351; *Braun*, jurisPR-ITR 6/2006 Anm. 4; *Ott*, ZUM 2009, 345, 353; so auch *Berberich*, CR 2007, 393, der zwar bezweifelt, dass Thumbnails einen Marktwert von Null haben, eine Lizenzierung aber auf Grund der hohen Transaktionskosten für ausgeschlossen hält.
572 LG Hamburg, Urteil vom 26.09.2008 – 308 O 42/06, Tz. 96 – Google-Bildersuche (= MMR 2009, 55).
573 BGHZ 60, 206, 211 – Miss Petite; BGHZ 81, 75, 82 – Carrera; Schricker/*Wild*, § 97 Rn. 60; *Dreier*/Schulze, § 97 Rn. 61.
574 *Dreier*/Schulze, § 97 Rn. 61.
575 Fromm/Nordemann/*J. B. Nordemann*, § 97 Rn. 89.
576 Fromm/Nordemann/*J. B. Nordemann*, § 97 Rn. 115.
577 Ein *Avatar* ist ein grafischer Stellvertreter für eine Person in der virtuellen Welt. Meist handelt es sich um fiktive Figuren, die in Form eines kleinen Bildes dargestellt werden.
578 Abrufbar unter http://www.bildkunst.de.

c)   Ergebnis

Die Suchmaschinen-Betreiber sind damit zum Schadensersatz in Höhe der üblichen Lizenzgebühr für die Nutzung von Thumbnails verpflichtet, die durch Schätzung ermittelt werden kann. Kann der Urheber dagegen im Einzelfall einen höheren konkreten Schaden nachweisen, muss dieser ersetzt werden.

3.   Ansprüche auf Erstattung von Abmahnkosten (§ 97a UrhG)

Mit dem 2008 neu eingeführten § 97a UrhG[579] ist die Abmahnung und die Erstattung der dafür erforderlichen Aufwendungen im Urheberrecht erstmals ausdrücklich geregelt. § 97a Abs. 1 S. 1 UrhG begründet die Obliegenheit des Rechteinhabers, den Verletzer vor der gerichtlichen Geltendmachung von Ansprüchen abzumahnen und ihn bei Wiederholungsgefahr aufzufordern, eine strafbewehrte Unterlassungserklärung abzugeben. Eine Verpflichtung des Rechteinhabers zur Abmahnung besteht aber nicht. Er kann damit lediglich die Kostentragungslast bei einem sofortigen Anerkenntnis nach § 93 ZPO abwenden.[580] Um dieses Risiko zu vermeiden, sollte der Rechteinhaber den Suchmaschinen-Betreiber daher vor Einreichung einer Klage durch eine Abmahnung zur Unterlassung der Nutzung seiner Bilder und, da Wiederholungsgefahr besteht,[581] zur Abgabe einer strafbewehrten Unterlassungserklärung auffordern. Kommt der Suchmaschinen-Betreiber dieser Aufforderung nach und gibt er eine strafbewehrte Unterlassungserklärung ab, dann entfällt die Wiederholungsgefahr.[582] Die Geltendmachung von Beseitigungs- und Schadensersatzansprüchen bleibt davon unberührt.[583]

Grundsätzlich kann der Rechteinhaber gemäß § 97a Abs. 1 S. 2 UrhG vom Verletzer die Erstattung der für eine berechtigte Abmahnung erforderlichen Aufwendungen verlangen.[584] Dieser Erstattungsanspruch ist verschuldensunabhängig. Wenn die Abmahnung allerdings erst die urheberrechtliche Haftung begründet, ist § 97a UrhG nicht anwendbar und die Aufwendungen sind nicht zu

---

579 § 97a UrhG wurde durch das Gesetz zur Verbesserung der Durchsetzung von Rechten des geistigen Eigentums vom 07.07.2008 (BGBl. I, S. 1191) mit Wirkung vom 01.09.2008 eingeführt.

580 Wandtke/Bullinger/*Kefferpütz*, § 97a Rn. 2; *Dreier*/Schulze, § 97a Rn. 3; *Schmid/Wirth/ Seifert*, § 97 Rn. 3.

581 Vgl. 1. Teil B.VII.1.

582 *Dreier*/Schulze, § 97a Rn. 9.

583 A.A. Fromm/Nordemann/*J. B. Nordemann*, § 97a Rn. 11, der § 97a auf alle anderen Ansprüche aus §§ 97 – 101b, 103 UrhG analog anwenden möchte.

584 Vor Einführung des § 97a UrhG ergab sich der Aufwendungsersatzanspruch nach h.M. aus den Grundsätzen der Geschäftsführung ohne Auftrag gemäß §§ 683 S. 1, 677, 670 BGB oder analog § 12 UWG. Ein Rückgriff auf diese Konstruktion ist nun jedoch nicht mehr notwendig; vgl. Wandtke/Bullinger/*Kefferpütz*, § 97a Rn. 30; *Dreier*/Schulze, § 97a Rn. 1.

ersetzen.[585] Aufwendungen für eine Abmahnung, die eine Störerhaftung für Deep-Links zu einem Bild erst begründet,[586] sind daher nicht nach § 97a Abs. 1 S. 2 UrhG erstattungsfähig. Aufwendungen, die für Abmahnungen bezüglich der Verletzung von Urheberrechten bzw. verwandten Schutzrechten erforderlich waren, sind dagegen in vollem Umfang zu ersetzen. Da der Suchmaschinen-Betreiber zumindest fahrlässig handelt, können diese und weitere Kosten für die Rechtsverfolgung auch als Schaden i.S.v. § 97 Abs. 2 UrhG geltend gemacht werden, sofern sie kausal auf die Rechtsverletzung zurückzuführen sind.[587]

Eine Begrenzung der Abmahnkosten auf 100 € nach § 97a Abs. 2 UrhG greift zu Gunsten der Suchmaschinen-Betreiber nicht ein, da sie gewerblich handeln. Fraglich ist allerdings, ob die Suchmaschinen-Betreiber den Ersatz von Abmahnkosten abwenden können, indem sie den Rechteinhabern Hilfsmittel zur Verfügung stellen, welche die Einschaltung eines Anwalts entbehrlich machen. Um einen Widerspruch gegen die Verwendung eines Bildes zu erheben, können je nach Bildersuchmaschine unterschiedliche Verfahren gewählt werden. Zunächst kann der Rechteinhaber sich per E-Mail, Post oder Fax an den im Impressum angegebenen Betreiber wenden. Reagiert der Betreiber sofort und unbürokratisch auf eine derartige Anfrage, muss im Regelfall kein Anwalt hinzugezogen werden. Die Suchmaschinen-Betreiber löschen Bilder jedoch nicht ohne weitere Nachforschungen und Sicherheiten aus dem Index, da so auch rechtmäßig aufgenommene Bilder gelöscht werden können. Google verlangt vom Rechteinhaber daher eine schriftliche Erklärung, die neben einer Bestimmung des beanstandeten Bildes eine Versicherung über die Richtigkeit der Angaben enthalten muss.[588] Auf eine solche Erklärung hin erhält dann der Website-Betreiber die Möglichkeit, Stellung zu nehmen. Auf derselben Informationsseite weist Google allerdings auf mögliche Schadensersatzklagen bei unberechtigten Löschungsbegehren hin. Ob ein Normalbürger die Erklärung zur Löschung ohne Anwalt abgeben kann, erscheint auf Grund der Androhung einer Schadensersatzklage trotz des sonst ausführlichen Leitfadens fraglich. Jedenfalls sind die Kosten einer berechtigten Abmahnung ersatzfähig, sobald eine rechtliche Prüfung notwendig ist. Da regelmäßig lediglich eine einfache

---

585 Fromm/Nordemann/*J. B. Nordemann*, § 97a Rn. 6.
586 Vgl. 1. Teil B.II.4.
587 So auch LG Hamburg, Urteil vom 26.09.2008 – 308 O 42/06, Tz. 40 – Google-Bildersuche (= MMR 2009, 55); allgemein für die Geltendmachung von Abmahnkosten als Schaden: Wandtke/Bullinger/*Kefferpütz*, § 97a Rn. 40 ff.; *Dreier/Schulze*, § 97a Rn. 20; Köhler/ *Bornkamm*, § 12 Rn. 1.87 ff.; differenzierend BGH GRUR 2007, 631, 632 Tz. 20 f.; a.A. Fromm/Nordemann/*J. B. Nordemann*, § 97a Rn. 3, der § 97a UrhG als lex specialis für alle Ansprüche auf Erstattung von Abmahnkosten ansieht.
588 http://www.google.de/images_dmca.html.

Darstellung des Sachverhalts gefordert ist, dürfte zumindest in einfach gelagerten Fällen kein anwaltlicher Rat notwendig sein.

Komfortabler als ein schriftlicher Widerspruch ist ein Online-Formular, wie es beispielsweise Yahoo anbietet.[589] Auf diese Weise können die relevanten Informationen gezielter abgefragt und durch vorgegebene Auswahlmöglichkeiten vereinfacht werden. Der Rechteinhaber kann seine Berechtigung durch den Upload von Bildern und Dokumenten belegen und diese dem Suchmaschinen-Betreiber online übermitteln.

Lässt ein Rechteinhaber in einem einfach gelagerten Fall die Abmahnung trotz eines ausführlichen Leitfadens zur Vorgehensweise oder einem Online-Formular von einem Anwalt aussprechen, sind die daraus resultierenden Abmahnkosten nicht erforderlich und müssen folglich vom Suchmaschinen-Betreiber nicht ersetzt werden. Den Suchmaschinen-Betreibern ist daher anzuraten, ein gut strukturiertes Online-Formular auf ihrer Website bereitzustellen, um zumindest bei einfachen Löschungsaufforderungen der Ersatzpflicht von Abmahnkosten zu entgehen.

4. Weitere gesetzliche Vorschriften

Nach den Vorschriften der Geschäftsführung ohne Auftrag (§§ 687 Abs. 2, 681, 667 BGB) kann der Rechteinhaber den Verletzergewinn herausverlangen, wenn der Verletzer das Geschäft vorsätzlich als eigenes geführt hat. Da der Verletzergewinn aber auch über § 97 Abs. 2 UrhG als Schaden ersetzt werden muss, die Verjährungsfristen seit der Schuldrechtsreform von 2002 angeglichen sind und dem Verletzer nachgewiesen werden muss, dass dieser sich das fremde Geschäft wissentlich angeeignet hat, hat der Anspruch wegen angemaßter Eigengeschäftsführung kaum praktische Bedeutung.[590] Bei Bildersuchmaschinen stellt sich dabei zusätzlich das bereits angesprochene Problem, dass sich der Verletzergewinn nur schwer bestimmen lässt.[591]

Gemäß § 812 Abs. 1 S. 1, 2. Alt BGB (Eingriffskondiktion) muss der Verletzer weiterhin die erlangte Bereicherung herausgeben. Bereicherungsgegenstand ist dabei weder der Verletzergewinn noch die Nutzung, sondern der Gebrauch des immateriellen Schutzgegenstandes. Da dieser nicht herausgegeben werden kann, ist nach § 818 Abs. 2 BGB Wertersatz in Höhe der üblichen Lizenzgebühr zu leisten.[592] § 812 BGB hat gegenüber § 97 UrhG den Vorteil, dass jener ver-

---

589 http://help.yahoo.com/l/de/yahoo/search/abuse.html.

590 *Schack*, UrhR, Rn. 807.

591 Vgl. 1. Teil B.VII.2.b).

592 BGHZ 82, 299, 308 – Kunststoffhohlprofil II; LG Bielefeld CR 2006, 350; OLG Hamburg NJW-RR 1999, 1204, 1205; *Schack*, UrhR, Rn. 809; Fromm/Nordemann/*J. B. Nordemann*, § 102a Rn. 5; *Dreier*/Schulze, § 102a Rn. 4; Schricker/*Wild*, § 97 Rn. 87; Wandtke/Bullinger/*v. Wolff*,

schuldensunabhängig ist. Der Rechteinhaber kann somit neben dem Schadensersatzanspruch aus § 97 Abs. 2 UrhG auch gemäß §§ 812, 818 Abs. 2 BGB vom Suchmaschinen-Betreiber Zahlung der üblichen Lizenzgebühr verlangen.

VIII. Ergebnis zum Urheberrecht

Die über Bildersuchmaschinen zu findenden Bilder können als urheberrechtliche Werke i.S.v. § 2 UrhG bzw. als Lichtbilder nach § 72 UrhG schutzfähig sein. Soweit nicht von einer Einwilligung der Rechteinhaber auszugehen ist, verletzen die Betreiber durch das Crawlen und die Anzeige der Vorschaubilder damit Urheberrechte bzw. verwandte Schutzrechte.[593] Daneben wird in das Datenbankschutzrecht (§§ 87a ff. UrhG) der Anbieter von Bilderdiensten eingegriffen, wenn diese von den Crawlern unbefugt durchsucht werden.

Die Suchmaschinen-Betreiber haften für die Rechtsverletzungen auf Schadensersatz und Unterlassung. Auch wenn die Berechnung des entstandenen Schadens im konkreten Fall schwierig sein kann, sind zumindest die Abmahnkosten nach § 97a UrhG ersatzfähig. Auf Grund der Vielzahl der indexierten Bilder drohen den Betreibern daher gravierende finanzielle Einbußen, die den Betrieb der Bildersuche unrentabel machen könnten.

C. Persönlichkeitsrecht

Persönlichkeitsrechtsverletzungen durch Suchmaschinen wurden bislang nur in Bezug auf die Verlinkung von Internetseiten mit verletzendem Inhalt und die Anzeige von Snippets diskutiert.[594] Doch sind auch bei der Bildersuche derartige Verletzungen denkbar, soweit auf den angezeigten Bildern Personen erkennbar sind. Die Anzeige dieser Bilder könnte die Persönlichkeitsrechte der abgebildeten Personen verletzen, wenn diese mit der Veröffentlichung nicht einverstanden sind oder ihr Abbild bei der Eingabe von unerwünschten oder ehr-

---

§ 97 Rn. 93; Möhring/Nicolini/*Lütje*, § 97 Rn. 256 ff.; *Fest*, Bereicherungs- und Schadensausgleich bei der Verletzung von Immaterialgüterrechten, S. 61 f., 78 f.; a.A. *Ulmer*, UrhR, S. 560; *Rehbinder*, UrhR, Rn. 929; *ders.*, ZUM 1990, 462, 464, die alternativ die Herausgabe des Verletzergewinns gewähren möchten, soweit dieser nicht auf eine eigene Leistung des Verletzers zurückzuführen ist.

593 Im Ergebnis so auch *Ziem*, Pressefreiheit, S. 261.

594 Vgl. LG Berlin MMR 2005, 324 – Haftung für Metasuchmaschine; OLG Hamburg MMR 2007, 315 – Haftung einer Suchmaschine; OLG Stuttgart MMR 2009, 190 – Suchergebnis als Persönlichkeitsrechtsverletzung; LG Hamburg MMR 2009, 290 – Suchmaschinenhaftung für »Snippets«; *Köster/Jürgens*, K&R 2006, 108; *Schuster*, CR 2007, 443; *Dietrich/Nink*, CR 2009, 188; *Roggenkamp*, jurisPR-ITR 10/2009 Anm. 2; siehe auch 2. Teil C.

verletzenden Suchbegriffen als Treffer angezeigt wird. In diesen Fällen könnten
die Suchmaschinen-Betreiber gemäß § 823 BGB wegen Verletzung des Rechts
am eigenen Bild und des allgemeinen Persönlichkeitsrechts auf Schadensersatz
und analog § 1004 BGB auf Unterlassung haften.

I.   Recht am eigenen Bild (§§ 22 ff. KUG)

Das Recht am eigenen Bild ist als besonderes Persönlichkeitsrecht spezialge-
setzlich in §§ 22 ff. KUG geschützt. Soweit es um das Recht geht, Abbildungen
einer Person zu verbreiten oder öffentlich zur Schau zu stellen, stellt das KUG
gegenüber dem allgemeinen Persönlichkeitsrecht eine abschließende Sonder-
regelung dar.

1.   Verletzungstatbestand

Für eine Verletzung des Rechts am eigenen Bild nach § 22 KUG muss ein Bildnis,
also die Abbildung einer Person, vorliegen. Unerheblich ist dabei die Art der
Darstellung, so dass neben Fotos auch Zeichnungen oder Computergrafiken in
Betracht kommen.[595] Der Abgebildete muss nur durch seine Gesichtszüge oder
sonstige Merkmale für Dritte erkennbar sein.[596] Da in der Bildersuche nur
Thumbnails angezeigt werden, muss die betreffende Person auf diesen trotz der
niedrigen Auflösung identifizierbar sein. Abbildungen mit vielen oder nur klein
dargestellten Personen begründen daher regelmäßig keine Verletzung des
Rechts am eigenen Bild. Sind auf einem Thumbnail jedoch Personen zu erkennen, wie bei Portraitaufnahmen oder Fotos von kleineren Gruppen, liegt ein
Bildnis i.S.d. KUG vor.[597]

Von § 22 KUG ist anders als im Urheberrecht nur die Verbreitung und öffentliche Zurschaustellung erfasst. Das Erstellen und Speichern der Thumbnails
ist daher nach dem KUG zustimmungsfrei zulässig.[598] Dem Zurschaustellen

---

595 Schricker/*Götting*, § 60 / § 22 KUG, Rn. 15; *Dreier*/Schulze, § 22 KUG Rn. 1; Paschke/
     Berlit/Meyer/*Kröner*, MedienR, 34 Rn. 10.
596 BGHZ 26, 349, 351 – Herrenreiter; BGHZ 143, 214, 228 – Marlene Dietrich; MüKo-BGB/
     Rixecker, Anh. § 12 Rn. 43; *Dreier*/Schulze, § 22 KUG Rn. 3; *Rehbinder*, UrhR, Rn. 857;
     Lettl, UrhR, § 12 Rn. 4; Paschke/Berlit/Meyer/*Kröner*, MedienR, 34 Rn. 13.
597 *Harte-Bavendamm/Jürgens*, FS Schricker, S. 33, 45; so auch BGH GRUR 1972, 97, 98 –
     Liebestropfen, für ein 12x50 mm großes Bild.
598 Eine direkte und analoge Anwendung der §§ 22 ff. KUG auf das Herstellen und die Ver-
     vielfältigung eines Bildnisses, wird von der h.M. abgelehnt. Es wird durch das Herstellen
     jedoch unter Umständen in das allgemeine Persönlichkeitsrecht eingegriffen; vgl. *Schack*,
     UrhR, Rn. 51; Schricker/*Götting*, § 60 / § 22 KUG, Rn. 34; MüKo-BGB/*Rixecker*, Anh. § 12

unterfällt jedoch jede Wiedergabe nach § 15 Abs. 2 UrhG und somit auch das Einstellen eines Bildes in das Internet.[599] Sobald ein Bildnis als Thumbnail in der Suche verfügbar ist, hängt die Zulässigkeit gemäß § 22 KUG von der Einwilligung der abgebildeten Personen ab. Darüber hinaus könnte auch das Framen der Original-Webseite und der Deep-Link zum Originalbild in der Detail-Ansicht unter den Begriff der öffentlichen Zurschaustellung zu fassen sein. Durch die von Bildersuchmaschinen verwendete Art des Framings und Links wird aber nur der Zugang zu einer fremden Internetseite hergestellt und das dort zu findende Bild nicht selbst öffentlich zur Schau gestellt.[600] Daher ist trotz der weiten Auslegung des Begriffs der öffentlichen Zurschaustellung[601] weder die vorliegende Art des Framings noch das Setzen eines Links von § 22 KUG umfasst.[602]

2. Einwilligung des Abgebildeten

Eine ausdrückliche Einwilligung der abgebildeten Personen gegenüber dem Suchmaschinen-Betreiber wird in den seltensten Fällen vorliegen. Ähnlich wie bei der Einwilligung in die urheberrechtliche Nutzung müsste der Website-Betreiber selbst abgebildet sein und die Aufnahme in die Bildersuche ausdrücklich mittels Meta-Tags oder dem Robots Exclusion Standard gewünscht haben, oder die abgebildete Person müsste dem Website-Betreiber das Recht übertragen haben, in die öffentliche Zurschaustellung durch die Bildersuche einzuwilligen. Auch eine konkludente Einwilligung durch das Online-Stellen, die teilweise für die urheberrechtliche Nutzung angenommen wird,[603] kommt nur in Betracht, wenn der Website-Betreiber die erforderlichen Rechte zur Einwilligung gegenüber Dritten hat. Selbst wenn der Abgebildete sein Einverständnis zur öffentlichen Zugänglichmachung auf der ursprünglichen Internetseite erteilt hat, ist darin noch keine Ermächtigung zur Übernahme durch Bilder-

---

Rn. 45; *Dreier*/Schulze, § 22 KUG Rn. 12 f.; Paschke/Berlit/Meyer/*Kröner*, MedienR, 34 Rn. 18.

599 *Dreier*/Schulze, § 22 KUG Rn. 11; Paschke/Berlit/Meyer/*Kröner*, MedienR, 34 Rn. 17; *Rehbinder*, UrhR, Rn. 858; *Tränkle*, Urheberrechtliche Fragen des Einsatzes von Suchmaschinen, S. 44. *Dreyer* in HK-UrhR, § 22 KUG Rn. 12 f. lässt das Online-Stellen eines Bildes auch unter den Begriff des Verbreitens fallen.

600 So auch LG Köln K&R 2009, 820, das jedoch im Einbinden eines Bildes mittels Inline-Link ein öffentliches Zurschaustellen sieht. Vgl. zur urheberrechtlichen Nutzung durch Framing und Linking 1. Teil B.II.3.b).

601 Schricker/*Götting*, § 60 / § 22 KUG, Rn. 3.

602 *Plaß*, WRP 2000, 599, 605; *Tränkle*, Urheberrechtliche Fragen des Einsatzes von Suchmaschinen, S. 44; *Harte-Bavendamm/Jürgens*, FS Schricker, S. 33, 45 Fn. 67; *Ernst*, BB 1997, 1057, 1062; a.A. OLG München MMR 2007, 659; *Dreier*/Schulze, § 22 KUG Rn. 11; wohl auch Palandt/*Sprau*, § 823 Rn. 113. Anders bei Inline-Links, die von den gängigen Bildersuchmaschinen aber nicht eingesetzt werden.

603 Vgl. 1. Teil B.V.3.

suchmaschinen zu sehen.[604] Eine wirksame konkludente Einwilligung setzt ebenso eine ausdrückliche Erklärung der abgebildeten Person gegenüber dem Website-Betreiber voraus, die im Regelfall nicht gegeben sein wird.

Weiterhin könnte die abgebildete Person stillschweigend in die Nutzung eingewilligt haben, indem sie sich bewusst hat abbilden lassen. Da das Recht am eigenen Bild aber ein Persönlichkeitsrecht ist, liegt eine stillschweigende Einwilligung nur vor, wenn aus Sicht des Empfängers durch das Schweigen eindeutig auf eine Einwilligung geschlossen werden kann.[605] Bei bloßer Duldung einer Aufnahme kann daher mangels Erklärungsgehalt grundsätzlich nicht von einer stillschweigenden oder konkludenten Einwilligung ausgegangen werden.[606] Vor allem kann darin keine Einwilligung in die Nutzung durch Bildersuchmaschinen liegen. Werden die Aufnahmen aber beispielsweise bewusst für die Verwendung auf Internetseiten hergestellt und ist damit klar, dass zu Werbezwecken auch eine Eintragung in Bildersuchmaschinen erfolgt, kann von einer stillschweigenden Einwilligung ausgegangen werden. Auch wird eine Einwilligung gesetzlich nach § 22 S. 2 KUG vermutet, soweit der Abgebildete für die Abbildung eine Entlohnung erhalten hat. Diese Vermutung kann der Abgebildete aber widerlegen. In diesem Fall muss der Umfang der Einwilligung gesondert geprüft werden.[607]

Demnach muss jeweils im konkreten Einzelfall bestimmt werden, ob eine ausdrückliche oder stillschweigende Einwilligung vorliegt, und ob sie die Aufnahme in Bildersuchmaschinen umfasst. Dabei ist zu berücksichtigen, inwieweit dem Abgebildeten Zweck, Art und Umfang der geplanten Nutzung bekannt war und er damit rechnen musste, dass sein Bildnis in die Bildersuche aufgenommen wird. Regelmäßig wird bei Fotoaufnahmen für Internetpräsentationen von einer Einwilligung auszugehen sein, während diese bei anderen Aufnahmen wohl ausscheidet.

---

604 So auch für die Einbettung eines Bildes durch Personen-Suchmaschinen: LG Köln K&R 2009, 820; *Seidel/Nink*, CR 2009, 666, 667; a.A. für Bilder bei Facebook: OLG Köln GRURPrax 2010, 156.

605 *Dreier*/Schulze, § 22 KUG Rn. 18.

606 OLG Hamburg GRUR 1990, 35, 36 – Begleiterin; OLG Frankfurt a.M. GRUR 1991, 49 – Steuerberater; OLG Hamburg NJW-RR 1991, 99; OLG Hamburg GRUR-RR 2005, 140, 141 – Sendung über Trickbetrüger; LG Münster NJW-RR 2005, 1065, 1066; *Wanckel*, Foto- und Bildrecht, Rn. 137; *Lettl*, UrhR, § 12 Rn. 8; MüKo-BGB/*Rixecker*, Anh. § 12 Rn. 46; Paschke/Berlit/Meyer/*Kröner*, MedienR, 34 Rn. 24; *Wenzel*, Das Recht der Wort- und Bildberichterstattung, Rn. 7.37.

607 Schricker/*Götting*, § 60 / § 22 KUG, Rn. 54; *Dreier*/Schulze, § 22 KUG Rn. 19.

3. Ausnahmen (§§ 23, 24 KUG)

Eine Einwilligung des Berechtigten ist nicht erforderlich, wenn eine Ausnahme nach §§ 23, 24 KUG eingreift. Hiernach ist im Rahmen der Bildersuche die Anzeige von Bildnissen aus dem Bereich der Zeitgeschichte (§ 23 Abs. 1 Nr. 1 KUG), von Bildern, die Personen nur als Beiwerk zeigen (Nr. 2), und von Bildern von Versammlungen (Nr. 3) auch ohne Einwilligung zulässig, sofern dadurch keine berechtigten Interessen des Abgebildeten oder seiner Angehörigen verletzt werden. § 23 Abs. 1 Nr. 4 und § 24 KUG haben für die Darstellung in Suchmaschinen dagegen regelmäßig keine Bedeutung.

4. Rechtsfolgen

Als Persönlichkeitsrecht ist das Recht am eigenen Bild nach § 823 Abs. 2 BGB geschützt. Der Abgebildete kann daher bei einer Rechtsverletzung vom Suchmaschinen-Betreiber Schadensersatz verlangen. Von einem Verschulden des Bildersuchmaschinen-Betreibers ist regelmäßig auszugehen, da ihm bewusst ist, dass auch Bildnisse i.S.d. KUG in die Bildersuche aufgenommen werden und dass in den meisten Fällen keine Einwilligung vorliegt.[608] Der Betreiber verletzt, indem er keine Einwilligung einholt, die im Verkehr erforderliche Sorgfalt und handelt zumindest fahrlässig.[609] Sofern ein Schaden entstanden ist, muss dieser daher ersetzt werden. Der Nachweis eines konkreten Schadens dürfte praktisch schwer sein. Wie im Urheberrecht kann der Schaden jedoch auf dreifache Weise berechnet werden.[610] Damit kann auch eine Lizenzanalogie als Grundlage für die Berechnung herangezogen werden.[611] Inwieweit den Thumbnails ein vermögensrechtlicher Wert beizumessen ist, muss im Einzelfall ermittelt werden. Es ist dabei auf das Honorar abzustellen, welches ein vernünftiger Vertragspartner für die streitgegenständliche Nutzung gezahlt hätte.[612] Ist ein Gewinn beim Verletzer entstanden, kann dieser ebenfalls als Schaden oder nach § 812 BGB herausverlangt werden.

Über den Schadensersatz hinaus kann der Abgebildete den Ausgleich immaterieller Interessen als Geldentschädigung direkt aus Art. 1 Abs. 1, 2 Abs. 2 GG[613] verlangen, wenn eine schwere Persönlichkeitsrechtsverletzung

---

608 *Seidel/Nink*, CR 2009, 666, 667; zum Verschulden bei Urheberrechtsverletzungen durch Bildersuchmaschen vgl. 1. Teil B.VII.2.a).
609 *Harte-Bavendamm/Jürgens*, FS Schricker, S. 33, 46.
610 Schricker/*Götting*, § 60 / §§ 33–50 KUG, Rn. 13; *Dreier*/Schulze, §§ 33 ff. KUG Rn. 18; *Dreyer* in HK-UrhR, §§ 33–50 KUG Rn. 14.
611 Vgl. BVerfG GRUR-RR 2009, 375, 376 – Fiktive Lizenzgebühr.
612 BGH GRUR 1979, 732, 734 – Fußballtor; Schricker/*Götting*, § 60 / §§ 33–50 KUG, Rn. 9; *Dreier*/Schulze, §§ 33 ff. KUG Rn. 18.
613 St. Rspr. seit BGHZ 128, 1, 15 – Erfundenes Exklusivinterview; BGH GRUR 1996, 373,

vorliegt und diese Beeinträchtigung nicht anders ausgeglichen werden kann.[614] Zur Beurteilung der Schwere des Eingriffs ist die Bildveröffentlichung in ihrer Gesamtheit zu würdigen.[615] Im Rahmen der Bildersuche werden die Bilder nur in stark verkleinerter Form zur Schau gestellt, so dass auf ihnen wenig zu erkennen ist. Weiterhin sind Suchmaschinen-Betreiber meist nicht Erstverletzer und bereit, Bildnisse nach schriftlichem Widerspruch zu entfernen.[616] In der Regel ist daher von keiner schwerwiegenden Persönlichkeitsrechtsverletzung auszugehen, so dass kein immaterieller Schadensersatz verlangt werden kann.[617]

Die Suchmaschinen-Betreiber haften weiterhin analog § 1004 BGB auf Unterlassung und Beseitigung. Die beanstandeten Bilder müssen daher unverzüglich aus dem Suchindex gelöscht werden und die Suchmaschinen-Betreiber haben durch eine Sperrliste oder ähnliche Maßnahmen sicherzustellen, dass dasselbe Bild nicht wieder in die Suche aufgenommen wird.[618]

II. Allgemeines Persönlichkeitsrecht

Außerhalb von §§ 22 ff. KUG kann das allgemeine Persönlichkeitsrecht einer abgebildeten Person durch die Anzeige eines Bildes verletzt sein, wenn dieses bei der Suche nach ehrverletzenden Begriffen als Treffer erscheint. Beim Nutzer könnte der Eindruck entstehen, dass die Suchbegriffe und das angezeigte Bild in einem direkten inhaltlichen Zusammenhang stehen und die abgebildete Person beschreiben oder charakterisieren. Denkbar wären derartige Eingriffe bei der Suche nach Begriffen wie »Volltrottel« oder »Schlampe«.[619] Auch bei Kunst-

---

374 – Caroline von Monaco I; BGHZ 143, 214, 218 – Marlene Dietrich; vgl. auch BVerfG NJW 2006, 595 f.; *Dreier*/Schulze, §§ 33 ff. KUG Rn. 21; Paschke/Berlit/Meyer/*Wanckel*, MedienR, 45 Rn. 2; *Dreyer* in HK-UrhR, §§ 33–50 KUG Rn. 19; *Wanckel*, Foto- und Bildrecht, Rn. 266. Der Anspruch auf Geldentschädigung geht über das Schmerzensgeld nach § 253 BGB hinaus, da im Persönlichkeitsrecht die Gesichtspunkte der Genugtuung und der Prävention im Vordergrund stehen. Nach Schricker/*Götting*, § 60 / § 33–50 KUG, Rn. 26 f., kann der Anspruch alternativ auch auf § 823 Abs. 1, 2 BGB, §§ 22, 23 Abs. 1 BGB gestützt werden.

614 BGH GRUR 1965, 495, 497 – »Wie uns die anderen sehen«; BGH GRUR 1972, 97, 98 – Liebestropfen; BGH GRUR 1985, 398, 400 – Nacktfoto; LG Berlin GRUR 1974, 415, 416 – Saat der Sünde; *Dreier*/Schulze, §§ 33 ff. KUG Rn. 22; Paschke/Berlit/Meyer/*Wanckel*, MedienR, 45 Rn. 5, 39 ff.; *Dreyer* in HK-UrhR, §§ 33–50 KUG Rn. 21; *Wenzel*, Das Recht der Wort- und Bildberichterstattung, Rn. 9.14.

615 BGH GRUR 1965, 495, 497 – »Wie uns die anderen sehen«; BGH GRUR 1972, 97, 99 – Liebestropfen; Schricker/*Götting*, § 60 / §§ 33–50 KUG, Rn. 27; *Dreier*/Schulze, §§ 33 ff. KUG Rn. 23.

616 So auch *Harte-Bavendamm/Jürgens*, FS Schricker, S. 33, 46 f.

617 *Harte-Bavendamm/Jürgens*, FS Schricker, S. 33, 46.

618 Vgl. 1. Teil B.VII.1.

619 Dahingehend auch *Ott*, Linking und Framing, S. 68, der auf einen US-amerikanischen Fall

werken ist eine Verletzung des allgemeinen Persönlichkeitsrechts des Künstlers denkbar, wenn seine Bilder beispielsweise bei der Suche nach »schlechte Kunst« aufgelistet werden.

Weiterhin könnte ein Eingriff in das allgemeine Persönlichkeitsrecht vorliegen, wenn bei der Suche nach einem Namen Bilder anderer Personen angezeigt werden. Dieses geschieht vielfach dadurch, dass eine Mitarbeiterliste mit Fotos im Internet veröffentlicht ist und die Crawler die Namen auf Grund der Datenstruktur nicht eindeutig einem Bild zuordnen können. Auch in diesem Fall könnten Nutzer der Suchmaschine eine inhaltliche Verknüpfung zwischen dem gesuchten Namen und den Bildern sehen.

Für die Beurteilung, wie eine Äußerung zu verstehen ist, darf jedoch nicht auf einzelne Personen abgestellt werden, sondern es muss das Verständnis des Durchschnittsrezipienten zu Grunde gelegt werden.[620] Der »durchschnittliche« Internet-Nutzer weiß, dass die Zuordnung von Schlagworten bei Suchmaschinen automatisch ohne manuelle Kontrolle geschieht. Es ist bekannt, dass es zu fehlerhaften Verknüpfungen kommen kann, so dass der Nutzer mit der Verknüpfung keine inhaltliche Aussage verbindet.[621] Die Zuordnung eines Suchbegriffs zu einem Bild wird allgemein nicht als Beschreibung des Bildes oder der abgebildeten Person verstanden. Es wird darin nur die Aussage gesehen, dass das Bild im Umfeld des entsprechenden Begriffes aufgefunden wurde und daher möglicherweise zum Suchbegriff passen könnte.[622]

Lediglich in seltenen Ausnahmefällen kann von einer Verletzung des allgemeinen Persönlichkeitsrechts durch eine unerwünschte Zuordnung ausgegangen werden. Hierfür bedarf es allerdings einer schwerwiegenden Herabwürdigung. Die Haftung der Suchmaschinen-Betreiber beschränkt sich dabei mangels Kenntnis auf Beseitigung und Unterlassung der Rechtsverletzung analog § 1004 BGB.

III. Ergebnis zum Persönlichkeitsrecht

Sofern auf Thumbnails, die in der Ergebnisliste einer Bildersuche angezeigt werden, Personen zu erkennen sind und keine Einwilligung vorliegt, verletzen die Suchmaschinen-Betreiber durch die Anzeige dieser Vorschaubilder das

---

Bezug nimmt, in dem es um die Verlinkung eines Bildes der verstorbenen Tochter der Klägerin unter der Rubrik »Babes on the Net« ging.

620 Vgl. nur BVerfGE 93, 266, 295 – Soldaten sind Mörder; BVerfG, Beschluss vom 24.09.2009 – 2 BvR 2179/09 – NPD-Wahlplakate.

621 OLG Hamburg MMR 2007, 315 – Haftung einer Suchmaschine; OLG Stuttgart MMR 2009, 190 – Suchergebnis als Persönlichkeitsrechtsverletzung; a.A. LG Hamburg, Urteil vom 28.04.2006 – 324 O 993/05; vgl. 2. Teil C.I.

622 Dahingehend auch *Köster/Jürgens*, K&R 2006, 108, 111 Fn. 29.

Recht am eigenen Bild und haften auf Schadensersatz und Unterlassung. Eine
darüber hinausgehende Haftung wegen Verletzung des allgemeinen Persönlichkeitsrechts durch die Anzeige von Bildern bei der Suche nach ehrverletzenden Schlagworten kommt nur in Ausnahmefällen in Betracht. Regelmäßig ist
bei unerwünschten Suchbegriffen nicht von einer Persönlichkeitsrechtsverletzung auszugehen, da durch die Anzeige der Bilder kein direkter
inhaltlicher Zusammenhang zum Suchbegriff hergestellt wird und der Nutzer
dies auch erkennt.

D. Wettbewerbsrecht

Die Anbieter von Bilderdiensten könnten auch wettbewerbsrechtliche Ansprüche gegen Bildersuchmaschinen-Betreiber haben. Die Betreiber der Bilderdienste und die der Bildersuchmaschinen müssten dabei Mitbewerber i.S.v.
§ 2 Abs. 1 Nr. 3 UWG sein. Die Bilderdienste wie die Bildersuchmaschinen ermöglichen dem Nutzer, Bilder anhand von Stichworten zu finden. Auch wenn die
Bilderdienste dem Nutzer die Suchergebnisse anschließend in höherer Auflösung zum kostenlosen Download oder Kauf anbieten und die Suchmaschinen
lediglich Links zur Originalwebseite bereitstellen, ist das grundlegende Angebot
der Suche identisch. In diesem Bereich stehen die Anbieter der beiden Dienste
im direkten Wettbewerb. Für die Nutzer ist das Angebot interessanter, welches
von Umfang und Qualität die besseren Suchergebnisse liefert. Zwischen den
Betreibern besteht somit ein konkretes Wettbewerbsverhältnis, sie sind Mitbewerber.

Zu prüfen ist damit, ob die Übernahme von Bildern aus der Datenbank der
Bilderdienste in den Index der Suchmaschine eine unlautere geschäftliche
Handlung i.S.v. § 3 Abs. 1 UWG ist.

I.   Ergänzender wettbewerbsrechtlicher Leistungsschutz (§ 4 Nr. 9 UWG)

Als Fallgruppe für die unlautere geschäftliche Handlung kommt hier die
Übernahme fremder Leistungen nach § 4 Nr. 9 UWG in Betracht. Um den Index
der Bildersuchmaschinen zu erweitern, übernehmen die Crawler urheberrechtswidrig Teile der Datenbanken von Bilderdiensten.[623] Damit liegt grundsätzlich eine Übernahme i.S.v. § 4 Nr. 9 UWG vor.

Fraglich ist jedoch, inwieweit der ergänzende wettbewerbsrechtliche Leistungsschutz neben den urheberrechtlichen Regelungen Anwendung findet. In

---

623 Vgl. 1. Teil B.II.1.b).

Rechtsprechung und Literatur wird überwiegend ein Vorrang der urheber-rechtlichen Wertungen vor dem UWG angenommen.[624] Mit dem ergänzenden wettbewerbsrechtlichen Leistungsschutz soll das Urheberrecht nicht unterlaufen werden können. Das Wettbewerbsrecht könne nur eingreifen, wenn eine Leis-tung nicht schon urheberrechtlich geschützt sei.[625] Auf Grund der unter-schiedlichen Schutzrichtungen besteht jedoch kein Spezialitätsverhältnis zwi-schen dem Urheber- und dem Wettbewerbsrecht. Die Ansprüche bestehen parallel nebeneinander.[626] Ein Verstoß gegen § 3 UWG kann sich aber nur aus besonderen Umständen ergeben, die außerhalb des urheberrechtlichen Verlet-zungstatbestands liegen.[627] Der Gesetzgeber hat diese exemplarisch in § 4 Nr. 9 lit. a - c UWG aufgezählt. Die Übernahme fremder Leistungen ist als solche somit noch nicht unlauter. Für eine Wettbewerbswidrigkeit muss an die Art und Weise der Übernahme angeknüpft werden.[628] Hierbei steht nach § 1 UWG die Funktionsfähigkeit eines unverfälschten Wettbewerbs im Vorder-grund und nicht die Beeinträchtigung subjektiver Immaterialgüterrechte.

Eine über die bloße Entnahme hinausgehende Wettbewerbswidrigkeit lässt sich bei der Tätigkeit der Bildersuchmaschinen nicht feststellen. Weder werden Zugangssperren umgangen, noch täuschen die Suchmaschinen über die Her-kunft der in den Suchergebnislisten aufgelisteten Bilder[629] noch behindern sie die Anbieter der Originalbilder in irgendeiner Weise. Es wird deutlich gekenn-zeichnet, dass es sich bei den Suchergebnissen um fremde Bilder handelt, die möglicherweise sogar urheberrechtlich geschützt sind. Die suchenden Nutzer werden weiterhin über einen Link zur Originalseite geführt, so dass der Anbieter nicht behindert wird, sondern ihm Besucher zugeleitet werden. Daher ist weder die Art und Weise der Übernahme noch die Anzeige unlauter i.S.d. UWG. Der

---

624 BGHZ 26, 52, 59 – Sherlock-Holmes; BGHZ 44, 288, 295 f. – Apfel-Madonna; BGH GRUR 1992, 697, 699 – ALF; BGHZ 125, 322, 328 – Cartier-Armreif; *Köhler*/Bornkamm, § 4 Rn. 9.7; Piper/*Ohly*/Sosnitza, Einf D Rn. 79, 85; *Kotthoff* in HK-WettbR, § 4 Rn. 372; *Dreier*/Schulze, Einl. Rn. 36; *Boesche*, WettbR, Rn. 37.

625 Piper/*Ohly*/Sosnitza, Einf D Rn. 80, 85; *Köhler*/Bornkamm, § 4 Rn. 9.7; Harte-Bavendamm/Henning-Bodewig/*Sambuc*, UWG, § 4 Nr. 9 Rn. 5; *Bernreuther*, WRP 2008, 1057, 1066 f.; *Mohr*, Internetspezifische Wettbewerbsverstöße, S. 114.

626 *Stieper*, WRP 2006, 291, 295; differenzierend: Piper/*Ohly*/Sosnitza, § 4 Rn. 9/17; *Schack*, UrhR, Rn. 805; zum Geschmacksmusterrecht: BGH GRUR 2002, 629, 631 – Blendsegel; BGH GRUR 2003, 359, 360 – Pflegebett; BGH GRUR 2005, 600, 602 – Handtuchklemmen; BGH GRUR 2006, 79, 80 – Jeans.

627 BGHZ 5, 1, 10 – Hummel-Figuren; BGHZ 44, 288, 296 – Apfel-Madonna; BGHZ 134, 250, 267 – CB-infobank I; BGHZ 140, 183, 189 – Elektronische Pressearchive; BGHZ 141, 13, 27 – Kopienversanddienst; BGHZ 156, 1, 17 – Paperboy; *Köhler*/Bornkamm, § 4 Rn. 9.7; *Stieper*, WRP 2006, 291, 295; *Schack*, UrhR, Rn. 805; *Neubauer*, TKMR 2003, 444, 446; *Nolte*, ZUM 2003, 540, 547.

628 *Mohr*, Internetspezifische Wettbewerbsverstöße, S. 114.

629 Vgl. *Ott*, WRP 2004, 52, 57.

ergänzende wettbewerbsrechtliche Leistungsschutz nach § 4 Nr. 9 UWG greift nicht ein.

II.   Zuwiderhandlung gegen Marktverhaltensregeln (§ 4 Nr. 11 UWG)

Allein die Urheberrechtsverletzungen der Suchmaschinen-Betreiber begründen auch keinen Verstoß gegen § 4 Nr. 11 UWG. Die Vorschriften zum Schutz des geistigen Eigentums begründen zwar Ausschließlichkeitsrechte, stellen aber keine Marktverhaltensregeln dar.[630]

III.   Ergebnis zum Wettbewerbsrecht

Die Übernahme der Bilder aus Datenbanken von Bilderdiensten ist somit nicht unlauter und damit nicht nach § 3 Abs. 1 UWG unzulässig. Werden im Einzelfall durch die Crawler jedoch Zugangssperren umgangen oder stellt sich die Übernahme aus anderen Gründen als unlauter dar, stehen den Betreibern von Bilderdiensten wettbewerbsrechtliche Ansprüche nach §§ 8, 9, 3 UWG zu.

E.   Zusammenfassung

Auch wenn die Bildersuche inzwischen fester Bestandteil des Internets geworden ist, bestehen aus Sicht des deutschen Rechts erhebliche Bedenken an der Rechtmäßigkeit dieses Zusatzdienstes. Neben den aufgezeigten Verstößen gegen Urheber- und Leistungsschutzrechte verletzen die Betreiber in Einzelfällen auch das Persönlichkeitsrecht der auf den Thumbnails abgebildeten Personen. Wettbewerbsrechtlich kann den Suchmaschinen-Betreibern allerdings keine über die urheberrechtswidrige Übernahme von Bildern hinausgehende unlautere geschäftliche Handlung vorgeworfen werden.

Die Zulässigkeit der Bildersuche hängt im Wesentlichen von einer konkludenten Einwilligung ab.[631] Die Einwilligung in die Nutzung der Bildersuchmaschinen durch das schlichte Online-Stellen eines Bildes ist jedoch ebenso wie der Einwand des rechtsmissbräuchlichen Verhaltens, den das OLG Jena aufgeworfen hat, in der Regel abzulehnen. Zwar hat der BGH eine schlichte rechtfertigende

---

630 BGHZ 140, 183, 189 – Elektronische Pressearchive; OLG Brandenburg, Urteil vom 12.02.2009 – 6 U 18/08, Tz. 33 (= MDR 2009, 581); *Köhler*/Bornkamm, § 4 Rn. 11.40; *Stieper*, WRP 2006, 291, 293 mwN.
631 So auch *Ernst*, jurisPR-WettbR 9/2008 Anm. 5; *Buchner*, AfP 2003, 510, 514.

Einwilligung im konkreten Fall angenommen, unklar ist jedoch, ob diese lediglich auf das Online-Stellen der Bilder oder die Suchmaschinen-Optimierung gestützt wurde.[632] Weiterhin kann diese Einwilligung nicht für unberechtigt online gestellte Bilder greifen. Richtungweisend könne hierfür das Berufungsverfahren vor dem OLG Hamburg[633] sein. Entscheiden die Richter wiederum gegen Google & Co, ist eine Klagewelle der Rechteinhaber zu erwarten.[634] Auf Grund der hohen Anzahl von Rechtsverletzungen und den damit verbundenen Abmahnkosten würde in diesem Fall die Fortführung der Bildersuche in der derzeit betriebenen Form wirtschaftlich unrentabel, und es droht auch eine strafrechtliche Haftung nach §§ 106, 108 Abs. 1 Nr. 3, 108a UrhG.

F. Möglichkeiten zur Legalisierung der Bildersuche

Damit die Betreiber von Bildersuchmaschinen ihre Dienste im europäischen Raum wegen der Haftungsrisiken nicht vollständig einstellen müssen, werden in Rechtsprechung und Literatur verschiedene Möglichkeiten diskutiert, die Bildersuche zu legalisieren. Neben einer gesetzlichen Privilegierung sind vor allem alternative bzw. modifizierte Formen der Bildersuche in Betracht zu ziehen, um ein wirtschaftlich untragbares Haftungsrisiko der Suchmaschinen-Betreiber zu vermeiden. In der Literatur und von Seiten der Suchmaschinen-Betreiber wird an der Nutzerfreundlichkeit und Praktikabilität dieser alternativen Formen jedoch gezweifelt.[635] Ausschlaggebend dürften für die Suchmaschinen-Betreiber allerdings wirtschaftliche Erwägungen sein. Zum einen verursacht eine Umstellung der Bildersuche Aufwand. Zum anderen stellt die Bildersuche ein bewährtes Mittel dar, Nutzer auf die eigene Website zu locken und damit Werbeeinnahmen zu generieren. Würde man die Bildersuche einschränken, könnte das erhebliche finanzielle Einbußen für die Suchmaschinen-Betreiber zur Folge haben. Selbst eine Lizenzierung, die beispielsweise durch eine Verwertungsgesellschaft erfolgen könnte,[636] würde eine Bildersuche wirtschaftlich untragbar machen.[637]

Inwieweit die Zweifel an alternativen Formen der Bildersuche berechtigt sind

---

632 Vgl. 1. Teil B.V.3.e).

633 Das Berufungsverfahren zu LG Hamburg, Urteil vom 26.09.2008 – 308 O 248/07 – Michael Bernhard ./. Google, ist beim OLG Hamburg unter 5 U 220/08 anhängig.

634 *Wäßle*, K&R 2008, 729, 731; *Heymann/Nolte*, K&R 2009, 759.

635 *Wäßle*, K&R 2008, 729, 731; *Ott*, ZUM 2009, 345, 348; *Berberich*, MMR 2005, 145; *Ernst*, jurisPR-WettbR 9/2008 Anm. 5; *Meyer*, K&R 2008, 201, 206.

636 Dahingehend *Schack*, MMR 2008, 414, 416, der eine Lizenzierung durch eine Verwertungsgesellschaft als tragfähige Lösung ansieht.

637 *Ott*, ZUM 2007, 119, 127.

und ob eine gesetzliche Privilegierung notwendig und möglich ist, ist im Folgenden zu untersuchen.

I.   Bildersuche ohne Thumbnails

Da wegen der verkleinerten Vorschaubilder eine Lizenzierung durch die Rechteinhaber für den Betrieb der Bildersuche erforderlich ist, könnte eine Bildersuchmaschine ohne Thumbnails die rechtlichen Probleme lösen.[638] Statt der Vorschaubilder müssten nur die URLs der Originalseiten oder ein kurzer beschreibender Text angezeigt werden. Die Suchmaschinen-Betreiber sehen aber eine »rein textlich strukturierte Trefferliste« für die Bildersuche zu Recht als unbrauchbar an.[639] Wenn dem Nutzer keine grafische Übersicht der gefundenen Bilder geboten wird, müsste er die Trefferliste einzeln »durchklicken« und auf jeder Originalwebsite nachsehen, ob das gefundene Bild seinen Wünschen entspricht. Das würde die Suche erheblich erschweren. Die Bildersuche wäre auf Grund des wesentlich höheren Zeitaufwandes nicht mehr effektiv.[640] Werden hingegen beschreibende Texte oder Stichworte statt der Bilder angezeigt, könnte sich der Nutzer besser orientieren. Diese zu generieren, stellt die Betreiber jedoch vor ein tatsächliches Problem. Eine manuelle Beschreibung eines jeden Bildes durch Mitarbeiter würde dem Nutzer zwar die größtmögliche verbale Orientierung bieten, hätte aber wegen der großen Anzahl der indexierten Bilder Kosten zur Folge, welche die Bildersuche wirtschaftlich untragbar machen würden.[641] Würden die Texte hingegen automatisch erfasst, wären sie zu ungenau, um als Orientierungshilfe zu dienen, und es bestünde die Gefahr der Manipulation durch die Inhaber der Original-Websites. Mittels geschickter Optimierung von Meta-Daten könnten Besucher auf suchbegriffsfremde Websites gelockt werden, wodurch die Bildersuche wiederum ineffizient würde.[642]

Insgesamt stellt die Bildersuche ohne Thumbnails damit keine brauchbare Alternative zur derzeitigen Bildersuche dar.

---

638 So argumentiert das LG Hamburg im Fall »PsykoMan« (MMR 2009, 55 – Google-Bildersuche) ausweislich einer Meldung von Heise-Online, http://www.heise.de/newsticker/meldung/LG-Hamburg-Googles-Bildersuche-ist-urheberrechtswidrig-211204.html.
639 So die Klageerwiderung von Google im Fall des LG Hamburg, Urteil vom 26.09.2008 – 308 O 42/06, Tz. 32 – Google-Bildersuche (= MMR 2009, 55).
640 *Berberich*, MMR 2005, 145.
641 *Ott*, ZUM 2009, 345, 348.
642 *Ott*, ZUM 2009, 345, 348.

II. Einbindung der Originalbilder mittels Inline-Links

Um nicht auf die Anzeige der Vorschaubilder zu verzichten, könnten die Originalbilder mittels Inline-Link[643] in die Suchergebnisliste eingebunden werden.[644] Die Crawler müssten bei dieser Methode die Originalbilder nicht mehr herunterladen, verkleinern und als Thumbnails abspeichern. Die Bilder würden direkt von der Ursprungswebsite geladen und in die Ergebnisliste integriert. Eine verkleinerte Darstellung kann dabei mit einfachen HTML- oder CSS-Befehlen[645] erzeugt werden. Dem Nutzer würde so eine ebenso übersichtliche Liste wie bei der derzeitigen Bildersuche angezeigt.

Nachteil dieser Methode ist allerdings die erheblich längere Ladezeit der Suchergebnisliste. Die Bilder würden in hoher Auflösung auf den Computer des suchenden Nutzers heruntergeladen. Gegenüber den Thumbnails erhöht das die Ladezeit je nach Bildgröße um etwa 95 %.[646] Damit würde ein Nutzer statt weniger als eine Sekunde regelmäßig bis zu einer Minute auf das vollständige Laden einer Ergebnisseite warten müssen. Weiterhin erfolgt der Download nicht von den Servern der Suchmaschinen, die überwiegend über schnelle Anbindungen an das Internet und kurze Reaktionszeiten verfügen, sondern über die Server, auf denen die Originalbilder abgespeichert sind. Wenn einer dieser Server ausfällt oder zeitweise überlastet ist, kann das »Vorschaubild« gar nicht geladen werden.

Vor allem auf Grund der wesentlich längeren Ladezeit ist die Vorschau mittels Inline-Links in der Suchergebnisliste daher ebenso wie die Ergebnisliste ohne Thumbnails keine wirkliche Alternative, um die Bildersuche zu legalisieren.

Auch aus rechtlicher Sicht, würden durch Inline-Links neue Haftungsrisiken auftreten. Wird ein Bild mittels Inline-Link eingebunden, nimmt der Suchmaschinen-Betreiber zumindest mittelbar durch den Nutzer eine Vervielfältigung (§ 16 UrhG) vor und haftet damit für mögliche Urheberrechtsverletzungen.

---

643 Mit einem *Inline-Link* wird ein Element, wie z. B. ein Bild, einer fremden Website in die eigene Website direkt eingebunden, ohne dass für den Nutzer erkennbar ist, dass das Element von dem fremden Webserver geladen wird.

644 So auch *Brennecke*, ITRB 2009, 33, der von Deep-Links und Framing spricht, in der Sache aber Inline-Links meint.

645 Mit *Cascading Style Sheets (CSS)* können die Darstellung und das Aussehen von HTML-Elementen bestimmt werden.

646 Vgl. 1. Teil A.II.

III.   Opt-in-Verfahren

Weiterhin könnte die Bildersuche so gestaltet werden, dass nur diejenigen Bilder in den Index aufgenommen und als Suchtreffer angezeigt werden, die durch eine ausdrückliche Einwilligung des Website-Betreibers freigegeben worden sind.[647] Damit würde das derzeitige Opt-out-Verfahren, bei dem jedes Bild erst einmal aufgenommen wird, der Rechteinhaber der Aufnahme aber nachträglich widersprechen kann, in ein Opt-in-Verfahren umgewandelt. Die Suchmaschinen-Betreiber würden sich im Vorwege der Nutzung eine ausdrückliche Einwilligung erteilen lassen. Damit diese Einwilligungen bei der Masse an Bildern automatisch verarbeitet werden können, bieten sich standardisierte Erklärungen in Meta-Tags und nach dem Robots Exclusion Standard an, wie sie bereits für einen Widerspruch gegen die Aufnahme durch Suchmaschinen genutzt werden. Der Website-Betreiber könnte beispielsweise Google die Indizierung der eigenen Bilder mit dem Meta-Tag

```
<meta name="Googlebot-Images" content="index, follow">
```

oder mit einem Eintrag in der robots.txt-Datei

```
User-Agent: Googlebot-Images
Allow: /
```

erlauben. Um nicht jede Suchmaschine einzeln aufzulisten, sollten sich die Suchmaschinen-Betreiber allerdings, wie schon für den Widerspruch gegen die Übernahme geschehen, auf einen allgemeingültigen Standard für die Erklärung verständigen, mit dem die Zustimmung zur Aufnahme in alle Bildersuchmaschinen erteilt werden kann. Alle Bilder, die nicht oder nicht mehr von einer derartigen Einwilligung umfasst sind, dürften dann nicht in den Index der Bildersuchmaschine aufgenommen werden bzw. wären aus dem Index zu löschen. Die Umstellung auf das Opt-in-Verfahren könnten die Suchmaschinen-Betreiber auch ohne großen Mehraufwand vollziehen, da die Crawler ohnehin schon Sperrvermerke in Meta-Tags und der robots.txt-Datei beachten.[648] Die Abfrage der Crawler vor Übernahme eines Bildes müsste lediglich modifiziert werden.

---

647 Dahingehend auch LG Hamburg GRUR-RR 2004, 313, 317 – thumbnails; *Roggenkamp*, jurisPR-ITR 14/2010 Anm. 2; vgl. *Schack*, MMR 2008, 414, 416.
648 *Schrader/Rautenstrauch*, UFITA 2007, 761, 774.

In der Literatur wird eine Opt-in-Lösung dennoch vereinzelt kritisiert. Danach sei es realitätsfremd, von jedem Rechteinhaber eine ausdrückliche Einwilligung einzuholen, mit der Folge, dass de facto keine umfassende Bildersuche mehr angeboten werden könne.[649] Richtig ist, dass sich die Anzahl der Bilder in der Bildersuche stark reduzieren würde, da vor allem in der Anfangszeit nach der Umstellung auf das Opt-in-Verfahren kaum ein Website-Betreiber diese standardisierte Einwilligung erklärt haben wird. Da die meisten Website-Inhaber jedoch ein Interesse daran haben, auch über die Bildersuche gefunden zu werden, wird sich diese standardisierte Erklärung schnell unter den Website-Betreibern durchsetzen und die Anzahl der indexierten Bilder wird in der Folgezeit wieder zunehmen. Andere Bilderdienste, wie z.B. Flickr[650] oder Photocase, arbeiten seit langem erfolgreich mit einer ausdrücklichen Einwilligung der Rechteinhaber.[651] Gegenüber den großen Bildersuchmaschinen zeichnen sich diese Bilderdienste zusätzlich in der Qualität der Suchergebnisse aus, da nicht wahllos jedes Bild aus dem Internet aufgenommen wird, sondern nur Bilder, deren Aufnahme explizit gewünscht ist. Diesen Effekt könnten auch die Bildersuchmaschinen nutzen und so die Qualität ihrer Suchergebnisse verbessern.

Aus rechtlicher Sicht bietet das Opt-in-Verfahren ausreichend Schutz für die Suchmaschinen-Betreiber. Sofern der Website-Betreiber selbst Rechteinhaber oder zu einer Sublizenzierung berechtigt ist, sind durch die Einwilligung alle für die Bildersuche erforderlichen urheberrechtlichen Nutzungshandlungen legitimiert. Wird ein Bild hingegen unberechtigt ins Internet gestellt oder erteilt der Website-Betreiber die Einwilligung, ohne dazu berechtigt zu sein, besteht zwar weiterhin eine Haftung der Suchmaschinen-Betreiber. Diese ist aber auf Unterlassung und Ersatz der Abmahnkosten beschränkt. Eine Schadensersatzhaftung ist ausgeschlossen, da den Suchmaschinen-Betreibern wegen der vorherigen Einwilligung durch den vermeintlich Berechtigten weder ein Vorsatz noch Fahrlässigkeit vorgeworfen werden kann. Setzt ein Rechteinhaber den Suchmaschinen-Betreiber in Kenntnis, dass die entsprechende Einwilligung unberechtigt erteilt worden ist und kann er dieses plausibel darlegen, muss das entsprechende Bild lediglich aus dem Index entfernt werden, um der Unterlassungsverpflichtung nachzukommen. Abmahnkosten dürften, soweit dem Rechteinhaber ein geeignetes Online-Formular oder ein Leitfaden bereitsteht, in einfach gelagerten Fällen nicht erforderlich und damit nicht ersatzfähig sein.[652] Sollte dennoch Ersatz für im Einzelfall erforderliche Abmahnkosten zu leisten sein, kann der Suchmaschinen-Betreiber nach § 280 Abs. 1, § 823 oder

---

649 *Meyer*, K&R 2008, 201, 206.
650 http://www.flickr.com.
651 *Roggenkamp*, K&R 2007, 328, 329; *ders.*, jurisPR-ITR 14/2008 Anm. 2.
652 Vgl. 1. Teil B.VII.3.

§ 826 BGB Regress beim Website-Inhaber nehmen, der die Einwilligung unberechtigt erteilt hat.

Einen Schritt in die richtige Richtung sind die Entwickler von Google gegangen, die seit Juni 2009 einen Lizenzfilter für die Google Bildersuche anbieten. Website-Betreiber können in Meta-Tags Lizenzinformationen (Gestattung zur kommerziellen und nichtkommerziellen Wiederverwendung, mit und ohne die Berechtigung zur Veränderung[653]) hinterlegen, die bei der Suche nach Bildern berücksichtigt werden.[654] Die Filterung muss der suchende Nutzer jedoch explizit unter »Erweiterte Einstellungen« aktivieren. Bei der Erstellung, Speicherung und Anzeige der Thumbnails selbst hält sich Google nicht an die durch den Website-Betreiber angegebenen Lizenzbedingungen.

Auch wenn die Anzahl der zu durchsuchenden Bilder abnehmen wird, ist das Opt-in-Verfahren eine ausgewogene Lösung der rechtlichen Probleme.[655] Die Rechteinhaber sind weitestgehend geschützt, da Bilder nur bei einer ausdrücklichen Einwilligung übernommen und durch die Bildersuchmaschine genutzt werden. Im Gegenzug kann die Bildersuche weiterhin automatisiert betrieben werden. Die Umstellung der Suche auf das Opt-in-Verfahren bedeutet für die Betreiber keinen unzumutbaren Aufwand, da die grundlegenden Techniken zur Erfassung der Einwilligung bereits bei der derzeitigen Bildersuche verwendet werden.

IV.   Gesetzliche Privilegierung de lege ferenda

Derzeit gilt weder für Suchmaschinen allgemein noch für die Bildersuche oder die Nutzung von Thumbnails eine gesetzliche Privilegierung. Diese könnte der Gesetzgeber jedoch in verschiedenster Weise implementieren, um das aufgezeigte Haftungsrisiko für die Betreiber von Bildersuchmaschinen zu verringern.

1.   TMG

Die Einführung einer Haftungsfreistellung könnte zunächst im TMG geschehen,[656] welches allgemein die Haftung im Bereich der elektronischen Kommunikation begrenzt. Wie bereits erörtert, ist dem TMG eine Privilegierung von

---

653 Einstellungen bei der erweiterten Bildersuche von Google, http://www.google.de/
    advanced_image_search?hl=de.
654 Zur Funktionsweise: Google-Hilfe, http://www.google.com/support/websearch/bin/
    answer.py?answer=29508.
655 So auch *Roggenkamp*, jurisPR-ITR 14/2010 Anm. 2.
656 So *Heymann/Nolte*, K&R 2009, 759, 765.

Suchmaschinen jedoch systemfremd.[657] Das Gesetz schränkt nur die Haftung für fremde Informationen ein und lässt die Verantwortlichkeit für eigene Inhalte, wie die Anzeige von Suchergebnislisten durch Suchmaschinen, unberührt. Auch wäre die Haftungsprivilegierung im Hinblick auf Unterlassungsansprüche, die vom TMG nicht erfasst werden, lückenhaft und damit unzureichend.

2. Urheberrechtliche Schranke

Sinnvoller erscheint die Begrenzung der zivilrechtlichen wie der strafrechtlichen Haftung im UrhG durch eine spezielle urheberrechtliche Schranke für Suchmaschinen.[658] Wegen der abschließenden Aufzählung in Art. 5 Abs. 3 Info-RL ist dafür allerdings nicht der deutsche, sondern der europäische Gesetzgeber zuständig. In die Info-RL könnte eine Ausnahme speziell für die Nutzung von Thumbnails oder aber eine offener formulierte Regelung für Suchmaschinen im Allgemeinen aufgenommen werden, die auch kommende technische Entwicklungen einbeziehen könnte.[659]

Als Privilegierung schlägt *Schaefer* die Einführung eines § 51a UrhG für Suchdienste vor.[660]

§ 51a Suchdienste

(1) Zulässig ist, ein veröffentlichtes Werk zum Zwecke der Informationsvermittlung und Orientierung Dritter im Internet durch Suchdienste unter Verwendung automatisierter Verfahren zur Aufnahme in eine Datenbank zu vervielfältigen und öffentlich zugänglich zu machen, sofern die Nutzung in ihrem Umfang durch den besonderen Zweck gerechtfertigt ist. Die Vervielfältigungsstücke dürfen nicht öffentlich zugänglich gemacht werden, wenn sie ihrem Umfang oder ihrer Beschaffenheit nach das Werk ersetzen.
(2) Die Nutzung eines Werkes ist nicht zulässig, wenn technische Maßnahmen ergriffen sind, die dazu bestimmt und geeignet sind, eine Nutzung des Werkes zu untersagen, soweit dies den Gepflogenheiten entspricht. Werden technische Maßnahmen erst nach Beginn der Nutzung ergriffen, so

---

657 Vgl. 1. Teil B.V.1.
658 So *Schaefer*, Bildersuchmaschinen, S. 165 ff.; *Bullinger/Garbers-von Boehm*, GRUR-Prax 2010, 257; *Ziem*, Pressefreiheit, S. 284 ff.
659 Ausführlich zur Frage, welche Regelung sinnvoll wäre: *Ott*, ZUM 2009, 345, 352 ff.; *Schaefer*, Bildersuchmaschinen, S. 159 ff.; vgl. auch Stellungnahme der GRUR zum Grünbuch KOM (2008) 466 endg., GRUR 2009, 135, in der für eine flexible Schrankenregelung plädiert wird, um die Verwendung von Thumbnails und andere »unbedeutende« Nutzungshandlungen zu privilegieren.
660 *Schaefer*, Bildersuchmaschinen, S. 165 ff., 188.

ist die weitere Nutzung innerhalb eines angemessenen Zeitraums zulässig. (3) Die Verpflichtung zur Nennung des Urhebers entfällt. Im Fall der öffentlichen Zugänglichmachung ist deutlich erkennbar auf die Herkunft des Werkes unter Nennung der Fundstelle hinzuweisen.

Diese an das Zitatrecht (§ 51 UrhG) angelehnte Schranke soll nach Ansicht von *Schaefer* die zulässigen Nutzungen durch Bildersuchmaschinen umfassend regeln.[661] Die Norm schafft allerdings keine Rechtssicherheit, da sie zu viele unbestimmte, auslegungsbedürftige Rechtsbegriffe enthält. Nach Abs. 1 S. 1 a.E. muss die Nutzung ähnlich wie in § 51 UrhG zu einem zulässigen Zweck erfolgen. In welchen Fällen die Nutzung der Thumbnails durch den Zweck der Informationsvermittlung und Orientierung gerechtfertigt ist, sagt die Norm nicht. Auch sind keine Regelbeispiele wie in § 51 S. 2 UrhG angegeben. Weiterhin ist unklar, ob nach Abs. 1 S. 2 nur Thumbnails ohne Größenänderung das Werk ersetzen oder ob die Zulässigkeit der Verkleinerung vom Inhalt des Werkes abhängt, denn nur bei einem exakt bestimmten Verhältnis der zulässigen Größenänderungen könnten nicht anzuzeigende Thumbnails automatisch herausgefiltert werden. Auch der »angemessene Zeitraum« für die Reaktion der Suchmaschinen-Betreiber auf einen nachträglichen Widerspruch müsste erst von den Gerichten ausgelegt werden, um den Suchmaschinen-Betreibern ein festgelegtes Zeitfenster vorzugeben, in welchem sie ihre Datenbestände aktualisieren müssten.

3.   Notwendigkeit einer gesetzlichen Regelung

Fraglich ist jedoch, ob es überhaupt einer gesetzlichen Privilegierung bedarf. Mit dem vorgestellten Opt-in-Verfahren wäre der automatisierte Betrieb der Bildersuche auch weiterhin möglich, ohne dass man die Urheber- und verwandten Schutzrechte beschneiden müsste. Die Umstellung wäre den Suchmaschinen-Betreibern ohne weiteres zuzumuten, da sie mit einem vertretbaren wirtschaftlichen Aufwand zu realisieren wäre. Und die Rechteinhaber behielten mit der Einwilligung die Kontrolle, von wem und in welchem Umfang ihre Bilder genutzt werden. Damit wären die beiderseitigen Interessen ausreichend gewahrt.

Ott plädiert dennoch für eine Schrankenregelung, da nach seiner Ansicht eine individuelle entgeltliche Lizenzierung aus tatsächlichen Gründen wegen der Vielzahl der Bilder nicht möglich sei.[662] Sicher ist eine kostenpflichtige Lizenzierung jedes einzelnen Thumbnails technisch und wirtschaftlich kaum mög-

---

661 Damit die Nutzung nicht über das Datenbankrecht in § 87a ff. UrhG untersagt werden kann, soll der vorgeschlagene § 51a im Wege der Auslegung in § 87b UrhG einbezogen werden; *Schaefer*, Bildersuchmaschinen, S. 175 ff.
662 *Ott*, ZUM 2009, 345, 353.

lich.[663] Im Rahmen des vorgestellten Opt-in-Verfahrens würden die Rechtein-haber der Nutzung jedoch kostenfrei zustimmen. *Ott* selbst spricht der Nutzung von Thumbnails grundsätzlich jegliche wirtschaftliche Bedeutung ab.[664] Und wenn die Thumbnails keinen oder nur einen geringen wirtschaftlichen Wert haben, würden die Website-Betreiber in die Nutzung durch Bildersuchmaschinen ohnehin einwilligen. Möchte ein Rechteinhaber dennoch eine Vergütung für die Nutzung des Thumbnails erhalten, so muss er sich mit den Suchmaschinen-Betreibern individuell einigen oder der Aufnahme schlicht nicht zustimmen. Einer kostenpflichtigen Lizenzierung aller Thumbnails bedarf es somit nicht. Durch die Möglichkeit des Opt-in-Verfahrens ist also keine Schranke erforder-lich, um den Betrieb der Bildersuche zu ermöglichen.

Überdies besteht kein sachlicher Grund für eine Privilegierung. Auch wenn die Bildersuche allgemein als nützlich angesehen wird, besteht kein schüt-zenswertes Interesse der Allgemeinheit an einer Bildersuche, die alle verfüg-baren Bilder ohne vorherige Einwilligung oder sogar gegen den Willen der Rechteinhaber auflistet. Es verbleiben damit nur die wirtschaftlichen Interessen der Suchmaschinen-Betreiber, die mit der Bildersuche (mittelbar) Werbeein-nahmen generieren. Dieses gewinnorientierte Handeln darf nicht mit einer gesetzlichen Schranke gefördert werden, welche die Rechteinhaber beschneiden würde, obwohl die Möglichkeit eines angemessenen Ausgleichs durch eine Opt-in-Lösung besteht.[665]

Eine gesetzliche Privilegierung für den Betrieb der Bildersuche ist damit weder notwendig noch interessengerecht und daher abzulehnen.

V. Ergebnis

Um die Urheber und Inhaber von verwandten Schutzrechten im Hinblick auf die Nutzung von Thumbnails nicht rechtlos zu stellen, ist von der Legalisierung der Bildersuche im europäischen Raum durch eine gesetzliche Privilegierung ab-zuraten. Damit würden die wirtschaftlichen Interessen der Suchmaschinen-Betreiber einseitig bevorzugt. Als ausgewogene Lösung bietet sich die Umstel-lung der Bildersuche auf ein Opt-in-Verfahren an, das die Stellung der Rechte-inhaber gegenüber dem derzeitigen Opt-out-Modell verstärkt, den Betrieb der Bildersuche aber weiterhin ermöglicht und wirtschaftlich rentabel sein lässt. Die

---

663 Selbst bei der Rechtewahrnehmung durch eine Verwertungsgesellschaft würde die Bilder-suche wirtschaftlich unrentabel, vgl. 1. Teil F.
664 *Ott*, ZUM 2009, 345, 353.
665 Dem folgend *Roggenkamp*, jurisPR-ITR 14/2010 Anm. 2.

urheberrechtliche Haftung der Suchmaschinen-Betreiber wäre damit auf Unterlassungsansprüche bei rechtswidrig online gestellten Werken begrenzt.

2. Teil: Die Nachrichtensuche

Bereits über die Hälfte aller Internetnutzer rufen zumindest gelegentlich Nachrichten aus dem Internet ab, und die Tendenz ist steigend.[666] Die gedruckte Tageszeitung wird so immer mehr von elektronischen Medien verdrängt. Bei der Suche nach aktuellen Meldungen im Internet werden für einen ersten Überblick vorwiegend Nachrichtensuchmaschinen wie Google News[667] benutzt. Auch in diesem Bereich ist Google weltweit führend und bietet seine Nachrichtensuche in Deutschland seit Juli 2003 an.[668] Daneben gibt es eine Vielzahl kleinerer Nachrichtensuchmaschinen, wie Paperball,[669] Paperboy,[670] Newsclub,[671] ROMSO,[672] Yahoo[673] und die neue Microsoft-Suchmaschine Bing,[674] die alle ähnlich wie Google News funktionieren. Diese speziellen Suchmaschinen durchsuchen Websites von Nachrichtenagenturen und Zeitungen. Auf eine Suchanfrage hin liefern sie dem Nutzer eine Übersicht aktueller Berichte und verlinken die Originalmeldung. Eigene Nachrichtenmeldungen werden von den Suchmaschinen-Anbietern nicht verfasst. Sie stellen lediglich die fremden Inhalte dar und leiten die Besucher weiter. Nach eigenen Angaben soll alleine Google den Verlagen über die Nachrichtensuche weltweit über eine Milliarde Klicks pro Monat zuleiten.[675] Im Schnitt kommen über 25 % der Besucher von Nachrichtenwebsites über Suchmaschinen.

---

666 Ergebnisse der ARD/ZDF-Online-Studie 2009, Media Perspektiven 2009, S. 342, abrufbar unter http://www.ard-zdf-onlinestudie.de.
667 http://news.google.de.
668 Google News wurde in den USA im September 2002 gestartet, http://www.google.com/corporate/history.html.
669 http://www.paperball.de.
670 http://www.paperboy.de.
671 http://www.newsclub.de.
672 http://www.romso.de.
673 http://de.news.search.yahoo.com.
674 http://www.bing.com/?scope=news.
675 Hamburger Abendblatt am 16.08.2009, http://www.abendblatt.de/kultur-live/article1141096/Google-wehrt-sich-gegen-Vorwuerfe-von-Verlagen.html.

Für Nachrichtenagenturen und Zeitungsverlage sind Nachrichtensuchmaschinen auf der einen Seite nützlich, da sie Besucher auf deren Websites lotsen.
Andererseits werfen die Verleger den Suchmaschinen-Betreibern immer wieder
vor, mit fremden urheberrechtlich geschützten Inhalten mittelbar oder unmit-
telbar Werbeeinnahmen zu generieren,[676] ohne die Genehmigung der Rechteinhaber einzuholen oder diese an den Gewinnen zu beteiligen. Weiterhin haben
die Anbieter der Nachrichtensuchmaschinen, allen voran der Markführer
Google, eine marktbeherrschende Stellung gegenüber den Verlagen, denn sie
entscheiden, welche Websites für die Suche nach Nachrichten berücksichtigt
und in welcher Reihenfolge diese aufgelistet werden. Würde ein Verlag in diesem
System bewusst benachteiligt, dann könnten dadurch die Besucherzahlen erheblich sinken, was einen Rückgang der Werbeeinnahmen zur Folge hätte.[677]
Darüber hinaus fürchten einige Verleger, die kurzen Übersichten der Nachrichtensuchmaschinen könnten vielen Nutzern als Information genügen, so dass
sie dem Link zur Originalmeldung gar nicht mehr folgen. Damit würden den
Verlagen Besucher und somit wiederum Werbeeinnahmen verloren gehen.

Trotz dieser Vorwürfe sehen die Agenturen und Verlage überwiegend von
Klagen gegen Suchmaschinen-Betreiber ab, um in der Nachrichtensuche nicht
benachteiligt oder von ihr ausgeschlossen zu werden. Entweder dulden sie die
Rechtsverletzungen stillschweigend oder sie versuchen, auf die Suchmaschinen-
Betreiber Druck auszuüben und sich mit ihnen vertraglich zu einigen.[678] So
haben seit Beginn der Nachrichtensuche verschiedene Verleger-Verbände und
Nachrichtenagenturen vor allem von Marktführer Google eine finanzielle Beteiligung an den Einnahmen gefordert. Vielfach wurde auch mit Klagen gedroht,
die meist jedoch aus Angst vor einem Ausschluss aus der Suche nicht erhoben
wurden.[679]

Das erste in den Medien bekannt gewordene Gerichtsverfahren gegen Google
News führt seit 2006 Copiepresse, ein Verband belgischer Zeitungsverleger.[680] In
der zuletzt veröffentlichten Entscheidung wurde der Suchmaschinen-Betreiber
verpflichtet, Nachrichten der von Copiepress vertretenen Verlage bei entsprechender Mitteilung binnen 24 Stunden zu löschen.[681] Google ging daraufhin

---

676 Während in Deutschland die Nachrichtensuche noch werbefrei ist, blendet Google in den
USA seit Anfang 2009 Textanzeigen ein. Es ist damit nur eine Frage der Zeit, bis Google auch
in ihrem deutschen Portal Werbung einblendet.

677 Der Bundesverband Deutscher Zeitungsverleger und der Verband Deutscher Zeitschrif-
tenverleger lässt nach aktuellen Pressemeldungen die Erfolgsaussichten einer Kartellbe-
schwerde gegen Google untersuchen, HORIZONT.net am 01.10.2009, http://www.horizont.
net/aktuell/medien/pages/protected/Verleger-pruefen-Klage-gegen-Google_87594.html.

678 Vgl. Ott, WRP 2009, 351, 368.

679 Vgl. zur Lage in den Niederlanden: Sujecki, MR-Int 2006, 56.

680 Zum Verfahrensgang Copiepresse ./. Google vgl. Ott, WRP 2008, 393, 411.

681 Vgl. Tribunal Bruxelles MR-Int 2006, 193.

einen Schritt weiter und nahm alle Nachrichten-Meldungen der betreffenden Verlage sofort aus der Nachrichtensuche heraus. Da die Zeitungsverlage durch diese Maßnahme jedoch Umsatzeinbußen befürchteten, einigte man sich zwischenzeitlich, die Nachrichten in der Suche wieder anzuzeigen, auf eine Speicherung der Volltexte im Cache musste Google aber verzichten.[682] Die endgültige Klärung des Streits steht noch aus, da Google gegen das Urteil Berufung eingelegt hat. Copiepress hat seine Schadensersatzforderung mittlerweile auf 49 Millionen € beziffert und erneut Klage erhoben.[683]

Mit den großen Presseagenturen Associated Press (AP), Agence France Presse (AFP), Canadian Press (CP) und der britischen Press Association (PA) konnte sich Google 2007 nach jahrelangem Streit auf Lizenzverträge über die Agenturmeldungen verständigen, die sogar eine Anzeige der Meldungen im Volltext erlaubt. Im Rahmen der Dubletten-Erkennung werden seitdem durch Medien aufgegriffene Agenturmeldungen gruppiert, um die Suche für den Nutzer übersichtlicher zu gestalten. Weiterhin wurde von Verlegerseite sichergestellt, dass die Urheber in der Nachrichtenübersicht besser erkennbar sind. Anfang 2009 folgten Verträge mit acht weiteren europäischen Agenturen, die in der European Pressphoto Agency (EPA) zusammengeschlossen sind.[684]

Auch in der Schweiz scheinen sich die Verleger und Google anzunähern, seit Google 2008 zugesagt hat, eine vom Weltverband der Zeitungsverleger in die Diskussion eingebrachte Technologie ACAP[685] zu testen. Mit diesem Verfahren können Verleger selbst bestimmen, welche Inhalte in Suchmaschinen übernommen werden dürfen.[686] Bislang lehnt Google den Einsatz von ACAP aber noch ab, da das System unausgereift und nicht in allen Bereichen des Internets einsetzbar sei.[687]

Neben Google konnte sich auch die VeriSign-Tochter Moreover,[688] die ähnlich wie Nachrichtensuchmaschinen Meldungen sammelt und sie ihren Kunden in aufbereiteter Form zur Verfügung stellt, 2008 vor Gericht mit der Nachrichtenagentur Associated Press zu nicht näher bekannten Bedingungen vergleichen.[689] Verträge mit anderen Nachrichtensuchmaschinen sind derzeit aber nicht bekannt, so dass längst nicht von einer flächendeckenden Lizenzierung ausgegangen werden kann.

---

682 Mitteilungen von Copiepresse, http://www.copiepresse.be.
683 Klageschrift abrufbar unter http://copiepresse.be/pdf/summons.pdf.
684 EPA-Pressemitteilung vom 17.03.2009, http://www.epa.eu/en/article/582.html.
685 Zur Funktionsweise des Automated Content Access Protocol (ACAP) vgl. 2. Teil F.I.2.
686 »Klein Report« am 19.03.2008, http://www.kleinreport.ch/meld.phtml?id=45573.
687 The Independent am 10.10.2009, http://www.independent.co.uk/news/media/online/murdoch-blasts-search-engine-kleptomaniacs-1800569.html.
688 http://w.moreover.com.
689 AP-Pressemitteilung vom 18.08.2008, http://www.ap.org/pages/about/pressreleases/pr_081808a.html.

In Deutschland hat Google bislang weder mit der Deutschen Presse Agentur (dpa) Verträge über die Nutzung der Nachrichtenmeldungen abgeschlossen, noch ist eine Lizenzierung durch die großen Presseverlage öffentlich bekannt. Dass von Seiten der Suchmaschinen-Betreiber die Notwendigkeit von Verträgen nicht gesehen wird, liegt sicherlich daran, dass neben wenigen untergerichtlichen Urteilen[690] der BGH 2003[691] Nachrichtensuchmaschinen für grundsätzlich zulässig erklärt hat. Das »Handelsblatt« und die Zeitschrift »DM« hatten den Betreiber der Website www.paperboy.de[692] auf Unterlassung der Nutzung ihrer Presseerzeugnisse in Anspruch genommen. Das Gericht wies die in der Revision weiter verfolgten Anträge jedoch aus urheber- wie aus wettbewerbsrechtlicher Sicht ab. Lediglich die Bezeichnung »Persönliche Tageszeitung« für eine Nachrichtenübersicht in Form eines Newsletters wurde dem Betreiber untersagt.[693] In der Literatur wird dieses Urteil vielfach als eine umfassende Beurteilung der Zulässigkeit gedeutet.[694] Der BGH spricht Teilbereiche der Nachrichtensuche jedoch gar nicht an. Die rechtliche Zulässigkeit von Nachrichtensuchmaschinen ist daher weiterhin ungeklärt.

A.   Die Technik der Nachrichtensuche

Für die rechtliche Einordnung der Nutzungshandlungen durch Nachrichtensuchmaschinen ist ebenso wie bei der Bildersuche die technische Funktionsweise der Suche von zentraler Bedeutung. Über manche technischen Details kann zwar wiederum nur spekuliert werden, dem Grunde nach sind die meisten Nachrichtensuchmaschinen aber gleich aufgebaut und nutzen ähnliche Strukturen wie die Bildersuchmaschinen.

---

690 LG München I, MMR 2002, 58 – Schlagzeilensammlungen im Internet; LG Hamburg GRUR-RR 2004, 313 – thumbnails, zur Nutzung von Vorschaubildern bei der Nachrichtensuche; LG Frankenthal (Pfalz) MMR 2006, 689; LG Düsseldorf ZUM-RD 2007, 367 – Urheberrechtlicher Schutz von Nachrichtentexten.
691 BGHZ 156, 1 – Paperboy.
692 Der damalige Betreiber Heurics Systemhaus, Hannover ist mittlerweile nicht mehr Inhaber der Domain. Die Adeos Media GmbH, Laichingen, betreibt unter http://www.paperboy.de nun eine neue Nachrichtensuchmaschine.
693 Vgl. das Berufungsurteil OLG Köln NJW-RR 2001, 904, 909 – Suchdienst für Zeitungsartikel.
694 Vgl. 1. Teil B.II.1.b)bb).

I. Sammeln von Daten (Crawlen)

Obwohl über die Nachrichtensuche weitaus weniger Quellen zu finden sind als bei der Textsuche oder der Bildersuche, ist auch hier eine »Live-Suche« technisch nicht realisierbar. Das Durchsuchen des Internets übernehmen auf die Nachrichtensuche spezialisierte Crawler. Die Liste der zu besuchenden Websites ist im Unterschied zur Bildersuche begrenzt und wird von den Suchmaschinen-Betreibern manuell gepflegt. Google beispielsweise durchsucht für seine deutsche Nachrichtensuche etwa 700 Quellen.[695] Um neue Internetseiten für die Suche vorzuschlagen, steht bei den meisten Suchmaschinen ein Anmelde-Formular zur Verfügung.[696] Die Vorschläge werden dann manuell nach qualitativen und redaktionellen Richtlinien geprüft und in die Liste der zu durchsuchenden Websites aufgenommen.[697] Wie häufig eine Website von den Crawlern abgesucht wird, hängt von der Aktualität und der Qualität der Nachrichtenmeldungen ab, die von den Suchmaschinen-Betreibern nach eigenen Kriterien bewertet werden.

Die Inhalte und Strukturen der Nachrichten-Websites müssen vorgegebenen Standards entsprechen, um von den Crawlern richtig erfasst zu werden.[698] Erforderlich sind eine bestimmte URL-Struktur und Meta-Angaben. Eine Inhaltsübersicht in Form einer XML-Sitemap[699] kann dabei optional die Arbeit der Crawler erleichtern. Existiert ein derartiger Index nicht, folgen die Crawler wie bei der normalen Suche den Links, um die Website vollständig zu durchsuchen. Nach dem Abruf durch die Gatherer werden die Daten wiederum normalisiert und im Information Retrieval System gespeichert. Zumindest bei Google wird dabei neben Angaben, wie URL des Originalartikels, Funddatum, Name der Zeitung und weiteren Meta-Daten, auch die Meldung im Volltext gespeichert.[700] Die Suchmaschinen-Betreiber bedienen sich hier, wie bei den übrigen Formen von Suchmaschinen, eines invertierten Dateisystems, um einen schnelleren Zugriff bei Suchanfragen zu gewährleisten.

---

695 http://news.google.de/intl/de_de/about_google_news.html.
696 Google: http://www.google.com/support/news_pub/bin/request.py?contact_type=suggest_content&hl=de; Yahoo: http://help.yahoo.com/l/de/yahoo/news/vorschlag.html.
697 http://help.yahoo.com/l/de/yahoo/search/news/news021.html.
698 Vgl. Leitfaden von Google für Verleger, http://www.google.de/support/news_pub/.
699 Eine *Sitemap* ist eine Inhaltsübersicht aller einzelnen Seiten einer Website. Für Suchmaschinen enthalten die Sitemaps neben der URL zur einzelnen Seite noch weitere Angaben, wie z.B. letzte Änderung, Aktualisierungshäufigkeit und Relevanz der Seite. Damit diese Angaben vom Crawler richtig interpretiert werden können, werden die Sitemaps in *XML* (Extensible Markup Language) geschrieben, einem Format, mit dem Informationen in Textdateien strukturiert dargestellt werden können; vgl. http://www.google.com/support/webmasters/bin/topic.py?hl=de&topic=10078.
700 Vgl. Tribunal Bruxelles MR-Int 2006, 193, 194.

Um eine Indexierung zu verhindern, stehen auch für die Nachrichtensuche der Robots Exclusion Standard und Angaben in Meta-Tags zur Verfügung. Um Crawler bestimmter Suchanbieter auszuschließen, haben diese unterschiedliche Bezeichnungen, um ihnen mit Hilfe der robots.txt-Datei spezifisch den Zugriff zu erlauben oder zu verwehren.[701] Diese Angaben sind aber keine wirkliche technische Sperre, sondern werden von den Suchmaschinen-Betreibern auf freiwilliger Basis beachtet.

II.   Anzeige der Suchergebnisse

Nach der Eingabe von Suchbegriffen erhält der Nutzer eine Übersicht der zur Suchanfrage passenden Nachrichtenmeldungen.[702] Die Sortierung folgt einem für jede Suchmaschine spezifischen Bewertungssystem, das Faktoren wie Aktualität, Vielfältigkeit und Reichhaltigkeit der Inhalte einbezieht.[703] In der Liste wird neben der Überschrift, dem Namen der Zeitung und dem Zeitpunkt, an dem die Meldung von den Crawlern gefunden wurde, ein kleiner Auszug des Originaltexts (Snippet) angezeigt. Dieser umfasst bei den meisten Suchmaschinen zwei bis drei Zeilen und wird aus dem gespeicherten Volltext generiert.[704] Die Textpassage wird dabei automatisiert so ausgewählt, dass die Suchbegriffe in dem Snippet vorkommen. Durch die Zeichenbegrenzung werden meist nur Halbsätze angezeigt. Über einen Deep-Link in der Überschrift oder unter dem Snippet kann der Nutzer zum Ursprungsartikel auf die Website des Verlages oder der Agentur gelangen. Eine Detail-Ansicht oder Anzeige im Volltext wird von den Suchmaschinen nicht angeboten.

Während einige Suchmaschinen auf die Darstellung von Snippets ganz verzichten und nur Überschriften anzeigen, werden bei anderen Suchmaschinen, wie beispielsweise Google, zusätzlich Thumbnails zu einigen Meldungen eingeblendet. Diese entnehmen die Crawler der Website, auf der die Originalmeldung zu finden ist. Sie erstellen und speichern die Vorschaubilder nach demselben Verfahren, welches bei Bildersuchmaschinen eingesetzt wird.[705] Auch die Darstellung der Suchergebnisse variiert je nach Suchmaschine. Die Betreiber

---

701 Yahoo: »yahoo-newscrawler«, http//help.yahoo.com/l/de/yahoo/search/news/news022.html; Google: »Googlebot«, http://www.google.com/support/webmasters/bin/answer.py?hl=de& answer=156412; Bing: »MSNBot«, http://help.live.com/Help.aspx?market=de-DE&project=WL_Webmasters.

702 Zur Darstellung der Nachrichten in der Ergebnisliste vgl. auch BGHZ 156, 1, 3 f. – Paperboy.

703 Vgl. die Angaben von Google zu ihrem Rankingsystem für die Nachrichtensuche, http://www.google.de/support/news_pub/bin/answer.py?hl=de&answer=68292.

704 Die Snippets bestehen überwiegend aus 100 bis 200 Zeichen.

705 Zur Erstellung und Speicherung der Thumbnails siehe 1. Teil A.II.

setzen vorwiegend ein- oder zweispaltige Tabellen-Layouts ein, wobei die Ergebnisse in der Regel nach Rubriken gruppiert sind. Auch eine Filterung der Suchergebnisse, beispielsweise nach Aktualität oder einer Region, ist teilweise möglich.

Abb. 5 Suchergebnisliste von Google News

Darüber hinaus liefern Nachrichtensuchmaschinen auf der Startseite bereits vor der Eingabe von Suchbegriffen eine Auswahl aktueller Nachrichten. Diese Funktion als Informations-Portal geht über die Tätigkeit der eigentlichen Suche hinaus.[706]

III.   Nachrichten-Übersichten als E-Mail-Newsletter

Um die Nutzer stetig über aktuelle Nachrichten zu bestimmten Themen zu informieren, bieten einige Nachrichtensuchmaschinen neben der Suche E-Mail-Newsletter an. Jeder Nutzer kann sich beispielsweise über den Dienst Google Alerts[707] zu bestimmten Suchbegriffen sofort, täglich oder wöchentlich neue Nachrichtenmeldungen per E-Mail zusenden lassen. Die Artikel werden dabei wie bei der Nachrichtensuche mit Überschrift, einem dreizeiligen Snippet und

---

706 Tribunal Bruxelles MR-Int 2006, 193, 194.
707 http://www.google.de/alerts/.

Abb. 6 »Schlagzeilen« auf der Startseite von Google News

einem Link zur Originalwebsite versandt. Auch der vor dem BGH verklagte
Betreiber von Paperboy stellte seinen Nutzern damals eine personalisierte Tageszeitung per E-Mail zur Verfügung.

IV.   Nachrichten-Archiv

Über die Suche nach aktuellen Nachrichten hinaus bietet Google seit 2006 eine
News Archiv-Suche an.[708] Aus der Suchergebnisliste, in der wie bei der normalen
Nachrichtensuche Snippets angezeigt werden, wird der Nutzer direkt in das
Archiv der entsprechenden Zeitung geleitet. Insoweit ergeben sich keine Be-
sonderheiten in der rechtlichen Bewertung.

Google hat jedoch 2008 damit begonnen, auch nicht online zugängliche
Archive von Zeitungen in die Suche aufzunehmen.[709] Das Projekt beschränkt
sich derzeit auf die USA, es ist aber damit zu rechnen, dass es bald auch in
Deutschland anlaufen wird. Das Unternehmen digitalisiert für die Zugänglichmachung die meist auf Mikrofilm gespeicherten Originallayouts und verknüpft
diese mittels Texterkennung mit Suchbegriffen. Dem Nutzer werden die Zei-

---

708 http://news.google.de/archivesearch/.
709 Official Google Blog am 08.09.2008, http://googleblog.blogspot.com/2008/09/bringing-
      history-online-one-newspaper.html. Mitte 2008 sollen bereits mehr als 100 Zeitungen der
      Digitalisierung ihrer Archive zugestimmt haben.

tungsseiten dann in voller Größe angezeigt. Ähnlich wie bei Google Books kann man einzelne Ausschnitte vergrößern und in den Zeitungen vor und zurück blättern. Neben der Darstellung der gescannten Zeitung platziert Google Werbung, um die aufwändige Digitalisierung zu finanzieren.

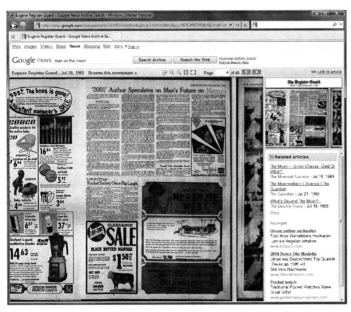

Abb. 7 Zeitungsseite im Original beim News Archiv von Google

Um Zugang zum Archivmaterial zu bekommen, hat Google mit den Zeitungsverlegern Nutzungsverträge abgeschlossen. Sie sollen nach Presseangaben auch eine Beteiligung der Verlage an den Werbeeinnahmen vorsehen. Weiterhin soll geplant sein, das Archiv den Zeitungen bereitzustellen, damit diese es in ihren Internet-Auftritt integrieren können. Von Seiten der Verleger steht man dem Projekt allerdings kritisch gegenüber. Mit der Veröffentlichung der Archive würden die Verlage zwar neue Einnahmen generieren, aber andererseits ein potenzielles Geschäftsfeld in die Kontrolle eines externen Unternehmens geben.[710] Googles Stellung gegenüber den Verlagen würde dadurch noch gestärkt.

Im Verhältnis zu den Verlegern sind die Digitalisierung und Anzeige der Zeitungsseiten wegen der vertraglichen Vereinbarungen rechtlich zulässig.

---

710 Mitteilung des Bundesverbands Deutscher Zeitungsverleger e.V., Informationen Multimedia 3/2008 vom 06.11.2008, http://www.bdzv.de/information_multimed+ M5cd572d7f9b.html.

Fraglich ist jedoch, ob die Autoren und Fotografen die Digitalisierung und öffentliche Zugänglichmachung untersagen und erneut Vergütungsansprüche geltend machen können. Je nach Alter der zugrunde liegenden Verträge könnte es sich bei der öffentlichen Zugänglichmachung um eine neue Nutzungsart handeln oder die für eine öffentliche Zugänglichmachung erforderlichen Nutzungsrechte sind den Verlagen möglicherweise nicht eingeräumt worden. Auf diese rechtlichen Probleme soll im Folgenden aber nicht eingegangen werden, da das Nachrichten-Archiv einen über die Nachrichtensuche hinausgehenden eigenständigen Zusatzdienst darstellt, der derzeit in Deutschland noch nicht verfügbar ist.

B.   Urheberrecht

Durch Nachrichtensuchmaschinen könnten vorwiegend Urheberrechte oder verwandte Schutzrechte verletzt werden. Obwohl der BGH in seiner Paperboy-Entscheidung die Nachrichtensuche im konkreten Fall für zulässig erachtet hat,[711] sind urheberrechtliche Ansprüche gegen Betreiber von Nachrichtensuchmaschinen nicht per se ausgeschlossen. In den Entscheidungsgründen behandelt der BGH nur die für den Nutzer sichtbare Anzeige von Snippets im Hinblick auf das Schutzrecht für Datenbankenhersteller (§§ 87a ff. UrhG) und eine Haftung für Deep-Links zu den Originalmeldungen. Das Crawlen und Speichern der Originalmeldungen hat der BGH nicht geprüft, wahrscheinlich weil ein entsprechender Klagevortrag fehlte. Auch sind für die Beurteilung der Schutzfähigkeit der genutzten Werke oder Werkteile die Umstände des konkreten Einzelfalls zu berücksichtigen, so dass sich schon aus diesem Grund kein pauschales Urteil über die Zulässigkeit von Nachrichtensuchmaschinen ableiten lässt.

I.   Schutzgegenstand

Urheberrechtlich schutzfähig können die Nachrichtenmeldungen als solche, die Websites der Zeitungen und Zeitschriften und auch die teilweise übernommenen Fotos sein. Weiterhin ist zu klären, inwieweit die von den Suchmaschinen angezeigten Snippets geschützt sind, da nur diese den Nutzern angezeigt werden.

---

711 BGHZ 156, 1 – Paperboy.

1. Einzelne Nachrichtenmeldungen

Einzelne Nachrichtenmeldungen sind Sprachwerke i.S.v. § 2 Abs. 1 Nr. 1 UrhG, sofern sie entweder auf Grund der Darstellungsform oder wegen ihres Inhalts persönliche geistige Schöpfungen darstellen. Meldungen, die sich im Wesentlichen auf die Wiedergabe tatsächlicher Geschehnisse beschränken, sind keine Werke i.S.v. § 2 UrhG, da der Inhalt der Nachrichtenmeldung vorgegeben ist und somit keine persönliche geistige Schöpfung darstellt.[712] Andererseits zeigt die Existenz des § 49 UrhG, dass der Gesetzgeber Zeitungsartikeln und Berichten über Tagesereignisse einen urheberrechtlichen Schutz nicht grundsätzlich abspricht. Die Merkmale eines guten journalistischen Textes sind eine präzise und angenehm lesbare Ausdrucksweise mit hohem Informationsgehalt. Bei redaktionell aufgearbeiteten Meldungen, die über eine reine Wiedergabe von Tatsachen hinausgehen, kann daher auf Grund der Darstellungsform oder einer persönlichen Meinung des Autors die erforderliche Schöpfungshöhe erreicht sein.[713] Auf die Länge des Textes kommt es dabei nicht an.[714] Der Schreibstil oder die Gedankenführung muss sich vom Alltäglichen abheben, wobei eine Grenzziehung schwierig ist. Je nach sprachlicher und inhaltlicher Gestaltung muss daher im Einzelfall geprüft werden, ob Werkqualität i.S.d. § 2 UrhG vorliegt.[715] Bei redaktionell aufbereiteten Meldungen und Artikeln ist dieses in der Regel anzunehmen.[716] Ein urheberrechtlicher Schutz von kurzen Tatsachenberichten scheidet dagegen regelmäßig aus.[717]

---

712 LG Düsseldorf ZUM-RD 2007, 367, 368 – Urheberrechtlicher Schutz von Nachrichtentexten; Wandtke/*Bullinger*, § 2 Rn. 49; *Kazemi*, CR 2007, 94, 96.
713 BGHZ 134, 250, 254 f. – CB-infobank I; KG MMR 2004, 540, 541; LG München I, ZUM 2007, 164, 165; *Kazemi*, CR 2007, 94, 96.
714 *Schack*, UrhR, Rn. 202; Fromm/Nordemann/*A. Nordemann*, § 2 Rn. 59.
715 Ausführlich zur Schutzfähigkeit von Nachrichten: *Rehbinder/Rohner*, UFITA 1999, 123, 135 ff.; *Rehbinder*, ZUM 2000, 1, 3 ff.
716 EuGH GRUR 2009, 1041, 1043 Tz. 44 – Infopaq/DDF; BGHZ 134, 250, 254 – CB-infobank I; KG MMR 2004, 540, 541; KG ZUM 2002, 828, 829 – Versendung von Pressespiegel per E-Mail; LG München I, ZUM 2007, 164, 165; im konkreten Fall auch OLG Köln NJW-RR 2001, 904, 905 – Suchdienst für Zeitungsartikel; Schricker/*Loewenheim*, § 2 Rn. 116; Wandtke/*Bullinger*, § 2 Rn. 54; *Kazemi*, CR 2007, 94, 96.
717 Dreier/*Schulze*, § 2 Rn. 92; OGH MMR 2004, 808 f.; OGH Medien und Recht 2008, 157; Schricker/*Loewenheim*, § 2 Rn. 116; a.A. Fromm/Nordemann/*A. Nordemann*, § 2 Rn. 59, der die Mitteilung eines Tatsachenvorgangs in knappen Sätzen regelmäßig als schutzfähig ansieht, sofern diese individuelle Züge aufweist.

2.   Titel und Snippets

Die Rechtmäßigkeit der Anzeige von Titeln und Snippets hängt davon ab, ob diese selbst eine persönliche geistige Schöpfung i.S.v. § 2 UrhG darstellen.[718] Je kürzer ein Text ist, desto weniger weist er in der Regel die für § 2 Abs. 2 UrhG erforderliche Individualität auf.[719] Auf Grund der geringen Zeichenzahl von Snippets ist eine urheberrechtliche Schutzfähigkeit somit fraglich. Weiterhin enthalten Snippets durch die automatisierte Kürzung überwiegend Halbsätze. Die eigenschöpferische Gestalt kann so wegen der »Verstümmelung« des Textes kaum zur Geltung kommen. Damit ist ein urheberrechtlicher Schutz im Einzelfall nicht ausgeschlossen. Vor allem Titel von Zeitungsartikeln können bei hinreichender Originalität geschützt sein.[720] Überwiegend erreichen die in der Nachrichtensuche angezeigten Titel und Snippets die erforderliche Schöpfungshöhe aber nicht.[721]

3.   Online-Portale von Zeitungen

Die Online-Portale von Zeitungen und Verlagen sind Sammlungen von Nachrichten, also unabhängigen Elementen i.S.v. § 4 UrhG. Da die Artikel einzeln über individuelle URLs elektronisch zugänglich sind, könnten die Websites, soweit in der Auswahl und Anordnung der Artikel eine persönliche geistige Schöpfung zu sehen ist, als Datenbankwerke (§ 4 Abs. 2 UrhG) geschützt sein. Nach *Rehbinder/Rohner* sind Zeitungen und Zeitschriften regelmäßig als Sammel- bzw. Datenbankwerke anzusehen, da es sich nicht um eine bloße Aneinanderreihung von Beiträgen handele, sondern ein Gesamtkonzept zu Grunde liege, welches eine Sichtung und Ordnung bedinge.[722] Bei den meisten Zeitungen und Zeitschriften ergibt sich die Auswahl der Artikel jedoch aus banalen Kriterien, wie etwa Aktualität und Interessen der angesprochenen Leserkreise. Auch die Ordnung der Nachrichten erfolgt lediglich durch Einsortierung in

---

718 LG Düsseldorf ZUM-RD 2007, 367, 368 – Urheberrechtlicher Schutz von Nachrichtentexten; *Dietrich/Nink*, CR 2009, 188, 189; *Kazemi*, CR 2007, 94, 100; *Nolte*, ZUM 2003, 540, 542; allgemein zur Nutzung von Werkteilen: EuGH GRUR 2009, 1041, 1043 Tz. 30 ff. – Infopaq/DDF; BGH GRUR 1975, 667, 668 – Reichswehrprozeß; BGH GRUR 1981, 352, 355 – Staatsexamensarbeit.

719 *Schack*, UrhR, Rn. 202; Loewenheim/*Loewenheim*, Hdb UrhR, § 7 Rn. 14.

720 EuGH GRUR 2009, 1041, 1043 f. Tz. 51 – Infopaq/DDF; Tribunal Bruxelles MR-Int 2006, 193, 195.

721 BGHZ 156, 1, 10 f. – Paperboy; OLG Köln NJW-RR 2001, 904, 905 f. – Suchdienst für Zeitungsartikel; LG Düsseldorf ZUM-RD 2007, 367, 368 – Urheberrechtlicher Schutz von Nachrichtentexten; Schricker/*Loewenheim*, § 2 Rn. 116; *Seidel/Nink*, CR 2009, 666, 668; *Dietrich/Nink*, CR 2009, 188, 189; *Wiebe*, MR-Int 2006, 198; *Kazemi*, CR 2007, 94, 100; *Heydn*, NJW 2004, 1361, 1362; *Nolte*, ZUM 2003, 540, 542.

722 *Rehbinder/Rohner*, UFITA 1999, 123, 197 f.

Rubriken, die bei vielen Zeitungen ähnlich sind und wenig Spielraum für Individualität lassen. Damit wird in Print- wie in Online-Ausgaben von Zeitungen und Zeitschriften die Schwelle zur persönlichen geistigen Schöpfung durch Auswahl und Anordnung der Elemente regelmäßig nicht erreicht, so dass ein urheberrechtlicher Schutz als Datenbankwerk für die Online-Portale ausscheidet.

An den Websites könnte aber ein Datenbankschutzrecht nach § 87a UrhG bestehen, sofern diese eine nach Art und Umfang wesentliche Investition erfordern. Ähnlich wie Bilderdienste sind auch professionelle Internet-Portale von Agenturen und Verlagen ohne technischen und personellen Aufwand für die Bereitstellung und Betreuung der Plattform nicht zu betreiben. Speziell für Online-Ausgaben einer Zeitung oder Zeitschrift ist daneben eine Aufbereitung der Informationen erforderlich. Die Artikel müssen formatiert und mit Schlagworten versehen werden. Mitarbeiter erstellen Zusammenfassungen und Teaser, die auf der Startseite und den Übersichtsseiten angezeigt werden. Hierin ist eine wesentliche Investition i.S.v. § 87a UrhG zu sehen.[723]

Fraglich ist, ob darüber hinaus auch die Kosten für die Beschaffung der Artikel als Investitionen angesetzt werden können, wenn es sich lediglich um eine Zweitverwertung neben der Printausgabe handelt.[724] Für eine Ansetzung dieser Kosten wird vorgebracht, die Artikel hätten über die Printausgabe hinaus einen wirtschaftlichen Wert, der berücksichtigt werden müsse, denn die Verlage könnten die Rechte für eine Online-Publikation auch gegen Entgelt veräußern.[725] Die Kosten für die Erstellung der Artikel, durch Personalaufwand in der eigenen Redaktion oder durch Lizenzgebühren für den Bezug der Texte von Dritten, sind jedoch in dem Inhalt der Artikel verkörpert. Dieser Inhalt der Datenbank ist gerade nicht vom Schutzumfang der §§ 87a ff. UrhG umfasst. Damit handelt es sich bei den Kosten für die »Beschaffung« der Artikel nicht um Beschaffungskosten i.S.v. § 87a UrhG.

Damit besteht auf Grund der Investition in die Bereitstellung der Website und in die Aufbereitung der Artikel ein Schutzrecht sui generis nach § 87a UrhG an Online-Portalen von Zeitungen oder anderen Publikationen.[726]

---

723 LG München I, MMR 2002, 58, 59 – Schlagzeilensammlungen im Internet; LG Berlin NJW-RR 1999, 1273; *Hartmann/Koch*, CR 2002, 441, 442.

724 So LG München I, MMR 2002, 58, 59 – Schlagzeilensammlungen im Internet; kritisch *Nolte*, ZUM 2003, 540, 542 f.

725 LG München I, MMR 2002, 58, 59 – Schlagzeilensammlungen im Internet.

726 *Nolte*, ZUM 2003, 540, 542; Bröcker/Czychowski/Schäfer/*Wirtz*, Geistiges Eigentum im Internet, § 8 Rn. 120; *Hartmann/Koch*, CR 2002, 441, 442 f.; *Haberstumpf*, GRUR 2003, 14, 20; so auch der BGH zur Website vom »Handelsblatt« und »DM« in BGHZ 156, 1, 16 – Paperboy, sowie die Vorinstanz OLG Köln NJW-RR 2001, 904, 905 – Suchdienst für Zeitungsartikel.

4. Bilder zu den Nachrichten

Bei den zu manchen Nachrichtenmeldungen angezeigten Bildern handelt es sich überwiegend um Fotos. Diese sind nach den bereits vorgestellten Kriterien als Lichtbildwerk (§ 2 Abs. 1 Nr. 5 UrhG) oder Lichtbild (§ 72 UrhG) einzuordnen.[727]

II. Verwertungsrechte

Die Nutzungshandlungen, die im Rahmen der Nachrichtensuche von den Betreibern vorgenommen werden, können in Verwertungsrechte und verwandte Schutzrechte an den aufgezeigten Schutzgegenständen eingreifen.

1. Crawlen

Die Crawler der Nachrichtensuchmaschinen suchen zuvor festgelegte Websites teilweise im Minutentakt nach neuen Meldungen ab. Finden die Crawler einen neuen Artikel, wird die entsprechende Webseite in den Arbeitsspeicher des Suchmaschinen-Rechners geladen, ausgewertet und mit den relevanten Informationen in der Datenbank gespeichert. Zumindest bei den führenden Suchmaschinen wird weiterhin auch der Volltext des Artikels mit aufgenommen, um für die Suchanfragen Snippets zu generieren.

a) Vervielfältigungsrecht (§ 16 UrhG)
Durch den Abruf der Zeitungsartikel im Volltext mit Hilfe der Crawler werden diese zumindest vorübergehend im Arbeitsspeicher des Suchmaschinen-Servers nach § 16 UrhG vervielfältigt. Eine dauerhafte Vervielfältigung wird durch Speicherung der Daten in der Datenbank erstellt.[728]

b) Rechte des Datenbankherstellers (§ 87b UrhG)
Indem durch die Crawler jeweils einzelne Artikel der Internet-Portale von Zeitungen abgerufen werden, wird kein wesentlicher Teil der Datenbank i.S.v. § 87b Abs. 1 S. 1 UrhG vervielfältigt.[729] Darin ist aber eine wiederholte und systematische Vervielfältigung unwesentlicher Teile nach § 87b Abs. 1 S. 2 UrhG zu sehen, da die Crawler gezielt nach neuen Artikeln suchen und diese im Volltext in den Index aufnehmen, um alle veröffentlichten Artikel der Website

---

727 Vgl. 1. Teil B.I.1.
728 Tribunal Bruxelles MR-Int 2006, 193, 195; *Buchner*, AfP 2003, 510, 512.
729 So aber *Lührig*, K&R 2002, 266, 267.

für ihre Nutzer bereitzuhalten.[730] Die Vervielfältigungshandlungen greifen in das Recht des Datenbankherstellers ein, sofern sie einer normalen Auswertung zuwiderlaufen oder dessen berechtigte Interessen unzumutbar beeinträchtigen.[731] Eine solche Beeinträchtigung durch Nachrichtensuchmaschinen hat der BGH im Paperboy-Urteil verneint, da dem Nutzer nur einzelne Kleinbestandteile übermittelt und die Benutzung der ursprünglichen Datenbank damit nicht ersetzt, sondern allenfalls angeregt werde.[732] Dabei übersieht der BGH allerdings, dass nicht nur kleine Bestandteile genutzt werden, sondern im Vorwege die vollständige Datenbank mit ihren wesentlichen Bestandteilen, den Volltexten, übernommen wird. Deshalb kann man eine Beeinträchtigung der Herstellerinteressen nicht pauschal verneinen.

Das Internet-Angebot der Verlage richtet sich vorwiegend an Privatpersonen, die sich einzelne Artikel zum persönlichen Gebrauch ansehen, abspeichern und ausdrucken dürfen. Die vollständige Übernahme durch Suchmaschinen zu gewerblichen Zwecken geht hingegen über das gewollte Ausmaß der Nutzung hinaus. Es werden insgesamt alle Artikel der Website durch die Crawler abgerufen, um aus den Volltexten dem Nutzer der Suchmaschinen Nachrichtenübersichten mit individuell generierten Snippets zur Verfügung zu stellen. Die Dienstleistungen der Nachrichtensuchmaschinen basieren somit maßgeblich auf den Informationen aus den Datenbanken der Verlage. Die eigene Leistung der Suchmaschinen-Betreiber liegt lediglich in der technischen Bereitstellung der Such-Plattform. Diese Entnahme läuft damit einer normalen Nutzung zuwider.[733] Weiterhin stellt die Nachrichtensuche ein Konkurrenzprodukt zu den Internet-Portalen der Zeitungen dar, weil sich die Suchmaschinen-Betreiber nicht auf das Verlinken der Artikel beschränken, sondern eigene Nachrichtenübersichten anbieten.[734] Die Nutzer sollen auf diese Weise schon durch die Suchmaschine einen Überblick über aktuelle Geschehnisse erhalten, so dass der Besuch der Zeitungs-Websites überflüssig wird. Es wird auf Grundlage der entnommenen Daten ein Dienst geschaffen, der das Angebot der Verlage in Teilen ersetzt. Dadurch werden den Verlagen Werbeeinnahmen genommen, mit denen sie ihre Internet-Portale maßgeblich finanzieren.[735] Damit überschreitet das Crawlen nicht nur das Maß einer normalen Auswertung, sondern beein-

---

730 BGHZ 156, 1, 16 f. – Paperboy; vgl. zum wiederholten und systematischen Abruf durch Crawler 1. Teil B.II.1.b).
731 Vgl. 1. Teil B.II.1.b)bb).
732 BGHZ 156, 1, 17 – Paperboy.
733 A.A. *Heydn*, NJW 2004, 1361, 1362, der in der »normalen Nutzung« die technisch mögliche Nutzung sieht und das Crawlen als rechtmäßig betrachtet, da keine technischen Schutzmaßnahmen umgangen werden.
734 *Spindler*, JZ 2004, 150, 153.
735 *Buchner*, AfP 2003, 510, 513; *Volkmann*, GRUR 2005, 200, 202; *Neubauer*, TKMR 2003, 444, 446.

trächtigt auch die Interessen der Datenbankhersteller unzumutbar, indem ihnen wirtschaftliche Nachteile entstehen.[736]

Weil auch die Schranke des § 87c UrhG hier nicht greift, verletzt die Übernahme der Volltexte von den Websites der Verlage in die Datenbanken der Suchmaschinen somit deren Schutzrecht sui generis aus § 87b UrhG.[737]

2. Anzeige der Suchergebnisse

Im Nachrichtenüberblick auf der Startseite und in den Ergebnislisten werden dem suchenden Nutzer zu jedem Artikel die Überschrift und ein Snippet angezeigt, in welchem die Suchbegriffe hervorgehoben werden. Darin könnten urheberrechtliche Nutzungen liegen. Die übrigen Angaben, die zu jedem Suchtreffer angezeigt werden, sind mangels Schutzfähigkeit urheberrechtlich nicht relevant.

a)   Recht der öffentlichen Zugänglichmachung (§ 19a UrhG)

Im Bereitstellen zum Abruf über die Suchfunktion liegt eine öffentliche Zugänglichmachung i.S.v. § 19a UrhG. In der Regel sind die Titel und Snippets jedoch urheberrechtlich nicht schutzfähig.[738] Damit greift auch das Freischalten für die Suche und deren Übertragung auf Abruf nicht in das Nutzungsrecht aus § 19a UrhG ein. Anders wäre dies zu beurteilen, wenn auch der Volltext vom Nutzer abgerufen werden kann. Zumindest bei Google ist dieser aber nicht wie bei der Textsuche über einen Link »Im Cache« zugänglich.[739]

b)   Rechte des Datenbankherstellers (§ 87b UrhG)

Auch das Recht des Datenbankherstellers könnte durch das Bereitstellen und Übertragen der Titel und Snippets betroffen sein. Wie bereits dargestellt, hat der BGH in der Paperboy-Entscheidung eine Rechtsverletzung durch die Anzeige nach § 87b UrhG verneint, wobei er allerdings nur auf die Nutzung durch die Anzeige der Titel und Snippets abstellt.[740] Richtigerweise müssen aber auch die vorgelagerten Handlungen der Übernahme und Speicherung durch die Crawler

---

736 LG München I, MMR 2002, 58, 59 f. – Schlagzeilensammlungen im Internet; *Buchner*, AfP 2003, 510, 513; *Schmidt*, AfP 1999, 146, 149; so auch für die Übernahme von Datensätzen durch eine Meta-Suchmaschine: LG Berlin NJW-RR 1999, 1273, 1274; zweifelnd: *Rath*, Das Recht der Internet-Suchmaschinen, S. 138 ff.; *Nolte*, CR 2003, 924, 926; *ders.*, ZUM 2003, 540, 543 f.; a.A. *Heydn*, NJW 2004, 1361, 1362, der durch die Vervielfältigung das Interesse des Datenbankherstellers noch nicht als berührt ansieht.

737 LG München I, MMR 2002, 58, 59 f. – Schlagzeilensammlungen im Internet; *Buchner*, AfP 2003, 510, 513; so auch *Hoeren*, Internetrecht, S. 126.

738 Vgl. 2. Teil B.I.2.

739 *Wiebe*, MR-Int 2006, 198.

740 BGHZ 156, 1, 16 f. – Paperboy.

mit in die von § 87b Abs. 1 S. 2 UrhG geforderte Interessenabwägung einbezogen werden. Diese Auswertung der fremden Datenbank verletzt, wie vorstehend erörtert, das Recht des Datenbankherstellers, da die Datenbank faktisch komplett übernommen und für gewerbliche Zwecke genutzt wird. Durch die Anzeige wird zwar nicht der Originaltext zugänglich gemacht, die Suchmaschinen-Betreiber bieten aber einen vorgelagerten Dienst, um dem Nutzer einen Nachrichtenüberblick zu verschaffen. Auch hierauf beziehen sich die Investitionen, die von den Zeitungen und Verlagen im Hinblick auf ihre Internet-Portale getätigt werden.[741] Folglich greift das Bereitstellen der Artikel zum Abruf in das Recht der öffentlichen Wiedergabe nach § 87b UrhG ein.

c) Bearbeitungsrecht (§ 23 UrhG)

Die *Anzeige* der Snippets könnte weiterhin das Bearbeitungsrecht des Urhebers verletzen.[742] Einige Stimmen in der Literatur sprechen sich unter Hinweis auf die Rechtslage bei inhaltlichen Zusammenfassungen (Abstracts)[743] für die Erforderlichkeit einer Einwilligung nach § 23 UrhG aus.[744] Dabei sei im Rahmen der Nutzung durch Suchmaschinen allerdings regelmäßig von einer konkludenten Einwilligung auszugehen, wenn die Texte frei zugänglich gemacht worden sind und keine Werbung in unmittelbarer Nähe geschaltet ist.[745]

Anders als bei Abstracts, die regelmäßig als Bearbeitung oder andere Umgestaltung anzusehen sind, wird bei Snippets jedoch ein Teil des Originaltextes unverändert wiedergegeben. Zwar kann grundsätzlich auch in der Verwendung von Werkteilen eine Bearbeitung oder andere Umgestaltung i.S.v. § 23 UrhG liegen,[746] dafür ist aber eine gestalterische Tätigkeit erforderlich, die sich auf den konkreten geistig-ästhetischen Gesamteindruck auswirkt.[747] Da mit den Snippets vorliegend weder eine eigene inhaltliche Aussage getroffen, noch deren Inhalt verändert wird, mangelt es an der gestalterischen Tätigkeit. Die wörtlich übernommenen Textpassagen dienen lediglich als Hinweis wie bei einem Zitat und sind damit keine Bearbeitung oder andere Umgestaltung.[748] Gegen eine

---

741 Vgl. 2. Teil B.II.1.b).
742 Die *Erstellung* der Snippets ist in keinem Fall von § 23 UrhG umfasst. A.A. *Dietrich/Nink*, CR 2009, 188, 189.
743 Vgl. OLG Frankfurt NJW 2008, 770 – Kurzfassungen von Buchrezensionen; OLG Frankfurt ZUM-RD 2003, 532 – Abstracts; LG Frankfurt MMR 2002, 488 – Elektronischer Pressespiegel; *Schricker/Loewenheim*, § 23 Rn. 7.
744 *Seidel/Nink*, CR 2009, 666, 668; *Heckmann*, AfP 2007, 314, 316; *Kazemi*, CR 2007, 94, 99; wohl auch *Dietrich/Nink*, CR 2009, 188, 189.
745 *Seidel/Nink*, CR 2009, 666, 668; *Dietrich/Nink*, CR 2009, 188, 189.
746 Vgl. *Schack*, UrhR, Rn. 269; *Fromm/Nordemann/A. Nordemann*, § 3 Rn. 26.
747 Vgl. 1. Teil B.II.2.a).
748 OLG Köln NJW-RR 2001, 904, 905 – Suchdienst für Zeitungsartikel; *Fromm/Nordemann/ A. Nordemann*, §§ 23/24 Rn. 73; wohl auch *Schmid/Wirth/Seifert*, § 23 Rn. 1.

Anwendung des § 23 UrhG spricht weiterhin die Wertung des Gesetzgebers, dass Zitate unter den in § 51 UrhG bestimmten Voraussetzungen urheberrechtlich zulässig sind, sofern an dem Werk keine Änderungen vorgenommen werden (§ 62 UrhG). Würde die Zulässigkeit der Entnahme eines Werkteils als Zitat von der Einwilligung des Rechteinhabers nach § 23 UrhG abhängen, könnte der Urheber das Zitieren trotz Vorliegens der Voraussetzungen von § 51 UrhG verhindern.[749] Diese Wertung gilt auch außerhalb des Anwendungsbereichs von § 51 UrhG. Ein Zitat in der Form der schlichten Übernahme eines Werkteils stellt bei Schutzfähigkeit des entnommenen Teils zwar eine urheberrechtliche Nutzung dar, es ist aber keine Umgestaltung i.S.v. § 23 UrhG. Wenn der Werkteil nicht schutzfähig ist, ist die Benutzung urheberrechtlich erlaubt.[750]

Das Bearbeitungsrecht nach § 23 UrhG wird damit durch die Anzeige von Snippets im Rahmen der Nachrichtensuche nicht betroffen.

3. Anzeige von Bildern zu den Nachrichten

Soweit zusammen mit den Artikeln begleitende Fotos von den Crawlern erfasst, als Thumbnail gespeichert und in der Suchergebnisliste neben den Snippets angezeigt werden, sind urheberrechtliche Nutzungsrechte an den Lichtbildern bzw. Lichtbildwerken betroffen. Wie schon bei der Bildersuche dargestellt,[751] liegt im Abruf der Originalbilder durch die Crawler und in der Speicherung als Thumbnail jeweils eine Vervielfältigung nach § 16 UrhG. Mit der Freischaltung für die Suche werden die Bilder öffentlich zugänglich gemacht (§ 19a UrhG).[752]

4. Deep-Link zum Originalartikel

Indem in der Suchergebnisliste mittels Deep-Link auf den Originalartikel verwiesen wird, werden, wie der BGH in der Paperboy-Entscheidung klarstellt,[753] weder urheberrechtliche Verwertungsrechte berührt, noch greift eine Störerhaftung ein.[754] Selbst im Zusammenhang mit der schmarotzenden Auswertung der Datenbanken und Anzeige einer Nachrichtenübersicht als Konkurrenzprodukt zu den Internet-Portalen der Zeitungen stellt das Verlinken keine Verletzung des § 87b UrhG dar,[755] denn es mangelt an einer urheberrechtlichen Nut-

---

749 Dahingehend auch Schricker/*Schricker*, § 51 Rn. 26 f.
750 Loewenheim/*Loewenheim*, Hdb UrhR, § 7 Rn. 14 mwN.
751 Vgl. 1. Teil B.II.
752 Speziell zu Bildern bei Nachrichtensuchmaschinen: LG Hamburg GRUR-RR 2004, 313, 314 f. – thumbnails.
753 BGHZ 156, 1, 10 ff. – Paperboy.
754 Vgl. 1. Teil B.II.4.
755 So aber *Volkmann*, GRUR 2005, 200, 202.

zungshandlung durch den Suchmaschinen-Betreiber. Lediglich der Deep-Link auf urheberrechtswidrig online zugänglich gemachte Artikel kann eine Haftung nach § 19a UrhG in Form der Beihilfe begründen, sobald der Suchmaschinen-Betreiber die Rechtswidrigkeit positiv kennt.[756]

5. Nachrichten-Übersichten als E-Mail-Newsletter

Die Übermittlung von Nachrichten-Übersichten als E-Mail-Newsletter, die von Nutzern zu Suchbegriffen angefordert werden können, könnte ebenfalls eine urheberrechtliche Nutzung darstellen. Der BGH hat den Versand einer »persönlichen Tageszeitung« durch Paperboy in Übereinstimmung mit der Vorinstanz als zulässig erachtet, da eine Rechtsverletzung weder vorgetragen noch ersichtlich war.[757]

a)   Recht der öffentlichen Zugänglichmachung (§ 19a UrhG)

Der Versand von E-Mails unterfällt grundsätzlich nicht dem Recht der öffentlichen Zugänglichmachung.[758] Ob allerdings E-Mail-Verteilerdienste wie Newsletter als Nutzung i.S.v. § 19a UrhG eingeordnet werden können, ist umstritten, da auf diese Weise einer großen Anzahl von Personen dieselben Informationen zugänglich gemacht werden.[759] Vorliegend werden allerdings auf Grund unterschiedlicher Suchanfragen die Newsletter für jeden Nutzer individuell zusammengestellt. Insgesamt erfolgt somit zwar ein Massenversand, inhaltlich sind die Newsletter aber verschieden. Im Versenden personalisierter Newsletter liegt damit kein Angebot an die Öffentlichkeit. § 19a UrhG ist nicht einschlägig.

b)   Vervielfältigungsrecht (§ 16 UrhG)

Der Versand urheberrechtlich geschützten Materials als E-Mail könnte ferner eine Vervielfältigung i.S.v. § 16 UrhG darstellen. Dem Empfänger wird eine Kopie der Informationen über mehrere Server zugeleitet. Dabei wird durch das Absenden an den Postausgangsserver zumindest im Arbeitsspeicher des Servers eine vorübergehende Vervielfältigung vorgenommen, die allerdings nach § 44a Nr. 1 UrhG zulässig ist.[760] Durch die Bereitstellung auf dem Postein-

---

756 Vgl. zur Beihilfe des Linksetzers 1. Teil B.II.4.c).
757 BGHZ 156, 1, 10 f. – *Paperboy.*
758 Wandtke/*Bullinger*, § 19a Rn. 31; Schricker/*v. Ungern-Sternberg*, § 19a Rn. 60; *Dreier/* Schulze, § 19a Rn. 7; Fromm/Nordemann/*Dustmann*, § 19a Rn. 26.
759 So *Dreier*/Schulze, § 19a Rn. 7; wohl auch KG ZUM 2002, 828, 831 – Versendung von Pressespiegel per E-Mail; a.A. Schricker/*v. Ungern-Sternberg*, § 19a Rn. 60; Wandtke/ *Bullinger*, § 19a Rn. 31; Fromm/Nordemann/*Dustmann*, § 19a Rn. 26.
760 Vgl. 2. Teil B.IV.1.

gangsserver bzw. die Speicherung der Daten auf dem Computer des Empfängers wird dagegen eine dauerhafte Vervielfältigung nach § 16 UrhG erstellt. Für diese ist der Absender verantwortlich.[761]

Da vorliegend von den Suchmaschinen-Betreibern nur Nachrichtenübersichten als Newsletter versendet werden, hängt die urheberrechtliche Zulässigkeit in Bezug auf das Vervielfältigungsrecht wiederum von der Schutzfähigkeit der übermittelten Informationen ab. Diese sind, wie bereits festgestellt, überwiegend nicht schutzfähig. Eine Verletzung des § 16 UrhG scheidet damit regelmäßig aus.

c)   Rechte des Datenbankherstellers (§ 87b UrhG)

Durch die Vervielfältigung der Nachrichtenübersichten beim Versand als E-Mail-Newsletter könnte auch das Recht des Datenbankherstellers nach § 87b UrhG betroffen sein. Im Verfahren gegen Paperboy wurde eine Verletzung des § 87b UrhG durch den Versand einer »persönlichen Tageszeitung« per E-Mail mangels Beeinträchtigung der normalen Auswertung und Verletzung von Herstellerinteressen abgelehnt.[762] Ebenso wie die Anzeige der Übersichten über die Suche muss allerdings auch diese Nutzung im Zusammenhang mit dem Crawlen betrachtet werden. Fraglich ist dabei zunächst, ob im Versand der Newsletter eine wiederholte und systematische Vervielfältigung zu sehen ist. Bei Google zumindest werden die Newsletter nicht zeitgleich, sondern je nach Einstellung der Nutzer in unterschiedlichen Intervallen versandt. Weiterhin werden abhängig von der Anzahl der angemeldeten Nutzer nicht zwingend alle Artikel in den Übersichten versandt. Insgesamt werden jedoch alle Artikel für die Zusammenstellung der Newsletter verwendet, und zumindest bei den großen Suchmaschinen-Anbietern ist davon auszugehen, dass jeder Artikel mehrfach in einen der individuell zusammengestellten Newsletter aufgenommen wird. Damit wird wiederum die Investition der Verlage in die Bereitstellung der Datenbank für den Betrieb eines Konkurrenzprodukts genutzt. Der Versand der Nachrichtenübersichten als E-Mail-Newsletter verletzt somit das Vervielfältigungsrecht gemäß § 87b UrhG.

---

761 OLG München MMR 2007, 525, 527 – Subito; Wandtke/*Bullinger*, § 16 Rn. 15; Fromm/Nordemann/*Dustmann*, § 16 Rn. 29; Dreier/*Schulze*, § 16 Rn. 13; *Schmid/Wirth*/Seifert, § 16 Rn. 5; Schricker/*Loewenheim*, § 16 Rn. 23; a.A. KG ZUM 2002, 828, 831 – Versendung von Pressespiegel per E-Mail; *Haupt*, ZUM 2002, 797, 799, die eine Vervielfältigung durch den Empfänger annehmen; kritisch Möhring/Nicolini/*Decker*, § 53 Rn. 54.

762 OLG Köln NJW-RR 2001, 904, 907 f. – Suchdienst für Zeitungsartikel; BGHZ 156, 1, 10 f. – Paperboy.

6. Ergebnis

Beim Durchsuchen der Nachrichtenwebsites und Speichern der gefundenen Informationen in der Datenbank werden die Originalartikel i.S.v. § 16 UrhG vervielfältigt. Die Übernahme der Artikel aus der Datenbank der Zeitung bzw. der Verlage betrifft weiterhin deren Leistungsschutzrecht nach § 87b UrhG, da unwesentliche Teile wiederholt und systematisch vervielfältigt werden.

Die Anzeige der Suchergebnisse ist wegen der in aller Regel fehlenden Schutzfähigkeit der öffentlich zugänglich gemachten Titel und Snippets in Bezug auf die Originalartikel urheberrechtlich zustimmungsfrei zulässig. Das Verlinken des Artikels mittels Deep-Link greift auch nicht in urheberrechtlich geschützte Rechte ein. Durch das Bereitstellen der Daten für die Suche wird jedoch die ursprüngliche Datenbank mittelbar öffentlich wiedergegeben, so dass wiederum § 87b UrhG betroffen ist. Wenn zusätzlich Bilder zu den Nachrichten angezeigt werden, werden auch jene öffentlich zugänglich gemacht (§ 19a UrhG).

Der Versand von Nachrichtenübersichten als E-Mail-Newsletter greift ebenso wie die Anzeige der Suchergebnisse nicht in urheberrechtliche Verwertungsrechte ein, betrifft aber wiederum das Schutzrecht nach § 87b UrhG.

III. Urheberpersönlichkeitsrechte

Durch die Anzeige der stark und vor allem durch die Automatisierung willkürlich gekürzten Snippets könnten auch Urheberpersönlichkeitsrechte des Autors verletzt sein.

1. Entstellung durch Anzeige der Snippets (§ 14 UrhG)

Denkbar wäre eine Entstellung (§ 14 UrhG) der Originalartikel durch deren verkürzte Wiedergabe. Der durchschnittliche Nutzer weiß jedoch, dass Snippets automatisch generiert werden. Sie dienen lediglich als Hinweis, in welchem Zusammenhang der Suchbegriff im Original zu finden ist. Ein weitergehender Bedeutungsgehalt wird Snippets von den betroffenen Verkehrskreisen nicht zugewiesen. Die geistigen und persönlichen Interessen des Urhebers sind damit nicht gefährdet. Die auszugsweise Darstellung ist folglich keine Entstellung i.S.v. § 14 UrhG.[763]

---

763 Tribunal Bruxelles MR-Int 2006, 193, 198.

2.   Recht auf Anerkennung der Urheberschaft (§ 13 UrhG)

Auch das Recht auf Anerkennung der Urheberschaft ist in der derzeitigen Form der Nachrichtensuche gewahrt. Zu jedem Snippet wird als Quelle die jeweilige Zeitung angegeben, in welcher der Artikel erschienen ist. Auf eine Bezeichnung der Autoren, also der Urheber der Artikel, wird aus Platzgründen verzichtet. Der durchschnittliche Nutzer weiß jedoch, dass es sich bei den in der Nachrichtensuche aufgeführten Suchtreffern um fremde Werke handelt. Er kann die Urheber mit einem Klick auf den Deep-Link im Originalartikel über das klassische Kürzel vor dem Text oder die Nennung der Autoren mit vollem Namen, leicht erkennen. Eine weitergehende Kennzeichnung kann der Urheber unter diesen Umständen nicht erwarten.

3.   Ergebnis

Urheberpersönlichkeitsrechte werden durch die Darstellung der Suchergebnisse in der Nachrichtensuche mithin nicht verletzt.

IV.   Urheberrechtliche Schranken

Die urheberrechtlich relevanten Nutzungshandlungen der Suchmaschinen-Betreiber im Rahmen der Nachrichtensuche könnten durch Schranken des Urheberrechts privilegiert und damit ohne Zustimmung der Rechteinhaber zulässig sein.

1.   Vorübergehende Vervielfältigungshandlungen (§ 44a UrhG)

§ 44a UrhG erfasst nur vorübergehende, begleitende Vervielfältigungen. Die Kopie im speziellen Arbeitsspeicher der Crawler ist daher ebenso wie bei der Bildersuche von §§ 44a Nr. 1 UrhG gedeckt, soweit die nachfolgende Nutzung rechtmäßig ist. Hinsichtlich der längerfristigen Speicherung in der Datenbank des Suchmaschinen-Betreibers greift die Schranke aber nicht.[764]

Beim Versenden des E-Mail-Newsletters ist die Vervielfältigung durch den Upload auf den Postausgangsserver von § 44a Nr. 1 UrhG umfasst. Die Daten werden nach der Übertragung automatisch gelöscht und dienen nur der Übermittlung der E-Mail an den Empfänger. Wird jedoch eine Kopie der Nachricht beispielsweise in einem Ordner »Gesendete Objekte« abgelegt, liegt darin eine neue, nicht vorübergehende Vervielfältigung, die nicht von

---

764 Vgl. 1. Teil B.II.1.a).

§ 44a UrhG privilegiert ist. Von einer Archivierung der gesendeten Newsletter ist bei den führenden Suchmaschinen-Anbietern auf Grund der großen Datenmenge aber nicht auszugehen.

2. Zeitungsartikel und Rundfunkkommentare (§ 49 UrhG)

Die Tätigkeit der Nachrichtensuchmaschinen könnte ferner durch die Schranke des § 49 UrhG gedeckt sein. Seit der Entscheidung des BGH zum elektronischen Pressespiegel[765] ist allgemein anerkannt, dass auch digitale Pressespiegel kraft richterlicher Rechtsfortbildung unter das Privileg des § 49 Abs. 1 UrhG fallen können.[766] Um die Interessen der Urheber nicht übermäßig zu beeinträchtigen und eine ausufernde Nutzung zu verhindern, die bei digitalisierten Werken sehr viel einfacher ist als im analogen Bereich, sind jedoch nur betriebs- bzw. behördeninterne Pressespiegel privilegiert, in denen die Artikel grafisch dargestellt werden.[767] Diese Kriterien erfüllt die Nachrichtensuche nicht. Außerdem gestattet § 49 Abs. 1 UrhG nur die Nutzung einzelner Artikel. Eine umfassende Auswertung und die Übernahme von Volltexten, wie Nachrichtensuchmaschinen sie vornehmen, übersteigt Sinn und Zweck des § 49 Abs. 1 UrhG, der lediglich eine schnelle Berichterstattung fördern soll.[768] Wegen dieser Einschränkungen können kommerzielle Dienstleistungen grundsätzlich nicht unter § 49 UrhG fallen.[769] Auch der Gesetzgeber hat eine Erweiterung des § 49 UrhG auf gewerbliche Anbieter bewusst nicht vorgenommen, da dies die der Schranke nach dem Dreistufentest gezogenen Grenzen überschreiten würde.[770] Den Suchmaschinen-Betreibern kommt § 49 UrhG folglich nicht zu gute.

3. Berichterstattung über Tagesereignisse (§ 50 UrhG)

Die Nutzungshandlungen sind auch nicht nach § 50 UrhG zulässig. Über die Nachrichtensuche können sich Nutzer zwar über aktuelle Tagesereignisse unterrichten, von § 50 UrhG ist jedoch nur die Nutzung von Werken erfasst, die im Verlauf dieser Ereignisse wahrnehmbar sind. Die Suchmaschinen-Betreiber

---

765 BGHZ 151, 300, 306 ff. – Elektronischer Pressespiegel.
766 Wandtke/Bullinger/*Lüft*, § 49 Rn. 13; *Dreier*/Schulze, § 49 Rn. 20; Schricker/*Melichar*, § 49 Rn. 33; Fromm/Nordemann/*W. Nordemann*, § 49 Rn. 7.
767 BGHZ 151, 300, 312 ff. – Elektronischer Pressespiegel; KG GRUR-RR 2004, 228, 230 – Ausschnittdienst; Wandtke/Bullinger/*Lüft*, § 49 Rn. 15; Schricker/*Melichar*, § 49 Rn. 33; *Dreier*/Schulze, § 49 Rn. 20.
768 So auch *Dreier*/Schulze, § 49 Rn. 20; vgl. Tribunal Bruxelles MR-Int 2006, 193, 197.
769 KG GRUR-RR 2004, 228, 230 – Ausschnittdienst; *Hoeren*, GRUR 2002, 1022, 1024; *Dreier*/Schulze, § 49 Rn. 18; Schricker/*Melichar*, § 49 Rn. 36.
770 RegE, BT-Drs. 16/1828, S. 21.

übernehmen aber die vollständigen Berichte über diese Ereignisse. Diese Nutzung fällt nicht in den Anwendungsbereich von § 50 UrhG.

4. Zitate (§ 51 UrhG)

Da die angezeigten Snippets wörtliche Auszüge der Originalartikel darstellen, könnte die Nutzung durch § 51 UrhG gedeckt sein. Wie bei Bildersuchmaschinen fehlt vorliegend aber ein zulässiger Zitatzweck. Es findet keine geistige Auseinandersetzung mit den zitierten Werken statt. Die Suchmaschinen listen die gefundenen Werke lediglich automatisch auf.[771] Die Anzeige dient schlicht dem Nachweis, dass der Suchbegriff im Text zu finden ist. Dieser Zweck rechtfertigt eine Verwendung als Zitat i.S.v. § 51 UrhG nicht.

5. Ergebnis

Lediglich die kurzfristige Speicherung der Originalartikel beim Abruf durch die Crawler ist von § 44a Nr. 2 UrhG erfasst, sofern die weitergehende Nutzung rechtmäßig ist. Im Übrigen greifen keine urheberrechtlichen Schranken zu Gunsten der Betreiber von Nachrichtensuchmaschinen ein.

V. Einschränkungen der Haftung

Die Suchmaschinen-Betreiber nehmen urheberrechtliche Nutzungshandlungen vor, die von den Schranken des Urheberrechts nicht gedeckt sind. Wie bereits dargestellt, greifen auch die Regelungen des TMG für Suchmaschinen nicht ein.[772] Die Rechteinhaber könnten aber in die Nutzung durch Nachrichtensuchmaschinen eingewilligt haben.

1. Ausdrückliche Einwilligung

Soweit sich die Verlage mit den Suchmaschinen-Betreibern vertraglich geeinigt haben, ist die Nutzung der Artikel urheberrechtlich zulässig.[773] Derartige Verträge scheint Google mit einigen großen Agenturen und Verlagen geschlossen zu haben.[774] Ob die Rechteinhaber Google dabei Nutzungsrechte eingeräumt oder schlicht in die Nutzung eingewilligt haben, kann im Ergebnis offen bleiben, da

---

771 Tribunal Bruxelles MR-Int 2006, 193, 196.
772 Vgl. 1. Teil B.V.1.
773 Zur rechtlichen Einordnung der Einwilligung vgl. 1. Teil B.V.2.c).
774 Vgl. 2. Teil Einleitung.

die Verwendung der Artikel jedenfalls nicht rechtswidrig ist. Die Verlage müssen allerdings sicherstellen, dass sie die entsprechenden Rechte von den Autoren der Artikel und Inhabern der Bilderrechte wirksam erworben haben. Wenn ein Verlag einen Artikel unter Verstoß gegen fremde Urheberrechte online stellt oder nicht die Rechte zur Sublizenzierung besitzt, kann die Einwilligung durch den Verlag die Nutzung durch die Nachrichtensuche nicht decken. Eine Schadensersatzhaftung des Suchmaschinen-Betreibers für die Nutzung dieser Artikel scheidet allerdings mangels Vorsatz aus, da die fehlende Berechtigung des Verlages zur Einwilligung in der Regel nicht erkennbar ist und die Suchmaschinen-Betreiber diesbezüglich keine präventiven Prüfpflichten treffen, die eine Fahrlässigkeit begründen könnten.[775] Es bleibt den Rechteinhabern lediglich ein verschuldensunabhängiger Unterlassungsanspruch, den sie gegen den Suchmaschinen-Betreiber geltend machen können.[776]

In Deutschland scheinen sich die Agenturen und Verlage vertraglich noch nicht mit Google oder anderen Betreibern von Nachrichtensuchmaschinen geeinigt zu haben. Die Einwilligung könnte dann nur mittels Meta-Tags oder dem Robots Exclusion Standard und ohne Gegenleistung erklärt werden.[777] Nachteil dieser Methode ist, dass sie nur die vorbehaltlose Zustimmung oder Ablehnung erlaubt. Die Nutzung kann nicht zeitlich oder auf bestimmte Teile wie Überschriften oder von Verlagsseite vorgegebene Snippets beschränkt werden. Dennoch willigen Verlage in die Nutzung ein, um weiterhin über die Nachrichtensuche gefunden zu werden.

2.   Konkludente Einwilligung

Hat ein Verlag keine ausdrückliche Einwilligung erklärt, ist zu untersuchen, ob durch das Bereitstellen der Artikel im Internet konkludent in deren Übernahme eingewilligt worden ist. Wie bei der Bildersuche könnte man argumentieren, dass, soweit kein entgegenstehender Wille erkennbar ist, die Betreiber von Nachrichtensuchmaschinen davon ausgehen dürfen, dass keine Einwände gegen die Nutzung bestehen.[778] Auch im Hinblick auf die Nachrichtensuche steht der Annahme einer konkludenten Einwilligung jedoch der Ausschließlichkeitscharakter des Urheberrechts entgegen.[779] Da die Nachrichtenübersichten der Suchmaschinen das Angebot der Verlage zum Teil ersetzen, kann nicht ohne Weiteres davon ausgegangen werden, dass die Rechteinhaber der kostenfreien

---

775 So auch LG Frankenthal (Pfalz) MMR 2006, 689, das allerdings nur auf eine Haftung als Störer eingeht.
776 Zum Ersatz von Abmahnkosten in derartigen Konstellationen vgl. 1. Teil F.III.
777 Vgl. 1. Teil B.V.2.
778 So *Buchner*, AfP 2003, 510, 513.
779 Vgl. 1. Teil B.V.3.d).

Übernahme ihrer Artikel zustimmen. Weiterhin stehen die Suchmaschinen-Betreiber bei der Nachrichtensuche anders als bei der Bildersuche nur einer begrenzten Anzahl von Agenturen und Verlagen gegenüber, mit denen sie durchaus Lizenzverträge abschließen könnten.[780] Wie die abgeschlossenen Nutzungsverträge im Ausland zeigen, bedarf es der Konstruktion einer konkludenten Einwilligung gar nicht. Wünscht ein Website-Betreiber die Übernahme, kann er ein Nutzungsrecht vertraglich einräumen oder durch die Einwilligung durch Meta-Tags oder den Robots Exclusion Standard ausdrücklich erklären. Dem schlichten Online-Stellen von Artikeln ohne Schutzmaßnahme ist kein Erklärungswert beizumessen. In der öffentlichen Zugänglichmachung liegt damit erst recht keine konkludente Einwilligung in die Nutzung durch Nachrichtensuchmaschinen.[781]

Wenn allerdings eine Suchmaschinen-Optimierung speziell für die Crawler von Nachrichtensuchmaschinen vorgenommen worden ist, ist eine konkludente Einwilligung denkbar. Anknüpfungspunkt ist in diesem Fall nicht das Bereitstellen der Nachricht, sondern die spezifische Suchmaschinen-Optimierung. Dann kann im Einzelfall von einer konkludenten Einwilligung ausgegangen werden.

Hinsichtlich der Thumbnails lehnen selbst Befürworter einer konkludenten Einwilligung bei der Bildersuche diese in Bezug auf Nachrichtensuchmaschinen ab.[782] Die Vorschaubilder sind hier nicht notwendig, sondern dienen lediglich als optisches Beiwerk. Sie dürfen daher nur nach ausdrücklicher Zustimmung verwendet werden.

3. Ergebnis

Haben die Agenturen und Verlage vertraglich oder durch technische Maßnahmen der Übernahme ihrer Artikel durch Nachrichtensuchmaschinen zugestimmt, liegt eine ausdrückliche Einwilligung vor. Darüber hinaus kann aus einer Suchmaschinen-Optimierung speziell für die Nachrichtensuche eine konkludente Einwilligung gefolgert werden. Durch das schlichte Online-Stellen von Artikeln ohne Schutzmaßnahmen bringen die Agenturen und Verlage aber keinen dahingehenden Willen zum Ausdruck. Die Nutzung ist dann nicht von einer Einwilligung gedeckt, sondern rechtswidrig.

---

780 *Berberich*, MMR 2005, 145, 146; *Ott*, ZUM 2007, 119, 127; *ders.*, WRP 2008, 393, 411.
781 So auch Tribunal Bruxelles MR-Int 2006, 193, 198, mit zustimmender Anm. *Wiebe*, 198; *Ott*, WRP 2008, 393, 411.
782 *Ott*, ZUM 2007, 119, 127; *ders.*, WRP 2008, 393, 411; *Kazemi*, CR 2007, 94, 100.

VI. Rechtsfolgen

Die Suchmaschinen-Betreiber haften auf Beseitigung und Unterlassung (§ 97 Abs. 1 UrhG) und auf Schadensersatz (Abs. 2). Auch die Kosten einer berechtigten Abmahnung können nach § 97a UrhG verlangt werden.[783] Während bei Bildersuchmaschinen der Schadensersatz eine untergeordnete Rolle spielt, da der Schaden schwer nachzuweisen und meist nur gering ist, birgt die Schadensersatzhaftung erhebliche Risiken für die Nachrichtensuche.

Einen konkret entstandenen Schaden nachzuweisen dürfte den Rechteinhabern wiederum schwer fallen. Ersatzfähig wäre ein Rückgang der Werbeeinnahmen durch das Ausbleiben von Nutzern, die sich ausschließlich über Nachrichtenübersichten der Suchmaschinen informieren und das Internet-Angebot des Verlags gar nicht mehr besuchen. Meist steigen die Nutzerzahlen jedoch mit Auflistung von Artikeln in Nachrichtensuchmaschinen an. Viele Besucher hätten das Internet-Portal einer Zeitung ohne die Vermittlung der Nachrichtensuche gar nicht besucht. Ist dennoch ein Rückgang der Nutzerzahlen für einen bestimmten Zeitraum zu verzeichnen, kann dieser auch andere Ursachen haben, die nur schwer auszuschließen sind. Überwiegend wird der Nachweis eines konkret entstandenen Schadens damit kaum möglich sein.

Die Verlage können den Schaden jedoch auch mit Hilfe einer Lizenzanalogie bestimmen. Dass für die Anzeige von Nachrichtenübersichten mit Verlinkung zum Originalartikel ein Markt besteht, zeigen die Vereinbarungen zwischen ausländischen Verbänden und Google. Zwar sind keine Details über Vergütungen oder andere Gegenleistungen bekannt, doch haben die Snippets einen wirtschaftlichen Wert. Dieser ist, soweit sich noch kein Marktpreis gebildet hat, zu schätzen und als fiktive Lizenzgebühr nach § 97 Abs. 2 UrhG zu ersetzen.

Alternativ können auch die Werbeeinnahmen der Suchmaschine anteilig als Verletzergewinn im Wege des Schadensersatzes abgeschöpft werden. Bei der Bildersuche konnten die auf die Nutzung eines einzelnen Bildes anfallenden Werbeeinnahmen schlecht bestimmt werden.[784] Bei der Nachrichtensuche ist die Anzahl der Websites, von denen Meldungen übernommen werden, jedoch überschaubar. Aus den Statistiken der Suchmaschinen-Betreiber lassen sich die Zugriffszahlen auf einzelne Artikel ermitteln, so dass das Verhältnis eines Verlags an der Gesamtnutzung bestimmt werden kann. Der konkrete Verletzergewinn kann damit ermittelt werden. Dieser ist ebenfalls nach § 97 Abs. 2 UrhG ersatzfähig.

---

783 Vgl. Ausführungen zur Bildersuche 1. Teil B.VII.
784 Vgl. 1. Teil B.VII.2.b).

VII.   Ergebnis zum Urheberrecht

Die von Nachrichtensuchmaschinen übernommenen Artikel erreichen überwiegend die Schwelle zur persönlichen geistigen Schöpfung und sind nach
§ 2 Abs. 1 Nr. 1 UrhG als Sprachwerke urheberrechtlich schutzfähig. An den
teilweise mit angezeigten Bildern besteht nach § 2 Abs. 1 Nr. 5 UrhG ein urheberrechtlicher Schutz als Lichtbildwerk oder jedenfalls nach § 72 UrhG ein
Schutzrecht für Lichtbilder.

Im Crawlen und Abspeichern der Volltexte in der Datenbank liegt eine Vervielfältigung nach § 16 UrhG. Durch die Anzeige der Überschriften und Snippets werden urheberrechtliche Verwertungsrechte mangels Werkqualität der
angezeigten Teile nicht berührt. Bilder zu den Nachrichten machen die Suchmaschinen-Betreiber jedoch nach § 19a UrhG öffentlich zugänglich.

An den Internet-Portalen der Agenturen und Verlage besteht daneben ein
Datenbankschutzrecht gemäß § 87a UrhG. Durch das Crawlen werden systematisch unwesentliche Teile der Datenbank nach § 87b Abs. 1 S. 2 UrhG unzulässig vervielfältigt. Auch das Bereitstellen der Artikel zum Abruf über die
Suchfunktion greift in das Recht der Datenbankhersteller ein. Der Deep-Link
zum Originalartikel hingegen ist mangels urheberrechtlicher Nutzungshandlung zulässig.

Urheberrechtliche Schranken greifen zu Gunsten der Suchmaschinen-
Betreiber nicht ein. Auch kann eine konkludente Einwilligung nur in Ausnahmefällen bei einer speziellen Optimierung für Nachrichtensuchmaschinen angenommen werden. Die Zulässigkeit der Nutzung hängt damit von der Zustimmung des Rechteinhabers ab. Sofern in die Nutzung der Nachrichtenmeldungen und Thumbnails nicht ausdrücklich eingewilligt wurde, stellt
deren Nutzung damit eine Urheberrechtsverletzung dar, die den Suchmaschinen-Betreiber schadensersatzpflichtig macht.[785]

C.   Persönlichkeitsrecht

Durch die Anzeige der Nachrichtenübersichten könnten auch Persönlichkeitsrechte verletzt werden. Denkbar sind derartige Rechtsverletzungen, wenn durch
die automatisierte Verkürzung der Artikel zu Snippets ein rechtsverletzender
Sinnzusammenhang entsteht oder diese in Kombination mit verletzenden
Suchbegriffen angezeigt werden. Daneben kann auch die Verlinkung eines Artikels, der Persönlichkeitsrechte verletzt, eine Störerhaftung der Suchmaschinen-Betreiber begründen.

---

785 So auch *Kazemi*, CR 2007, 94, 100; *Buchner*, AfP 2003, 510, 514.

I. Verletzung durch die Anzeige der Snippets

Die Verletzung von Persönlichkeitsrechten durch Snippets war in letzter Zeit Gegenstand mehrerer Gerichtsverfahren.[786] Dabei ging es nicht um Fälle, in denen die Persönlichkeitsverletzung eines Dritten bloß wiederholt wurde.[787] Die Frage war, ob Snippets als solche einen Aussagegehalt haben und daher selbständig Persönlichkeitsrechte verletzen können. Maßgeblich hierfür ist, wie das unvoreingenommene und verständige Publikum die Äußerung versteht.[788] Zu klären ist also, ob der durchschnittliche Suchmaschinen-Nutzer den automatisch generierten Snippets im Zusammenhang mit den Suchbegriffen selbständige Aussagen entnimmt und ob diese Persönlichkeitsrechte verletzen können.

Das LG Hamburg hatte den Fall zu beurteilen, dass bei Eingabe des klägerischen Namens eine Reihe von Suchtreffern zum Thema Immobilienbetrug aufgelistet wurde, mit denen der Kläger objektiv nicht in Verbindung stand.[789] Nach Ansicht des LG enthielt die Anzeige der Suchergebnisse sehr wohl eine eigene Aussage der Suchmaschinen-Betreiber. Der durchschnittliche Nutzer wisse nicht, wie Suchmaschinen technisch funktionieren. So dürfe er einen inhaltlichen Zusammenhang zwischen den eingegebenen Suchbegriffen und den angezeigten Snippets erkennen. Gegen eine Haftung der Suchmaschinen-Betreiber spreche auch nicht, dass die Snippets automatisiert erstellt werden. Dies geschehe nach dem Willen der Betreiber, die den technischen Vorgang damit beherrschen.

Zu Recht ist das OLG Hamburg dieser Auffassung im Berufungsverfahren entgegengetreten.[790] Ein unmittelbarer logischer Zusammenhang zwischen dem in den Suchergebnissen angesprochenen Thema und dem als Suchbegriff eingegebenen Namen des Klägers lasse sich nicht herleiten. Auch wenn der Nutzer in der Regel keine Kenntnis von den exakten technischen Vorgängen habe, sei es für ihn offenkundig, dass das Suchergebnis keine intellektuelle Leistung von Menschen, sondern Ergebnis eines automatisierten Verfahrens sei. Daher verbinde der durchschnittliche Nutzer mit den Suchergebnissen, die lediglich mit Satzteilen als Snippets belegt sind, keine inhaltliche Aussage.

---

786 OLG Hamburg MMR 2007, 315 – Haftung einer Suchmaschine; Vorinstanz LG Hamburg, Urteil vom 28.04.2006 – 324 O 993/05; OLG Stuttgart MMR 2009, 190 – Suchergebnis als Persönlichkeitsrechtsverletzung; LG Hamburg MMR 2009, 290 – Suchmaschinenhaftung für »Snippets«.
787 Vgl. dazu 2. Teil C.II.
788 Vgl. 1. Teil C.II.
789 LG Hamburg, Urteil vom 28.04.2006 – 324 O 993/05.
790 OLG Hamburg MMR 2007, 315 – Haftung einer Suchmaschine; so im Hauptsacheverfahren auch LG Hamburg MMR 2009, 290 – Suchmaschinenhaftung für »Snippets«.

Dieser Ansicht ist zuzustimmen.[791] Den Suchtreffern kann entnommen werden, dass die Suchbegriffe auf der Website gefunden wurden. Die Snippets werden dabei lediglich als Nachweis der Suchbegriffe im Text angezeigt. Eine bestimmte inhaltliche Beziehung der Suchbegriffe und angezeigten Satzteile zueinander ergibt sich daraus nicht.[792] Auch den Satzfragmenten kann keine inhaltliche Aussage entnommen werden. Durch die automatisierte Kürzung der Passagen können sogar einzelne Worte wie »nicht« oder »kein« abgeschnitten werden, so dass die Aussage eine gegensätzliche Bedeutung bekommt.[793] Eine inhaltlich richtige Zusammenfassung durch Snippets erwartet der durchschnittliche Nutzer daher auch nicht, zumal die Website, auf der die Informationen zu finden sind, mit einem Klick erreichbar ist.[794]

Damit scheidet auch bei Nachrichtensuchmaschinen eine Persönlichkeitsverletzung durch Anzeige der Nachrichtenübersicht aus. Selbst bei grob verzerrter Darstellung ist eine Verletzung von Persönlichkeitsrechten nicht denkbar, da den Snippets auch in diesem Fall kein eigener Aussagehalt entnommen werden kann.[795]

II.   Störerhaftung durch Verlinkung rechtsverletzender Artikel

Werden persönlichkeitsrechtsverletzende Artikel in der Nachrichtensuche aufgelistet, haften die Suchmaschinen-Betreiber möglicherweise als Störer. Durch die Verlinkung der Artikel bzw. die Anzeige der Snippets wirken sie adäquat-kausal an der fremden Rechtsverletzung mit. Eine Störerhaftung setzt allerdings die Verletzung zumutbarer Prüfpflichten voraus. Wie schon bei der urheberrechtlichen Störerhaftung dargestellt, können den Betreibern von Suchmaschinen proaktive Überwachungspflichten nicht auferlegt werden, da eine Überprüfung sämtlicher Suchtreffer nicht zumutbar ist.[796] Auch bei Persön-

---

791   OLG Stuttgart MMR 2009, 190 – Suchergebnis als Persönlichkeitsrechtsverletzung; Roggenkamp, jurisPR-ITR 10/2009 Anm. 2; Köster/Jürgens, K&R 2006, 108, 111.

792   OLG Hamburg MMR 2007, 315 – Haftung einer Suchmaschine; OLG Stuttgart MMR 2009, 190 – Suchergebnis als Persönlichkeitsrechtsverletzung; vgl. auch die Umfrage der Parteien in LG Hamburg, Urteil vom 09.01.2009 – 324 O 867/06 – Suchmaschinenhaftung für »Snippets« (= MMR 2009, 290).

793   Schuster, CR 2007, 443, 445; Köster/Jürgens, K&R 2006, 108, 111.

794   Vgl. Spieker, MMR 2005, 727, 732; a.A. Schuster, CR 2007, 443, 445, wonach Snippets nur dann hilfreich seien, wenn sie eine möglichst zutreffende Zusammenfassung bieten. Dieser Anspruch an Suchergebnislisten ist aber schon technisch nicht erfüllbar, da derzeit nur kurze Zitate der Originaltexte, nicht aber Inhaltsangaben etwa durch eine künstliche Intelligenz automatisiert erstellt werden können; vgl. Köster/Jürgens, K&R 2006, 108.

795   Gegen Seidel/Nink, CR 2009, 666, 667 f.; Schuster, CR 2007, 443, 446; Dietrich/Nink, CR 2009, 188, 189.

796   Vgl. 1. Teil B.II.4.b).

lichkeitsrechtsverletzungen wird eine Prüfpflicht und damit eine Störerhaftung der Suchmaschinen-Betreiber erst mit Kenntnis der Rechtsverletzung begründet.[797] Nur wenn ein rechtsverletzendes Suchergebnis trotz Abmahnung weiterhin über die Suche erreichbar ist, tritt eine Störerhaftung analog § 1004 BGB i.V.m. Art. 1 Abs. 1, 2 Abs. 2 GG ein. Der Prüfpflicht genügen die Suchmaschinen-Betreiber allerdings bereits, wenn sie nach einem Hinweis die Rechtslage prüfen und feststellen, dass kein klarer Rechtsverstoß vorliegt.[798] Lediglich bei offensichtlichen Rechtsverletzungen muss der Eintrag gesperrt werden. Die Kosten für die erste Abmahnung sind dabei nicht ersatzfähig, da die Störerhaftung durch sie erst begründet wird.[799]

Auf eine berechtigte Abmahnung hin muss der Suchmaschinen-Betreiber durch eine Sperrliste sicherstellen, dass derselbe Eintrag nicht erneut durch die Crawler aufgenommen und in der Suche angezeigt wird.[800] Fraglich ist allerdings, ob den Betreiber darüber hinausgehende Pflichten zur Verhinderung im Kern gleicher Rechtsverstöße treffen. Eine manuelle Prüfung aller Sucheinträge wäre auf Grund der Datenmenge nicht zumutbar.[801] Auch automatische Filter, um ähnliche Rechtsverstöße zu verhindern, sind überwiegend wirkungslos, da (bislang) nur konkrete Formulierungen, nicht aber Textpassagen dem Sinn nach erkannt werden können.[802] Einzig möglich wäre eine Sperrliste für bestimmte Kombinationen von Suchbegriffen.[803] Mit dieser Methode würde aber eine Vielzahl nicht rechtsverletzender Artikel, wie beispielsweise juristische Diskussionen über ein Thema, ebenfalls gesperrt, so dass auch diese Sperre vor dem Hintergrund einer umfassenden und effektiven Suche die Grenze der Zumutbarkeit überschreitet.[804] Der Unterlassungsanspruch erstreckt sich damit nur auf eine bestimmte URL.[805] Tritt auf einer anderen Internetseite eine ähnliche

---

797 OLG Hamburg MMR 2010, 141; OLG Nürnberg K&R 2008, 614, 615; AG Charlottenburg, Urteil vom 25.02.2005 – 234 C 264/04; *Stenzel*, ZUM 2006, 405, 407; *Spieker*, MMR 2005, 727, 731; *Feldmann*, jurisPR-ITR 19/2008 Anm. 4; *Rath*, AfP 2005, 324, 325; zu Meta-Suchmaschinen: LG Berlin MMR 2005, 324, 325 – Haftung für Metasuchmaschine; KG MMR 2006, 393, 394; *Braun*, jurisPR-ITR 5/2006 Anm. 6.

798 LG Berlin MMR 2005, 786, 787; OLG Nürnberg K&R 2008, 614, 615; *Ott*, WRP 2009, 351, 361; *Rath*, AfP 2005, 324, 329; *Roggenkamp*, jurisPR-ITR 10/2009 Anm. 2; kritisch: *Feldmann*, jurisPR-ITR 19/2008 Anm. 4.

799 AG Charlottenburg, Urteil vom 25.02.2005 – 234 C 264/04; *Köster/Jürgens*, K&R 2006, 108, 111; *Spieker*, MMR 2005, 727, 732.

800 LG Berlin MMR 2005, 786, 788; *Spieker*, MMR 2005, 727, 731 f.; *ders.*, MMR 2006, 395, 396.

801 LG Berlin MMR 2005, 785, 786; *Roggenkamp*, jurisPR-ITR 10/2009 Anm. 2.

802 *Roggenkamp*, jurisPR-ITR 10/2009 Anm. 2; vgl. LG Hamburg, Urteil vom 09.01.2009 – 324 O 867/06 – Suchmaschinenhaftung für »Snippets« (= MMR 2009, 290); klägerischer Vortrag in LG Berlin MMR 2005, 785, 786.

803 So LG Berlin ZUM-RD 2006, 519, 521 – Nacktfotos im Internet.

804 *Meyer*, K&R 2007, 177, 181; *Köster/Jürgens*, K&R 2006, 108, 111; a.A. *Stenzel*, ZUM 2006, 405.

805 OLG Nürnberg K&R 2008, 614, 615; OLG Hamburg, Urteil vom 11.03.2009 – 7 U 35/07.

Rechtsverletzung auf, dann muss der Betroffene den Suchmaschinen-Betreiber erneut in Kenntnis setzen.

III.   Ergebnis zum Persönlichkeitsrecht

Eine selbständige Verletzung von Persönlichkeitsrechten durch die Anzeige von Snippets bzw. die Verknüpfung mit Suchbegriffen scheitert, da den Suchergebnissen kein eigener Aussagegehalt zu entnehmen ist. Der durchschnittliche Suchmaschinen-Nutzer weiß, dass Suchergebnislisten automatisch generiert werden und lediglich den Nachweis erbringen, dass bestimmte Suchworte im Text aufgefunden wurden. Werden hingegen rechtsverletzende Artikel verlinkt und ausschnittsweise angezeigt, haben die Suchmaschinen-Betreiber nach einem Hinweis die konkret beanstandeten Artikel auf offensichtliche Rechtsverletzungen zu überprüfen. Wird die Anzeige und erneute Aufnahme eines beanstandeten, offensichtlich rechtswidrigen Artikels nicht unterbunden, dann haften die Suchmaschinen-Betreiber als Störer analog § 1004 BGB i.V.m. Art. 1 Abs. 1, 2 Abs. 2 GG. Weitergehende Pflichten zur Sperrung im Kern gleicher Persönlichkeitsverletzungen bestehen nicht.

Soweit Thumbnails zu einzelnen Artikeln angezeigt werden, kann nach den bei der Bildersuche behandelten Kriterien im Einzelfall auch eine Verletzung des Rechts am eigenen Bild vorliegen.[806] Überwiegend wird es sich bei den abgebildeten Fotos allerdings um Material von Bildagenturen handeln. Daher ist davon auszugehen, dass die abgebildeten Personen umfassend in die Verwertung der Bilder eingewilligt haben.

D.   Wettbewerbsrecht

Der Betrieb von Nachrichtensuchmaschinen ist auch wettbewerbsrechtlich relevant. Suchmaschinen-Betreiber bieten mit den Nachrichtenübersichten ein Konkurrenzprodukt zu den Internet-Portalen der Agenturen und Verlage an. Damit stehen sie im konkreten Wettbewerb zueinander und sind Mitbewerber nach § 2 Abs. 1 Nr. 3 UWG. Fraglich ist jedoch, ob die Suchmaschinen-Betreiber durch den Betrieb der Suchmaschine unlauter i.S.v. § 3 Abs. 1 UWG handeln. In Betracht zu ziehen sind ein ergänzender wettbewerbsrechtlicher Leistungsschutz wegen der systematischen Übernahme der Artikel und auch die gezielte Behinderung durch Umgehung von Werbeeinblendungen mit Hilfe von Deep-Links.

---

806 Vgl. 1. Teil C.I.

I.   Ergänzender wettbewerbsrechtlicher Leistungsschutz (§ 4 Nr. 9 UWG)

§ 4 Nr. 9 UWG stuft die Übernahme einer fremden Leistung unter bestimmten Voraussetzungen als unlauter ein. Von den Crawlern der Nachrichtensuchmaschinen werden die Nachrichtenmeldungen der Agenturen und Verlage abgerufen, gespeichert und in der Suche verwendet. Eine Leistungsübernahme liegt damit vor. Diese ist jedoch im Rahmen des ergänzenden wettbewerbsrechtlichen Leistungsschutzes nur unlauter, wenn weitere Umstände hinzutreten, die eine Wettbewerbswidrigkeit begründen können. Der Schutz eigener Leistung vor Verwendung durch Dritte ist ausschließlich durch das Immaterialgüterrecht gewährleistet. Auf Grund der unterschiedlichen Schutzrichtung ist das Wettbewerbsrecht jedoch daneben anwendbar.[807] Es ist somit zu untersuchen, ob die im Rahmen der Nachrichtensuche vorgenommenen Handlungen über die schlichte Leistungsübernahme hinaus als unlauter einzustufen sind. Diese Wettbewerbswidrigkeit müsste sich aus der Art und Weise der Übernahme bzw. der Nutzung der übernommenen Leistung ergeben.

1.   Crawlen

Im Crawlen ist die eigentliche Leistungsübernahme zu sehen. Die Artikel mit begleitenden Informationen werden der Originalwebsite entnommen und in der Datenbank der Suchmaschine gespeichert. Dass die Crawler dabei systematisch vorgehen, ist Voraussetzung der §§ 87a ff. UrhG und begründet damit noch keine Unlauterkeit.

Ein über die Entnahme hinausgehendes unlauteres Verhalten könnte darin liegen, dass beispielsweise Zugangssperren umgangen werden. Auch ein Abruf, der den normalen Betrieb der Website beeinträchtigt, könnte eine Wettbewerbswidrigkeit begründen. Ein derartiges Verhalten ist Betreibern von Nachrichtensuchmaschinen jedoch regelmäßig nicht vorzuwerfen. Technische Schutzmaßnahmen werden nicht umgangen. Weiterhin ist davon auszugehen, dass die Crawler Hinweise in Meta-Tags oder robots.txt-Dateien beachten. Lediglich bei einem zu häufigen Abruf durch Crawler kann im Einzelfall das Durchsuchen von Internetseiten als unlauter beanstandet werden. Da die Rechenzentren heutzutage jedoch über Breitbandverbindungen verfügen und die Crawler entsprechend programmiert sind,[808] ist die Beeinträchtigung des normalen Betriebs einer Website durch das Crawlen faktisch ausgeschlossen.

---

807 Vgl. 1. Teil D.I; a.A. *Dreier*/Schulze, § 49 Rn. 23, der für die Übernahme von Zeitungsartikeln aus Datenbanken das Datenbankherstellerrecht nach §§ 87a ff. UrhG für vorrangig hält.

808 Es ist davon auszugehen, dass Crawler selbständig an den Zugriffszeiten erkennen, wenn

2. Anzeige der Suchergebnisse

Weiterhin könnte die Anzeige der Suchergebnisse eine Wettbewerbswidrigkeit begründen. Durch die von den Suchmaschinen angebotenen Nachrichten-übersichten greifen weniger Nutzer auf die Angebote der Zeitungen und Verlage zurück.[809] Für einen ersten Überblick reichen die Übersichten in Nachrichten-suchmaschinen oft aus. Viele Nutzer besuchen die Seite einer Zeitung nur noch, wenn sie ein über die Suchmaschine gefundener Artikel näher interessiert. Kunden, die sonst die Website einer Zeitung täglich besuchen, können damit an die Nachrichtensuchmaschine verloren gehen.[810] Andererseits vermitteln Nachrichtensuchmaschinen den Verlagen neue Nutzer, die ursprünglich die Website einer Zeitung gar nicht besuchen wollten. Es scheint daher zweifelhaft, dass die Nutzerzahlen durch Suchdienste wirklich zurückgehen.[811] Außerdem bieten Nachrichtensuchmaschinen den Nutzern einen erheblichen Effizienzge-winn.[812] Statt die Websites vieler Zeitungen selbst durchsuchen zu müssen, können sie bequem auf die Suchergebnisse der Suchmaschinen zurückgreifen. Ein besonderer Umstand, der die Unlauterkeit begründet, ist in der Anzeige der Suchergebnisse damit nicht zu sehen.[813]

3. Deep-Link zum Originalartikel

Der BGH hat in der Paperboy-Entscheidung auf das Setzen der Deep-Links in den Suchergebnislisten abgestellt. Die Richter sahen in dem Link schon keine Leistungsübernahme i.S.v. § 4 Nr. 9 UWG. Der Zugriff auf die Artikel werde zwar erleichtert, diese seien aber ohnehin online zugänglich. Der Suchmaschi-nen-Anbieter mache sich die Texte auch nicht zu eigen, so dass eine Unlauterkeit auch unter diesem Gesichtspunkt ausscheide.[814] Dem ist zuzustimmen,[815] denn aus Sicht des Nutzers ist die entscheidende Leistung die Auflistung der Such-ergebnisse und deren Verlinkung.[816] Der Inhalt des Artikels ist bei wertender Betrachtung keine Leistung des Suchmaschinen-Betreibers, sondern weiterhin eine Leistung der Agentur bzw. des Verlags. Damit wird die inhaltliche Leistung der Artikel durch den Link nicht übernommen.

Auch eine weitergehende Wettbewerbswidrigkeit durch die Nutzung der von

---

ein Server zu stark belastet ist, und das Durchsuchen daraufhin zu einem späteren Zeit-punkt fortsetzen.
809 Vgl. *Nolte,* ZUM 2003, 540, 548.
810 *Nolte,* CR 2003, 924, 926.
811 *Nolte,* ZUM 2003, 540, 548.
812 *Nolte,* CR 2003, 924, 926.
813 So auch *Nolte,* ZUM 2003, 540, 548.
814 BGHZ 156, 1, 18 – Paperboy.
815 So auch *Ott,* WRP 2004, 52, 57; *Heydn,* NJW 2004, 1361, 1363.
816 *Mohr,* Internetspezifische Wettbewerbsverstöße, S. 117.

den Crawlern ermittelten URLs liegt nicht vor. Die Adresse eines Artikels kann jeder Nutzer durch Aufruf des Internet-Portals der Zeitung selbst ermitteln. Oftmals wird der Link sogar explizit auf der Seite des Artikels angegeben.[817] Ein besonderer Umstand, der eine Unlauterkeit begründen kann, liegt in der Nutzung des Links damit nicht.

4. Nachrichten als E-Mail-Newsletter

Ebenso wie die Anzeige der Suchergebnisse und Deep-Links kann auch der Versand des E-Mail-Newsletters nicht als unlauter beanstandet werden.[818] Durch die Snippets wird zwar eine fremde Leistung genutzt, ein darüber hinausgehendes wettbewerbswidriges Handeln fehlt jedoch. Die Suchmaschinen-Betreiber machen sich die Meldungen weder zueigen, noch täuschen sie über deren Herkunft. Dem durchschnittlichen Nutzer ist klar, dass es sich auch beim Newsletter um fremde Informationen handelt, auf die mittels Link verwiesen wird.

5. Ergebnis

Über die schlichte Leistungsübernahme hinaus lassen sich im Rahmen der Nachrichtensuche keine Umstände feststellen, die eine Unlauterkeit begründen könnten. Unter dem Gesichtspunkt des ergänzenden wettbewerbsrechtlichen Leistungsschutzes ist die Nutzung daher zulässig.

II. Gezielte Behinderung durch Deep-Links (§ 4 Nr. 10 UWG)

Unlauter könnten weiterhin die Deep-Links auf die einzelnen Artikel sein. Die Nutzer werden gezielt an der Startseite und möglichen Übersichtsseiten vorbeigeleitet. Auf diese Weise entgehen den Agenturen und Verlagen Werbeeinnahmen, mit denen sich die Internet-Portale der Zeitungen und Zeitschriften primär finanzieren. Darin könnte eine gezielte Behinderung von Mitbewerbern liegen (§ 4 Nr. 10 UWG).

Der BGH sah allerdings auch in diesem Umstand kein wettbewerbswidriges Handeln der Suchmaschinen-Anbieter. Die Verlage dürften nicht darauf vertrauen, dass jeder Nutzer über die Startseite auf die Website gelange. Suchmaschinen und Hyperlinks seien für eine sinnvolle Nutzung des Internets unent-

---

817 Auf vielen Internet-Portalen hat der Nutzer die Möglichkeit, den »permanenten Link zum Artikel« zu speichern.

818 So auch OLG Köln NJW-RR 2001, 904, 908 – Suchdienst für Zeitungsartikel; *Nolte*, ZUM 2003, 540, 548.

behrlich. Daher sei es hinzunehmen, dass öffentlich zugänglich gemachte Artikel auch direkt über einen Deep-Link aufgerufen werden. Zudem stehe es den Verlagen frei, ihre Werbung auch auf den Unterseiten der Artikel einzublenden.[819]

In der Literatur hat die BGH-Entscheidung zu Recht Zustimmung gefunden.[820] Die Wettbewerbswidrigkeit könne nicht an Mechanismen der Werbewirtschaft festgemacht werden.[821] Bei der Umgehung der Werbung handele es sich nur um einen unbeabsichtigten Nebeneffekt.[822] Dem ist auch aus ökonomischer Sicht zuzustimmen. Mit der direkten Verlinkung durch Suchmaschinen erschließen sich die Verlage einen potentiell größeren Nutzerkreis.[823] Dadurch werden die Werbeeinnahmen wiederum gesteigert. Ein Deep-Link führt schneller zum Ziel als ein Link auf die Startseite, da er dem Nutzer lästiges Suchen auf der Website erspart.[824] Außerdem ist die Platzierung von Werbung auf jeder Unterseite schon lange üblich.[825] Möchte ein Anbieter die direkte Verlinkung dennoch verhindern, stehen ihm dafür technische Maßnahmen zur Verfügung.[826] Ein zwingendes Bedürfnis, Deep-Links mit Hilfe des Wettbewerbsrechts zu unterbinden, besteht folglich nicht.[827] Das Umgehen von Werbeeinblendungen durch Deep-Links stellt damit keine gezielte Behinderung dar.

Anders wäre ein Deep-Link auf ein Konkurrenzangebot zu beurteilen, wenn durch den Link Werbeeinblendungen mit Schädigungsabsicht unterdrückt werden.[828] In diesem Fall ließe sich durchaus eine direkte Behinderung eines Mitbewerbers annehmen. Eine dahingehende Absicht ist Nachrichtensuchmaschinen bei der Verlinkung von Artikeln jedoch nicht zu unterstellen.[829]

---

819 BGHZ 156, 1, 18 f. – Paperboy.
820 *Wimmers/Baars*, JR 2004, 288, 289; *Spindler*, JZ 2004, 150, 154; *Ott*, WRP 2004, 52, 57; *Heydn*, NJW 2004, 1361, 1363; *Nolte*, CR 2003, 924, 926; *Stadler*, JurPC Web-Dok. 283/2003, Abs. 27; *Neubauer*, TKMR 2003, 444, 445; *Hoeren*, GRUR 2004, 1, 2 f.; vorher schon *Plaß*, WRP 2000, 599, 606.
821 *Wimmers/Baars*, JR 2004, 288, 289.
822 *Plaß*, WRP 2000, 599, 606.
823 *Spindler*, JZ 2004, 150, 154.
824 *Heydn*, NJW 2004, 1361, 1363; *Nolte*, CR 2003, 924, 926.
825 *Ott*, WRP 2004, 52, 58; *Neubauer*, TKMR 2003, 444, 446 f.
826 *Spindler*, JZ 2004, 150, 154; *Ott*, WRP 2004, 52, 58; *Nolte*, ZUM 2003, 540, 548; vgl. zur Bedeutung technischer Schutzmaßnahmen für die Unlauterkeit: *Mohr*, Internetspezifische Wettbewerbsverstöße, S. 180 ff.; *Hoeren*, GRUR 2004, 1, 5 f.
827 *Heydn*, NJW 2004, 1361, 1363.
828 *Plaß*, WRP 2000, 599, 607.
829 Vgl. *Mohr*, Internetspezifische Wettbewerbsverstöße, S. 112 f.

III. Ergebnis zum Wettbewerbsrecht

Zwar stehen Suchmaschinen-Betreiber und die Verlage im Hinblick auf Nachrichten-Übersichten im Internet in einem konkreten Wettbewerbsverhältnis. Die Handlungen der Suchmaschinen-Betreiber sind jedoch nicht unlauter. Weder greift der ergänzende wettbewerbsrechtliche Leistungsschutz (§ 4 Nr. 9 UWG) ein, noch liegt im Verknüpfen mittels Deep-Links eine gezielte Behinderung (§ 4 Nr. 10 UWG). Da für den Nutzer klar erkennbar ist, wer Anbieter der Nachrichten ist, und keine Anhaltspunkte dafür vorliegen, dass die Suchmaschinen-Betreiber das Image der Internet-Portale der Verlage auf ihre Suchen übertragen wollen, liegt in den Deep-Links auch keine unzulässige Rufanlehnung (§ 4 Nr. 9 lit. b UWG).[830] Nachrichtensuchmaschinen sind damit wettbewerbsrechtlich zulässig.

E.   Zusammenfassung

Entgegen dem von der Paperboy-Entscheidung des BGH gesetzten Anschein sind Nachrichtensuchmaschinen nach deutschem Recht nicht per se zulässig. Sofern die Agenturen und Verlage in die Nutzung ihrer Artikel nicht eingewilligt oder diese lizenziert haben, begehen die Suchmaschinen-Betreiber durch das Crawlen und Speichern der Nachrichtenmeldungen Urheberrechtsverletzungen. Weiterhin greifen sie in das Datenbankschutzrecht der Verlage an ihren Internet-Portalen ein. Verletzungen des Persönlichkeits- und Wettbewerbsrechts liegen in der Regel allerdings nicht vor. Lediglich bei der Verlinkung offensichtlich rechtswidriger Artikel haftet der Suchmaschinen-Betreiber ab Kenntniserlangung als Störer.

Soweit die Suchmaschinen-Betreiber mit den Agenturen und Verlagen keine individuellen Vereinbarungen treffen, gehen jene das Risiko urheberrechtlicher Schadensersatzforderungen ein, deren Höhe erheblich sein kann. Während die großen Anbieter wie Google und Microsoft derartige Verfahren finanziell verkraften, kann bei kleineren Nachrichtensuchmaschinen die Existenz von einer solchen Schadensersatzforderung abhängen. Vor allem kleineren Anbietern ist daher anzuraten, ihre Suche für den Betrieb in Deutschland auf eine sichere rechtliche Grundlage zu stellen und dafür möglicherweise technische Modifikationen vorzunehmen.

---

830 BGHZ 156, 1, 18 – Paperboy; *Neubauer*, TKMR 2003, 444, 446; *Mohr*, Internetspezifische Wettbewerbsverstöße, S. 127.

F.   Möglichkeiten zur Legalisierung der Nachrichtensuche

Um Nachrichtensuchmaschinen in Deutschland keinem untragbaren Haftungsrisiko auszusetzen, sind verschiedene Möglichkeiten denkbar, die aufgezeigten Rechtsverletzungen zu begrenzen oder auszuschließen. Im Ausland hat Marktführer Google mit einigen Agenturen und Verlagen Lizenzverträge ausgehandelt und sich so die Rechte zur Nutzung der Nachrichtenmeldungen übertragen lassen.[831] Während der Abschluss von Lizenzverträgen großen Suchmaschinen-Anbietern durchaus möglich ist, haben kleinere Nachrichtensuchmaschinen weder die personellen noch die finanziellen Mittel, sich mit den Verlagen individuell vertraglich zu einigen. Selbst Google scheint in Deutschland keinen Erfolg oder zumindest nicht den Willen zu haben, mit den Anbietern von Nachrichtenmeldungen Lizenzverträge abzuschließen.

Damit nicht jeder Verlag mit allen Anbietern von Nachrichtensuchen individuelle Vereinbarungen treffen muss, könnte die Zustimmung zur Nutzung von Nachrichtenmeldungen mit Hilfe eines automatisierten Opt-in-Verfahrens erteilt werden. Möglich ist dabei auch die Beteiligung der Rechteinhaber an den von der Suchmaschine generierten Werbeeinnahmen. Damit könnten kleinere Anbieter ebenfalls eine Nachrichtensuche anbieten, ohne sich im Voraus mit den Agenturen und Verlagen individuell einigen zu müssen. Auch auf Seiten der Rechteinhaber böte dieses automatisierte Verfahren den Vorteil, dass nur eine einzige Einwilligung erteilt werden müsste, um allen Suchmaschinen-Anbietern gegenüber die Zustimmung zur Nutzung zu erklären.

Andererseits könnte wiederum der Gesetzgeber tätig werden und Nachrichtensuchmaschinen gesetzlich privilegieren. Als Grund hierfür könnte der Nutzen für die Allgemeinheit angeführt werden. Die Suchmaschinen könnten Nachrichtenmeldungen dann weiterhin nutzen, ohne sich um Lizenzverträge oder Einwilligungen der Rechteinhaber bemühen zu müssen.

I.   Opt-in-Verfahren

Den Anbietern der Nachrichtensuchmaschinen ist es grundsätzlich möglich, im Vorhinein die Zustimmung der Agenturen und Verlage zur Übernahme von Artikeln einzuholen.[832] Vor allem im Hinblick auf die begrenzte Anzahl von Websites, die von den Crawlern der Nachrichtensuchmaschinen durchsucht werden, dürfte dies für die Betreiber auch keinen unzumutbaren Aufwand bedeuten. Um auch kleineren Anbietern die Nutzung zu ermöglichen und den

---

831 Vgl. 2. Teil Einleitung.
832 Tribunal Bruxelles MR-Int 2006, 193, 198.

Aufwand für Agenturen und Verlage überschaubar zu halten, empfiehlt sich, wie eingangs dargestellt, ein automatisiertes Verfahren. Die Anbieter von Nachrichtenmeldungen können so einheitlich festlegen, ob sie eine Nutzung im Rahmen von Nachrichtensuchmaschinen zulassen möchten.

Derzeit haben die Agenturen und Verlage lediglich die Möglichkeit, mittels Meta-Tags oder dem Robots Exclusion Standard der Nutzung zu widersprechen. Um die Nutzung rechtlich abzusichern, ist aber wie bei Bildersuchmaschinen ein Opt-in-Verfahren vorzuziehen.[833] Meldungen dürfen hiernach nur dann in die Suche übernommen und aufgelistet werden, wenn deren Verwendung ausdrücklich zugestimmt wurde.

1. Robots Exclusion Standard und Meta-Tags

Die Zustimmung könnte, wie bei der Bildersuche vorgeschlagen, mit dem Robots Exclusion Standard oder Befehlen in Meta-Tags erklärt werden.[834] Die Anbieter von Nachrichtensuchmaschinen könnten so durch die Crawler automatisiert ermitteln, ob die Übernahme der Nachrichten erwünscht ist. Einzelne Bereiche einer Website könnten von dieser Einwilligung ausgenommen werden.

Dennoch haben die von der W3C empfohlenen Befehle[835] einen großen Nachteil. Bestimmt werden kann nur, »ob« die Nachrichtenmeldungen genutzt werden dürfen, Angaben über die Art und den Umfang der Nutzung sind nicht möglich. Gerade bei Nachrichtensuchmaschinen wäre für die Agenturen und Verlage jedoch etwa eine zeitliche oder inhaltliche Begrenzung der angezeigten Snippets interessant. Die derzeitigen Möglichkeiten der robots.txt-Datei und Meta-Tags sind damit unzureichend.

2. Automated Content Access Protocol (ACAP)[836]

Um für Nachrichtenmeldungen ein differenziertes Opt-in-Verfahren zu ermöglichen, haben sich einige der großen Branchenverbände zusammengeschlossen und einen neuen Standard entwickelt. Mit dem Automated Content Access Protocol werden die derzeit zulässigen Angaben in Meta-Tags und dem bestehenden Robots Exclusion Standard erweitert. Durch zusätzliche Befehle können Verleger den Crawlern mitteilen, in welchem Umfang und unter welchen Bedingungen die Nutzung der Nachrichtenmeldungen gestattet ist.

---

833 Vgl. 1. Teil F.III.
834 Vgl. 1. Teil F.III.
835 Vgl. 1. Teil A.I.2.
836 Weitere Informationen und technische Erklärungen zum ACAP finden sich unter http://www.the-acap.org.

Beispiel einer robots.txt-Datei nach dem ACAP
Zeitbegrenzung für die Speicherung aktuelle Meldungen
ACAP-allow-preserve: /aktuell/ time-limit=7-days
Anzeige von Snippets erlauben
ACAP-allow-present-snippet: / max-length=100-chars
Anzeige von Thumbnails verbieten
ACAP-disallow-present-thumbnail: /

Beispiel von Meta-Tags nach dem ACAP
<META name="robots" content="ACAP allow-index">
<META name="robots" content="ACAP disallow-follow">
Begrenzung der Snippets auf 100 Zeichen
<META name="searchbot" content="ACAP allow-present-snippet max-length=100-chars">

Neben diesen allgemeinen Anweisungen an die Crawler können weiterhin direkt in den Artikeln bestimmte Teile mit HTML-Befehlen gekennzeichnet werden. Auf diese Weise können den Suchmaschinen Snippets vorgegeben oder nur bestimmte Teile des Textes zum Indexieren freigegeben werden. Das ACAP bietet den Rechteinhabern damit vielfältige Möglichkeiten, die zulässige Nutzung ihrer Meldungen exakt zu bestimmen. Weiterhin ist der Einsatz kostenfrei und die Befehle können ähnlich einfach erstellt werden wie nach dem bisherigen Robots Exclusion Standard bzw. den entsprechenden Angaben in Meta-Tags.

3.   Ergebnis

Während das ACAP in den USA und England schon vielfach eingesetzt wird, ist es im deutschen Raum noch wenig verbreitet.[837] Das grundsätzliche Problem ist dabei, dass die Betreiber der Suchmaschinen das ACAP derzeit nicht umsetzen möchten. Google beispielsweise vertritt die Auffassung, das ACAP und das bisher verwendete System passten technisch nicht zusammen.[838] Der wahre Grund liegt aber nicht in der technischen Umsetzung. Vielmehr wollen die Suchmaschinen-Anbieter weiterhin die Kontrolle über die in der Nachrichten-suche angezeigten Meldungen behalten. Mit dem ACAP hingegen wären die Agenturen und Verlage in der Lage zu bestimmen, welche Meldungen in der

---

837 Vgl. Liste der Websites, die das ACAP einsetzen: http://www.the-acap.org/Files/04/ 048b2ccb-0bf2 – 4ce4-bb07 – 689cb943bef4.pdf.
838 iTWire vom 18.03.2008, http://www.itwire.com/content/view/17206/53/1/0/.

Nachrichtensuche angezeigt werden, und sie könnten auch Vorgaben über die Art und den Umfang der Nutzung machen. Es bleibt damit abzuwarten, ob sich das ACAP durchsetzt. Es stellt jedenfalls eine sinnvolle Erweiterung der bisherigen Standards dar, um Crawlern eine Einwilligung zu erklären und gleichzeitig die automatisierte Erkennung von Nutzungsbeschränkungen zu ermöglichen.

II. Beteiligung an Einnahmen

Auf Grundlage von individuellen Lizenzverträgen oder des vorgestellten Opt-in-Verfahrens wäre zudem eine Beteiligung der Agenturen und Verlage an den Werbeeinnahmen von Nachrichtensuchmaschinen denkbar.

Ein derartiges Verfahren setzt Google bei seinem Dienst Fast Flip[839] ein, über den Screenshots von Online-Magazinen in Gruppen sortiert abgerufen werden können. In verschiedenen Kategorien können die Nutzer ähnlich wie bei der Büchersuche zwischen den Screenshots der Magazine hin- und herblättern. Durch einen Link gelangt man direkt zur Seite der Anbieter. Als Gegenleistung sollen diese einen Teil der Werbeeinnahmen erhalten.[840] Die Nutzung geht dabei allerdings über das Maß der herkömmlichen Nachrichtensuchmaschinen hinaus, da nicht nur kleine Snippets, sondern die komplette Bildschirmansicht abgebildet wird. Dies erklärt auch, wieso Google die Rechteinhaber an den Einnahmen beteiligt.

Als erste deutsche Nachrichtensuchmaschine, die Einnahmen ausschüttet, ist 2009 nachrichten.de gestartet. Sie funktioniert im Wesentlichen wie Google News. Die Agenturen und Verlage werden jedoch prozentual an den Werbeeinnahmen beteiligt. Ob sich unter diesen Bedingungen der Betrieb der Nachrichtensuche wirtschaftlich lohnt und ob sich dieses System durchsetzt, muss sich allerdings erst noch zeigen. Kritiker bemängeln, dass weniger Zeitungen aufgelistet sind als in Google News und dass das System dem Nutzer keinen Mehrwert biete. Daher werde diese »neue« Nachrichtensuchmaschine Google niemals einholen können.

Auch Google plant ein Vergütungssystem für Verlage. Auf Anfrage der Newspaper Association of America (NAA) gab Google 2009 bekannt, an einer Bezahl-Plattform zu arbeiten und diese binnen eines Jahres fertig zu stellen.[841] Der Nutzer solle mit diesem System Abos zu bestimmten Bereichen buchen oder mit einem Prepaid-Guthaben einzelne Artikel bezahlen können. Die Einnahmen

---

839 Die Testversion von Fast Flip ist verfügbar unter http://fastflip.googlelabs.com/.
840 Vgl. news.de vom 15.09.2009, http://www.news.de/medien/855024861/fast-flip-beteiligt-verleger-an-werbeeinnahmen/1/.
841 Nachrichtenmeldungen in der AfP 2009, 479.

sollen nach Abzug einer 30 %-Provision für Google an die Verlage ausgeschüttet werden. Damit scheint Google auf die Forderungen der Verlage einzugehen. Ob und wann das System auch in Deutschland eingesetzt wird, ist allerdings noch nicht bekannt.

III. Gesetzliche Privilegierung de lege ferenda

Fraglich ist, ob sich neben der Möglichkeit eines Opt-in-Verfahrens eine gesetzliche Privilegierung von Nachrichtensuchmaschinen empfiehlt. Im Rahmen der Bildersuche hat sich bereits gezeigt, dass eine gesetzliche Regelung für Suchmaschinen nicht notwendig ist. Da die Crawler ihre Informationen für die Nachrichtensuche nur von einem begrenzten und im Vorhinein festgelegten Kreis von Unternehmen beziehen, ist es für die Betreiber noch einfacher, sich die erforderlichen Rechte einräumen zu lassen, als dies bei der Bildersuche mit einem automatisierten Opt-in-Verfahren[842] möglich ist. Das ACAP zeigt, dass sogar eine differenzierte Rechtseinräumung, die von Crawlern automatisiert ausgewertet werden kann, realisierbar ist.

Weiterhin wäre eine Privilegierung nicht interessengerecht. Nachrichtensuchmaschinen stellen ein Konkurrenzprodukt zu den Nachrichtenübersichten der Verlage dar. Sie halten zwar keine Artikel im Volltext zum Abruf bereit, liefern dem Nutzer aber einen ersten Eindruck über aktuelle Nachrichten, der vielfach dem Informationsbedürfnis genügt. Insoweit wird das Angebot der Verlage durch Nachrichtensuchmaschinen substituiert, so dass Nutzer für einen ersten Überblick die Websites der Suchmaschinen, nicht aber die Internet-Portale der Verlage besuchen.[843] Dieses unternehmerische Gewinnstreben unter dem Deckmantel des Nutzens für die Allgemeinheit, den die Suchanbieter vorwiegend ins Feld führen, darf der Gesetzgeber nicht privilegieren. Wenn ein Unternehmen ein Angebot bereitstellt, das auf Leistungen Dritter aufbaut, muss es die erforderlichen Lizenzen im Vorwege einholen. Das gilt auch für Nachrichtensuchmaschinen.

Damit sind sowohl zusätzliche urheberrechtliche Schranken als auch andere gesetzliche Regelungen zur Privilegierung von Nachrichtensuchmaschinen abzulehnen.[844]

---

842 Vgl. 1. Teil F.III.
843 *Buchner*, AfP 2003, 510, 514.
844 *Buchner*, AfP 2003, 510, 514.

IV. Ergebnis

Um das Haftungsrisiko der Anbieter von Nachrichtensuchmaschinen zu begrenzen, ist ihnen die Umstellung auf ein Opt-in-Verfahren anzuraten. Die Betreiber entgehen damit einer urheberrechtlichen Schadensersatzhaftung. Es bestünde lediglich eine Pflicht zur Unterlassung und Beseitigung von Artikeln, für deren Nutzung eine Einwilligung des Berechtigten fehlt. Daneben müssten die Anbieter nur als Störer für die Verlinkung persönlichkeitsrechtsverletzender Meldungen einstehen. Ein Unterlassungsanspruch entsteht in diesen Fällen jedoch erst ab Kenntnis und nur bei offensichtlichen Rechtsverletzungen. Sofern die Suchmaschinen-Betreiber einem Hinweis auf eine Rechtsverletzung nachgehen und den entsprechenden Eintrag nach Prüfung löschen, bestehen bei einem Opt-in-Verfahren keine weiteren Haftungsrisiken.

Auch die Befürchtung, dass bei einer Umstellung der Suchmaschinen die Agenturen und Verlage die Einwilligung nicht erklären werden, ist unbegründet. Wie eingangs dargestellt, haben sie durchaus ein Interesse daran, über Nachrichtensuchmaschinen gefunden zu werden. Mit dem ACAP könnte den Rechteinhabern weiterhin die Möglichkeit gegeben werden, Art und Umfang der zulässigen Nutzung selbst zu bestimmen. Damit hätten sogar Nachrichten-Anbieter, die ihre Inhalte ausschließlich kostenpflichtig bereitstellen, die Möglichkeit, kurze Snippets anzugeben, die in der Nachrichtensuche aufgelistet werden. Die Nutzung könnte ebenfalls zeitlich eingeschränkt werden, so dass das Vertrauen der Agenturen und Verlage in die Nachrichtensuche steigen würde.

Ob die Verlage im Gegenzug an den Einnahmen der Suchmaschinen-Betreiber beteiligt werden können, wird der wirtschaftliche Erfolg der gestarteten Projekte zeigen. Da die Rechteinhaber selbst einen Nutzen aus den Nachrichtensuchmaschinen ziehen, ist eine Beteiligung aber nicht zwingend erforderlich. Mit dem vorgestellten Opt-in-Verfahren können die beiderseitigen Interessen in einen angemessenen Ausgleich gebracht werden, so dass es einer gesetzlichen Privilegierung von Nachrichtensuchmaschinen nicht bedarf.

3. Teil: Durchsetzung von Ansprüchen gegen Suchmaschinen-Betreiber

Soweit Ansprüche gegen Suchmaschinen-Betreiber bestehen, können diese von den Rechteinhabern gerichtlich durchgesetzt werden. Das Internet birgt gegenüber der »Offline-Welt« allerdings einige Besonderheiten, die bei der Rechtsdurchsetzung zu beachten sind.

Zunächst ist der richtige Anspruchsgegner zu bestimmen. Bei der rechtlichen Untersuchung wurde allgemein von Suchmaschinen-Betreibern gesprochen. Am Betrieb eines Internet-Dienstes wirken allerdings meist mehrere Personen mit. Für die Durchsetzung von Ansprüchen ist daher genau zu untersuchen, welche natürliche oder juristische Person Anbieter der entsprechenden Suchmaschine ist. Neben diesen primär verantwortlichen Anbietern können andere Personen, die am Betrieb der Suche mitwirken, möglicherweise als Täter, Teilnehmer oder Störer haften.

Überdies ist das Internet nicht territorial beschränkt. Öffentlich zugänglich gemachte Inhalte sind in der Regel weltweit abrufbar. Rechtsverletzungen durch die Speicherung oder Änderung von Inhalten können ohne großen technischen Aufwand auf Servern im Ausland begangen werden. Die Verletzung von Urheber- oder Persönlichkeitsrechten im Internet geschieht also sehr häufig grenzüberschreitend. Fraglich ist daher, welches Gericht für eine Klage international und örtlich zuständig ist. Auch das anwendbare Recht muss bei diesen grenzüberschreitenden Sachverhalten gesondert bestimmt werden.

A.   Anspruchsgegner

Als eigentlicher Suchmaschinen-Betreiber im Sinne der vorstehenden Untersuchungen ist der Anbieter des Dienstes (Content-Provider) zu sehen. Da für die Erreichbarkeit eines Internet-Dienstes eine Domain notwendig ist, könnte auch deren Inhaber haftbar gemacht werden. In Deutschland ist ferner die Angabe eines administrativen Ansprechpartners (Admin-C) für die Registrierung einer

Domain erforderlich, der ebenso wie die Domainregistrierungsstelle als Anspruchsgegner herangezogen werden könnte.

Einen gesonderten Host-Provider, der Speicherplatz für die fremden Inhalte zur Verfügung stellt, gibt es bei Suchmaschinen nicht, da diese auf Grund der großen Datenmengen in der Regel auf eigenen Servern der Anbieter betrieben werden. Möglicherweise können aber die technischen Zugangsvermittler (Access-Provider) zur Sperrung rechtsverletzender Inhalte aufgefordert werden.

I.   Anbieter des Dienstes

Primär verantwortlich für Rechtsverletzungen, die durch einen Internet-Dienst begangen werden, ist dessen Anbieter. Bei ihm handelt es sich um diejenige Person, welche die tatsächliche Verfügungsgewalt über den Dienst hat und diesen im eigenen Namen betreibt. Nach § 5 TMG muss der Anbieter seine Daten im Impressum der Website angeben und ist auf diese Weise in der Regel einfach zu ermitteln.

Für die Suchmaschinen von Google ist, wie sich auch aus dem Impressum ergibt,[845] die Google Inc. mit Sitz in den USA, Kalifornien Diensteanbieter.[846] Ansprüche wegen Rechtsverletzungen durch deren Angebote sind daher primär gegen die Google Inc. zu richten.[847]

II.   Inhaber der Domain

Die Inhaber der Domains, über die Suchmaschinen zu erreichen sind, sind meist die Anbieter dieser Dienste selbst. Sind Domain-Inhaber und Diensteanbieter im Einzelfall jedoch personenverschieden, könnte der Domain-Inhaber ebenfalls für Rechtsverletzungen der Suchmaschine haften.

Da die Domain zwingend notwendig ist, damit Nutzer die Suchmaschine erreichen können, wirkt der Domain-Inhaber an der Verbreitung der abrufbaren Inhalte adäquat-kausal mit. Ohne seine Mithilfe kann die Suchmaschine nicht betrieben werden. Sofern ihm ein entsprechender Vorsatz nachgewiesen werden kann, haftet er daher urheberrechtlich für die öffentliche Zugänglichmachung (§ 19a UrhG) als Gehilfe. Für alle übrigen Rechtsverletzungen durch die Anzeige von Inhalten kann er als Störer herangezogen werden. Dabei sind ihm proaktive Prüfpflichten auf Grund der großen Datenmenge bei Suchma-

---

845 http://www.google.de/intl/de/impressum.html.
846 *Meyer*, K&R 2007, 177, 179 f.
847 LG Erfurt MMR 2007, 393 – Thumbnails bei Google.

schinen nicht zuzumuten. Wird der Domain-Inhaber jedoch auf eine offensichtliche Rechtsverletzung hingewiesen, muss er auf den Anbieter des Dienstes einwirken, die Rechtsverletzung zu beseitigen. Da der Domain-Inhaber für die abrufbaren Inhalte mitverantwortlich ist, ist ihm dieses Vorgehen auch zumutbar. Er hat die tatsächliche Verfügungsgewalt über die Domain und damit über die Erreichbarkeit der Informationen. Schafft der Suchmaschinen-Anbieter keine Abhilfe, muss der Domain-Inhaber den Zugang zur Domain sperren.

Die Crawler hingegen arbeiten ohne Nutzung der Domain. An Rechtsverstößen durch das Abrufen, Speichern und Verändern von Informationen wirkt der Domain-Inhaber damit nicht mit und eine Haftung ist insoweit ausgeschlossen.

III. Admin-C der Domain

Nach den Domainrichtlinien[848] der DENIC[849] muss für jede ».de«-Domain neben dem Domain-Inhaber eine natürliche Person mit Wohnsitz im Inland als administrativer Ansprechpartner (Admin-C) angegeben werden. Der Admin-C ist Bevollmächtigter für alle die Domain betreffenden Angelegenheiten. Für die Domain »google.de«, unter der die deutschen Suchmaschinen-Angebote von Google betrieben werden, ist die Google Deutschland GmbH als Admin-C eingetragen. Das LG Erfurt hat in seiner Entscheidung zur Bildersuche eine urheberrechtliche Störerhaftung der Google Deutschland GmbH allerdings abgelehnt. Eine Verantwortlichkeit für die Rechtsverletzungen habe die Klägerin nicht nachgewiesen. Richtige Anspruchsgegnerin sei die Betreiberin der Suchmaschine.[850]

Um die Verantwortlichkeit des Admin-C für Rechtsverletzungen richtig bestimmen zu können, sind zwei Konstellationen zu unterscheiden. Zum einen kann durch den Domainnamen ein Marken- oder Namensrecht verletzt werden. Eine Haftung des Admin-C für offensichtliche Verletzungen von Markenrechten wird dabei in der Rechtsprechung teilweise angenommen, da er für die Domain mitverantwortlich sei und der Registrierung zugestimmt habe.[851] Zum anderen

---

848 Domainrichtlinien VIII., http://www.denic.de/de/domainrichtlinien.html.
849 Die *DENIC eG* ist die deutsche Registrierungsstelle für Toplevel-Domains mit der Endung ».de«.
850 LG Erfurt MMR 2007, 393 – Thumbnails bei Google.
851 OLG Stuttgart MMR 2004, 38 – Störerhaftung des Admin-C; OLG Hamburg GRUR-RR 2004, 175, 178 – Löwenkopf; OLG Koblenz MMR 2009, 549 – Störerhaftung des Admin-C; a.A. OLG Düsseldorf MMR 2009, 336 – Prüfpflichten und Haftung des Admin-C; OLG Köln MMR 2009, 48 – Störerhaftung des Admin-C. Ein Revisionsverfahren zur Haftung des Admin-C ist unter I ZR 150/09 beim BGH anhängig.

können Rechtsverletzungen, wie vorliegend, durch die hinter der Domain bereitgehaltenen Inhalte auftreten. Zu untersuchen ist damit, ob der Admin-C auch hierfür rechtlich als Störer einzustehen hat.

Das LG Bonn hat in einer wettbewerbsrechtlichen Entscheidung die Verantwortlichkeit des Admin-C auf die Inhalte der Website ausgedehnt und so eine Störerhaftung angenommen.[852] Das Gericht führt zur Begründung an, der Admin-C habe jederzeit die Möglichkeit, seine Stellung als administrativer Ansprechpartner zu kündigen. Durch eine Kündigung werde die Rechtsverletzung aber nicht beseitigt. Der Domain-Inhaber könne schlicht einen neuen Admin-C eintragen lassen.[853] Überwiegend wird daher eine Haftung des Admin-C für Rechtsverletzungen, die durch die Inhalte hinter der Domain begangen werden, abgelehnt.[854] Er sei zwar administrativer Ansprechpartner für die Domain, habe aber keinen Einfluss auf die Inhalte.[855]

Allerdings ist dem Admin-C entgegen dem LG Bonn durchaus die Beseitigung der Rechtsverletzung möglich. Er hat die Möglichkeit, die Domain zu sperren.[856] Die vollständige Sperrung der Domain zur Erfüllung der Unterlassungspflicht als Störer dürfte in der Regel aber zu weit gehen und ist damit unzumutbar. Primär ist der Diensteanbieter heranzuziehen, dem differenziertere Möglichkeiten zur Verfügung stehen, um eine Rechtsverletzung zu beseitigen. Es besteht somit eine subsidiäre Haftung. Der Admin-C kann erst dann als Störer in Anspruch genommen werden, wenn zuvor der Anbieter des Dienstes erfolglos zur Unterlassung aufgefordert worden und eine gerichtliche Durchsetzung aussichtslos ist.[857] Der rechtswidrige Zustand kann in diesen Sonderfällen nur durch eine Sperrung der Domain vom Admin-C beseitigt werden. Wenn die Rechtsverletzung wie beim Crawlen jedoch ohne Nutzung der Domain begangen wird, mangelt es für eine Störerhaftung bereits an einer adäquat-kausalen Mitwirkung. Eine Haftung des Admin-C scheidet in diesen Fällen aus.

---

852 LG Bonn CR 2005, 527 f.

853 LG Dresden MMR 2007, 394, 395.

854 OLG Hamburg MMR 2007, 601, 602 – Haftung des Admin-C; OLG Hamburg MMR 2006, 754, 755 – Haftung für Google Adwords; KG MMR 2006, 392, 393 –Störerhaftung des Admin-C; LG Erfurt MMR 2007, 393 – Thumbnails bei Google; *Meyer*, K&R 2007, 177, 179 f.; *Wimmers/Schulz*, CR 2007, 463, 465; a.A. *Spieker*, ZUM 2006, 462, 463.

855 OLG Hamburg MMR 2007, 601, 602 – Haftung des Admin-C; KG MMR 2006, 392, 393 –Störerhaftung des Admin-C; LG Dresden MMR 2007, 394, 395; *Wimmers/Schulz*, CR 2007, 463, 464.

856 A.A. *Spieker*, ZUM 2006, 462, 463, der fälschlich davon ausgeht, dass der Admin-C auch einzelne URLs sperren kann.

857 KG MMR 2006, 392, 393 –Störerhaftung des Admin-C; *Meyer*, K&R 2007, 177, 179 f.

IV.   Registrierungsstellen für Toplevel-Domains

Auch die DENIC bzw. andere Registrierungsstellen für Toplevel-Domains könnten als Störer für Rechtsverletzungen herangezogen werden, die unter den bei ihnen registrierten Domains begangen werden. Durch die Bereitstellung der Domain unterstützen sie die rechtsverletzenden Handlungen adäquat-kausal. Eine aktive Kontrolle der Inhalte aller registrierten Domains ist den Registrierungsstellen allerdings nicht zuzumuten.[858] Prüfpflichten könnten sich allenfalls nach ausdrücklichen Hinweisen auf konkrete Rechtsverletzungen ergeben. Ebenso wie der Admin-C haften Registrierungsstellen aber nur subsidiär, da ihnen als einziges Mittel die komplette Sperrung der Domain zur Verfügung steht. Ferner nehmen die Registrierungsstellen mit der Verwaltung der Domains eine Aufgabe im öffentlichen Interesse wahr und sind nicht gewinnorientiert. Eine Störerhaftung ist daher nur anzunehmen, wenn eine Rechtsdurchsetzung gegen den primär verantwortlichen Betreiber erfolglos war und die Rechtsverletzung nach Art und Umfang die im öffentlichen Interesse wahrgenommene Aufgabe überragt.[859] Nur so kann eine übermäßige Inanspruchnahme der Registrierungsstellen verhindert werden, die andernfalls sämtlichen Hinweisen nachgehen und in eine rechtliche Prüfung einsteigen müssten. Diese Aufgabe könnten die Registrierungsstellen nicht bewältigen, da sie nur wenige Mitarbeiter beschäftigen und so im Interesse der Internet-Nutzer die schnelle und kostengünstige Registrierung von Domains gewährleisten.[860]

V.   Access-Provider

Die an der Übertragung von Daten beteiligten Zugangsvermittler (Access-Provider) sind urheberrechtlich nach § 44a Nr. 1 UrhG privilegiert. Für alle übrigen Ansprüche beschränkt § 8 TMG die Haftung auf Unterlassungsansprüche und schließt ferner proaktive Prüfpflichten aus. Lediglich nach Kenntnis um eine Rechtsverletzung kann ein Access-Provider verpflichtet werden, den Zugang zu bestimmten Informationen zu sperren. Diese Haftung besteht wie beim Admin-C und den Registrierungsstellen allerdings nur subsidiär und ist auf Ausnahmefälle zu beschränken, in denen ein anderweitiger Rechtsschutz aus tatsächlichen oder rechtlichen Gründen nicht möglich ist.

---

858 OLG Hamburg ZUM 2005, 392 –Störerhaftung der DENIC.
859 OLG Hamburg, ebd.
860 OLG Hamburg, ebd.

VI.   Ergebnis

Für Rechtsverletzungen durch Suchmaschinen sind primär der Diensteanbieter und der Domain-Inhaber heranzuziehen. Sie haben die Möglichkeit, die Inhalte des Dienstes zu kontrollieren und konkrete Rechtsverletzungen abzustellen. Wird eine Rechtsverletzung unter Nutzung der Domain begangen und ist eine Durchsetzung der Ansprüche gegen den Diensteanbieter und Domain-Inhaber erfolglos, können der Admin-C und auch Registrierungsstellen wie die DENIC als Störer herangezogen werden. Eine Sperrung der Domain ist dabei jedoch nur bei offensichtlichen Rechtsverstößen unter Abwägung der konkreten Umstände des Einzelfalls zumutbar. Daneben haften die Access-Provider nach denselben Kriterien subsidiär als Störer, sobald sie zur Sperrung einzelner Informationen oder Dienste aufgefordert werden.

B.   Gerichtliche Zuständigkeit

Eine Klage gegen Suchmaschinen-Betreiber vor einem deutschen Gericht ist nur zulässig, wenn das angerufene Gericht international und örtlich zuständig ist.

I.   Internationale Zuständigkeit

Wenn der Suchmaschinen-Anbieter im Inland ansässig ist, ergibt sich die Zuständigkeit deutscher Gerichte über dessen allgemeinen Gerichtsstand (§§ 12, 17 ZPO / Art. 2, 60 EuGVO[861]). Alternativ kann am besonderen Gerichtsstand einer deutschen Niederlassung nach § 21 ZPO / Art. 5 Nr. 5 EuGVO geklagt werden, wenn die Ansprüche aus dem Betrieb der Niederlassung herrühren. In der Regel sitzen die primär verantwortlichen Suchmaschinen-Betreiber, wie die Google Inc., jedoch im Ausland und ein Vorgehen gegen die in Deutschland ansässigen Tochtergesellschaften oder Niederlassungen ist nicht möglich, wenn die Rechtsverletzungen ausschließlich durch den primär verantwortlichen Suchmaschinen-Betreiber begangen worden sind. Die Zuständigkeit deutscher Gerichte kann sich in diesen Fällen nur aus dem Gerichtsstand der unerlaubten Handlung (forum delicti) gemäß § 32 ZPO / Art. 5 Nr. 3 EuGVO ergeben. Liegt der Tatort der unerlaubten Handlung in Deutschland, kann im Inland geklagt werden.

Die Haupt-Rechenzentren der großen Anbieter, wie Google und Microsoft,

---

861 Die EuGVO regelt die internationale Zuständigkeit nach Art. 4 Abs. 1 nur, wenn der Beklagte seinen Wohnsitz in einem Mitgliedstaat hat.

befinden sich ebenso wie deren Firmensitz im Ausland. Für Rechtsverletzungen durch das Abrufen und Speichern von Informationen ist eine deutsche Zuständigkeit damit nicht gegeben, wenn die Crawler ausschließlich auf diesen Servern im Ausland arbeiten und die Datenbanken nur dort gespeichert werden.[862] Google allerdings betreibt ein weltweites Netz von Rechenzentren.[863] Durch eine spezielle Netzwerk-Architektur werden alle Daten mehrfach auf verschiedenen Servern gespeichert, so dass Serverausfälle im laufenden Betrieb kompensiert und behoben werden können. Über die genauen Standorte der Data Center kann jedoch nur spekuliert werden.[864] Sie sind Betriebsgeheimnis der Anbieter, um sich vor gezielten Angriffen auf ihre Infrastruktur und vor Prozessen zu schützen. In Deutschland werden Rechenzentren von Google in Berlin, Frankfurt und München vermutet.[865] Für eine Zuständigkeit deutscher Gerichte reichen derartige Mutmaßungen aber nicht aus.

Tatort i.S.v. § 32 ZPO ist weiterhin jeder Ort, an dem wesentliche Tatbestandsmerkmale verwirklicht worden sind. Für Rechtsverletzungen durch die Verbreitung von Informationen über Massenmedien sind so alle Orte zuständigkeitsbegründend, an denen die Informationen bestimmungsgemäß verbreitet werden. Das führt bei Rechtsverletzungen im Internet zu einem »fliegenden Gerichtsstand«, da Websites in der Regel weltweit abrufbar sind. Folglich kann in jedem Land, zu dem die Website einen entsprechenden Bezug aufweist, geklagt werden.[866] Für Persönlichkeitsrechtsverletzung wird nach neuer BGH Rechtsprechung ein deutlicher Inlandsbezug in dem Sinne vorausgesetzt, »dass eine Kollision der widerstreitenden Interessen [...] im Inland tatsächlich eintreten kann oder eingetreten ist.«[867]

Die Suchergebnisse der Bilder- und Nachrichtensuchmaschinen sind zum weltweiten Abruf, also auch zur Nutzung in Deutschland, bestimmt.[868] Insbesondere bei Suchmaschinen, die in deutscher Sprache oder unter einer deutschen Domain betrieben werden, liegt ein hinreichender Inlandsbezug vor. Im Hinblick auf urheberrechtliche Ansprüche wegen öffentlicher Zugänglichma-

---

862 BGH GRUR 2010, 628, 629 Tz. 17 – Vorschaubilder; *Kubis*, ZUM 2006, 370, 377 zu Google Book Search.
863 Artikel »Google« bei Wikipedia, http://de.wikipedia.org/wiki/Google.
864 So auch *Kubis*, ZUM 2006, 370, 377; *Schack*, MMR 2008, 414.
865 Data Center Knowledge vom 27.03.2008, http://www.datacenterknowledge.com/archives/2008/03/27/google-data-center-faq/.
866 *Schack*, IZVR, Rn. 343; *Dietz* in: Wandtke, UrhR, 11. Kapitel Rn. 61; Bettinger/*Leistner*, Werbung und Vertrieb im Internet, Teil 1 B Rn. 87; Bröcker/Czychowski/Schäfer/*Nordemann-Schiffel*, Geistiges Eigentum im Internet, § 3 Rn. 216 f.; *Dreier*/Schulze, vor §§ 120 ff. Rn. 61; Schricker/*Katzenberger*, vor §§ 120 ff. Rn. 172. Die Frage, ob Art. 5 Nr. 3 EuGVO einen Inlandsbezug voraussetzt, hat der BGH jüngst dem EuGH zur Entscheidung vorgelegt, BGH WRP 2010, 108 – rainbow.at.
867 BGH GRUR 2010, 461, 463 – The New York Times.
868 BGH GRUR 2010, 628, 629 Tz. 14 – Vorschaubilder.

chung (§ 19a UrhG) und Ansprüchen wegen Verletzung des Persönlichkeitsrechts, sind folglich nach § 32 ZPO / Art. 5 Nr. 3 EuGVO (auch) deutsche Gerichte zuständig.[869]

II.   Örtliche Zuständigkeit

Ist die internationale Zuständigkeit deutscher Gerichte eröffnet, dann hängt die
örtliche Zuständigkeit wiederum vom Sitz der Gesellschaft (§§ 12, 17, 21 ZPO)
oder dem Tatort der unerlaubten Handlung (§ 32 ZPO) ab. Bei einer Rechtsverletzung, die über das Internet erfolgt, kann der Rechteinhaber also an jedem
Ort in Deutschland Klage erheben. Dies ermöglicht dem Kläger das so genannte
forum shopping. Er kann für seine Klage das Gericht mit der ihm günstigsten
Rechtsprechung wählen.[870]

C.   Kollisionsrecht

Bei grenzüberschreitenden Sachverhalten bestimmt sich das anwendbare Recht
nach dem Kollisionsrecht des Gerichtsstaates. Für den Inhalt und die Schranken
des Urheberrechts ist das Schutzlandprinzip (lex loci protectionis) maßgeblich.[871] Der Urheber erwirbt nach herrschender Auffassung kein einheitliches
Urheberrecht, sondern ein Bündel nationaler Urheberrechte. Das auf die
Rechtsverletzung anwendbare Recht wird nach dem Deliktsstatut gemäß
Art. 40 Abs. 1 EGBGB angeknüpft, das allerdings seit dem 11.01.2009 durch
Art. 8 Abs. 1 Rom II-VO weitestgehend überlagert wird.[872] Anwendbar ist wiederum das Recht des Landes, für dessen Gebiet der Schutz beansprucht wird. Es
kommt damit für den Bestand wie für die Rechtsfolgen des Urheberrechts auf
den Eingriffsort an,[873] so dass deutsches Urheberrecht nur auf inländische
Verletzungshandlungen anwendbar ist.

Soweit die Crawler ausschließlich von den USA aus Websites abrufen und die

---

869 LG Hamburg MMR 2009, 55, 56 – Google-Bildersuche; OLG Jena MMR 2008, 408 f. –
     Miniaturansichten, mit Blick auf § 23 UrhG; LG Hamburg GRUR-RR 2004, 313, 314 –
     thumbnails; *Schack*, MMR 2008, 414; *Kubis*, ZUM 2006, 370, 378.
870 Bettinger/*Leistner*, Werbung und Vertrieb im Internet, Teil 1 B Rn. 88.
871 Insoweit unstreitig, BGHZ 136, 380, 385 – Spielbankaffaire; BGHZ 152, 317, 321 – Sender
     Felsberg; *Schack*, UrhR, Rn. 1046; *ders.*, MMR 2008, 414; *Dreier*/Schulze, vor §§ 120 ff.
     Rn. 28 ff.; Schricker/*Katzenberger*, vor §§ 120 ff. Rn. 127; *Dietz* in: Wandtke, UrhR,
     11. Kapitel Rn. 45; *Kropholler*, IPR, S. 546.
872 *Schack*, UrhR, Rn. 1051 f. Zum eingeschränkten Anwendungsbereich des Art. 8 Rom II-VO
     vgl. *Schack*, FS Kropholler, S. 651 mwN.
873 *Schack*, MMR 2000, 59, 64; *Kubis*, ZUM 2006, 370, 378.

Datenbanken nur dort auf Servern speichern, ist also US-amerikanisches Urheberrecht anwendbar. Hinsichtlich des Rechts der öffentlichen Zugänglichmachung ist eine Rechtsverletzung jedoch überall dort gegeben, wo der rechtsverletzende Inhalt bestimmungsgemäß abgerufen werden kann.[874] Ein deutscher Urheber kann daher einen ausländischen Suchmaschinen-Betreiber in Deutschland nach deutschem Recht wegen Verletzung des § 19a UrhG in Anspruch nehmen.[875]

Schadensersatz- und Unterlassungsansprüche aus Persönlichkeitsrechtsverletzungen unterliegen dem Deliktsstatut (Art. 40 Abs. 1 EGBGB).[876] Hier kann der Verletzte sowohl zwischen dem Recht des Handlungs- und des Erfolgsortes wählen. Bei Verletzungen des Persönlichkeitsrechts im Internet ist deutsches Recht damit anwendbar, wenn der Verletzer im Inland sitzt oder eine Verbreitung in Deutschland vorhersehbar war.[877] Weist der Sachverhalt jedoch eine wesentlich engere Verbindung zum Recht eines anderen Staates auf, so ist nach Art. 41 Abs. 1 EGBGB dieses Recht anzuwenden. Jedenfalls können so diejenigen Persönlichkeitsrechtsverletzungen, die durch Suchmaschinen in deutscher Sprache oder unter einer deutschen Domain begangen werden, nach deutschem Recht beurteilt werden. Andernfalls ist im Einzelfall zu untersuchen, ob sich für einen Inlandsbezug genügend Anhaltspunkte ergeben.

D.   Einstweiliger Rechtsschutz

Im Wege des einstweiligen Rechtsschutzes nach §§ 935, 940 ZPO kann der Rechteinhaber die vorläufige Sicherung seiner Ansprüche beantragen. Für eine einstweilige Verfügung muss der Antragsteller seinen Unterlassungsanspruch und einen Verfügungsgrund glaubhaft machen. Im Immaterialgüterrecht kommen Unterlassungsverfügungen nach einer entsprechenden

---

874 *Schack*, MMR 2000, 59, 65; Bettinger/*Leistner*, Werbung und Vertrieb im Internet, Teil 1 B Rn. 90; *Dreier*/Schulze, vor §§ 120 ff. Rn. 40 ff.; Fromm/Nordemann/*Nordemann-Schiffel*, vor §§ 120 ff. Rn. 77; Schricker/*Katzenberger*, vor §§ 120 ff. Rn. 145; *Ernst*/Vassilaki/ Wiebe, Hyperlinks, Rn. 247, der allerdings deutsches Recht auch ohne die Einschränkung der bestimmungsgemäßen Abrufbarkeit anwenden möchte. Ausführlich zur Einschränkung des Schutzlandprinzips im Internet: Bröcker/Czychowski/Schäfer/*Nordemann-Schiffel*, Geistiges Eigentum im Internet, § 3 Rn. 51 ff.; *Ott*, Linking und Framing, S. 199 ff.
875 Vgl. zum nötigen Inlandsbezug 3. Teil B.I.
876 *Schack*, MMR 2000, 59, 61; Hoeren/Sieber/*Hoeren*, 18.2 Rn. 230; *Kropholler*, IPR, S. 540; *Ernst*/Vassilaki/Wiebe, Hyperlinks, Rn. 249 f. Verletzungen von Persönlichkeitsrechten sind vom Anwendungsbereich der Rom II-VO nach Art. 1 Abs. 2 lit. g ausdrücklich ausgenommen.
877 *Kropholler*, IPR, S. 542; Hoeren/Sieber/*Hoeren*, 18.2 Rn. 231 ff.; *v. Hoffmann/Thorn*, IPR, § 11 Rn. 27 ff.

Interessenabwägung nur in Betracht, wenn an der Rechtsverletzung keine gewichtigen Zweifel bestehen.[878]

Im Hinblick auf die Verletzung von Urheberrechten durch Bildersuchmaschinen hat das LG Hamburg deshalb einen Verfügungsgrund verneint.[879] Die zu entscheidenden Rechtsfragen seien umstritten und höchstrichterlich noch nicht geklärt. Eine Unterlassungsanordnung würde mangels Filtermöglichkeiten der Suchmaschinen-Betreiber das gesamte Modell der Bildersuche in Frage stellen. Die Suchmaschinen-Betreiberin wäre daher unverhältnismäßig belastet, so dass der Antragsteller auf das Hauptsacheverfahren zu verweisen sei. Dieser Auffassung ist zuzustimmen, soweit es im konkreten Fall um berechtigt online gestellte Bilder geht und der BGH sich zu dieser rechtlichen Fragestellung noch nicht abschließend geäußert hat. In dieser Konstellation wird von Teilen der Rechtsprechung und Literatur eine konkludente Einwilligung angenommen, die eine Nutzung durch Bildersuchmaschinen erlauben könnte.[880] Scheidet eine Einwilligung jedoch aus, da bereits die öffentliche Zugänglichmachung des Bildes urheberrechtswidrig geschehen ist, bestehen derartige Zweifel nicht. Eine inhaltliche Filterung, die das LG Hamburg für nicht möglich hält, ist für die Unterlassung auch gar nicht erforderlich. Die Betreiber können durch eine Unterlassungsverfügung nur verpflichtet werden, bestimmte URLs zu sperren. Damit bleibt der Betrieb der Bildersuche weiterhin möglich. Unterlassungsverfügungen gegen Betreiber von Bilder- und Nachrichtensuchmaschinen sind daher möglich, wenn ein Unterlassungsanspruch wegen Verletzung eines Urheber- oder Persönlichkeitsrechts glaubhaft gemacht wird.

Ein Problem des einstweiligen Rechtsschutzes ergibt sich allerdings bei der Vollstreckung von Unterlassungstiteln im Ausland. Zwar ist die Zuständigkeit deutscher Gerichte für den vorläufigen Rechtsschutz in Art. 31 EuGVO weit gefasst[881] und nach Artt. 32 ff. sind einstweilige Verfügungen im europäischen Ausland grundsätzlich anerkennungsfähig und vollstreckbar. Hiervon sind jedoch nach der Rechtsprechung des EuGH einstweilige Verfügungen dann nicht erfasst, wenn sie – wie häufig – ohne vorherige Anhörung des Schuldners ergangen sind.[882] Der zur Abwehr von Schutzrechtsverletzungen wichtige Überraschungseffekt lässt sich deshalb nur erzielen, wenn in allen betroffenen

---

878 Zöller/*Vollkommer*, ZPO, § 940 Rn. 8; Baumbach/Lauterbach/Albers/*Hartmann*, ZPO, § 940 Rn. 44.

879 LG Hamburg, Beschluss vom 21.10.2009 – 308 O 565/09; vgl. 1. Teil B.VIII.

880 Vgl. 1. Teil B.V.3.

881 Kritisch zu Art. 31 EuGVO *Schack*, IZVR, Rn. 484 ff.; *Kurtz*, Grenzüberschreitender einstweiliger Rechtsschutz, S. 73.

882 EuGH Slg. 1980, 1553 (= GRUR Int 1980, 512, 513) – Denilauler; *Kurtz*, Grenzüberschreitender einstweiliger Rechtsschutz, S. 103 ff.; *Schack*, IZVR, Rn. 916.

Mitgliedstaaten gleichzeitig einstweilige Verfügungen beantragt werden. Ein schneller Rechtsschutz ist im Ausland somit nicht gewährleistet.[883]

---

883 Ausführlich zur Anerkennung und Vollstreckung von einstweiligen Maßnahmen auf Grund von Immaterialgüterrechtsverletzungen: *Kurtz*, Grenzüberschreitender einstweiliger Rechtsschutz, S. 101 ff.; *Heinze*, Einstweiliger Rechtsschutz im europäischen Immaterialgüterrecht, S. 459 ff.; *Schack*, IZVR, Rn. 913 ff.

Zusammenfassende Thesen

1) Beim Betrieb einer Bildersuchmaschine wird durch das Crawlen in das Vervielfältigungsrecht (§ 16 UrhG) des Rechteinhabers der übernommenen Bilder[884] und in das Datenbank-Schutzrecht (§ 87a ff. UrhG) der Inhaber von durchsuchten Bilderdiensten eingegriffen.

2) Das Verkleinern von Bildern zu Thumbnails ist keine Bearbeitung i.S.v. § 23 UrhG sondern eine Vervielfältigung (§ 16 UrhG).[885] Durch deren Bereitstellen zum Abruf über die Bildersuche wird das Originalbild nach § 19a UrhG öffentlich zugänglich gemacht.[886]

3) Deep-Links stellen grundsätzlich keine urheberrechtliche Nutzung der verlinkten Website dar. Wird ein Suchmaschinen-Betreiber allerdings auf die Verlinkung urheberrechtswidriger Werke hinreichend substantiiert hingewiesen, haftet er, wenn er den Link aufrecht erhält, als Gehilfe nach § 97 UrhG.[887]

4) Sofern bei einer Nachrichtensuchmaschine die Meldungen im Volltext gespeichert werden, liegt im Crawlen ebenso eine Vervielfältigung (§ 16 UrhG).[888] Die Anzeige der Suchergebnisse ist mangels Schutzfähigkeit der angezeigten Werkteile regelmäßig zulässig.[889] Das Durchsuchen der Internet-Portale von Agenturen und Verlagen sowie die Nutzung der Artikel greift jedoch in das Datenbank-Schutzrecht (§§ 87a ff. UrhG) ein.[890]

5) Urheberpersönlichkeitsrechte werden in der Regel weder durch die Bilder- noch durch die Nachrichtensuche verletzt. Nur bei Deep-Links kann es im

---

884 1. Teil B.II.1.a).
885 1. Teil B.II.2.
886 1. Teil B.II.3.a)aa).
887 1. Teil B.II.4.
888 2. Teil B.II.1.a).
889 2. Teil B.II.2.a).
890 2. Teil B.II.1.b); 2. Teil B.II.2.b).

Einzelfall zu einer Unterdrückung der Urheberbezeichnung (§ 13 S. 2 UrhG) kommen.[891]

6) Urheberrechtliche Schranken greifen weder hinsichtlich der Bilder- noch der Nachrichtensuche ein.[892] In der öffentlichen Zugänglichmachung von Inhalten ist auch keine konkludente Einwilligung in deren Übernahme durch Suchmaschinen zu sehen.[893] Die Nutzung urheberrechtlich geschützter Inhalte ist daher nur bei ausdrücklicher Einwilligung durch die Rechteinhaber zulässig.

7) Ansprüche wegen Verletzung des allgemeinen Persönlichkeitsrechts und wettbewerbsrechtliche Ansprüche sind regelmäßig nicht gegeben.[894] Bei Bildersuchmaschinen kann im Einzelfall jedoch eine Verletzung des Rechts am eigenen Bild (§§ 22 ff. KUG) vorliegen.[895]

8) Um Haftungsrisiken zu entgehen, sollten die Suchmaschinen-Betreiber das derzeitige Opt-out-Verfahren auf ein Opt-in-Verfahren umstellen. Website-Inhaber können die dafür erforderliche Einwilligung mit dem Robots Exclusion Standard bzw. Meta-Tags erklären.[896]

9) Bei Nachrichtensuchmaschinen empfiehlt sich ein erweitertes Opt-in-Verfahren, wie beispielsweise das ACAP, um den Rechteinhaber zu ermöglichen, die Art und den Umfang der Nutzung näher zu bestimmen.[897]

10) Die Einführung einer urheberrechtlichen Schranke oder einer Haftungsprivilegierung im TMG für Suchmaschinen ist abzulehnen.[898]

11) Anspruchsgegner ist primär der Anbieter des Dienstes, der bei den großen Suchmaschinen regelmäßig im Ausland (USA) sitzt. Inländische Niederlassungen und Tochterunternehmen haften ebenso wie weitere als technische Dienstleister Beteiligte nur subsidiär als Störer.[899]

12) Werden die Rechtsverletzungen von ausländischen Servern aus begangen, sind deutsche Gerichte zumindest für Rechtsverletzungen, die aus der öffentlichen Zugänglichmachung resultieren, international zuständig.[900] Dabei kann an jedem Ort geklagt werden, an dem das rechtsverletzende Material bestimmungsgemäß abgerufen werden kann.[901]

13) Die Anwendung deutschen materiellen Rechts ergibt sich bei Schutz-

---

891 Zur Bildersuche: 1. Teil B.III; zur Nachrichtensuche: 2. Teil C.
892 Zur Bildersuche: 1. Teil B.IV; zur Nachrichtensuche: 2. Teil B.IV.
893 Zur Bildersuche: 1. Teil B.V.3; zur Nachrichtensuche: 2. Teil B.V.2.
894 Zur Bildersuche: 1. Teil C.II; 1. Teil D; zur Nachrichtensuche: 2. Teil C; 2. Teil D.
895 1. Teil C.I.
896 Zur Bildersuche: 1. Teil F.III; zur Nachrichtensuche: 2. Teil F.I.
897 2. Teil F.I.2.
898 Zur Bildersuche: 1. Teil F.IV; zur Nachrichtensuche: 2. Teil F.III.
899 3. Teil A.
900 3. Teil B.I.
901 3. Teil B.II.

rechtsverletzungen aus dem Schutzlandprinzip (Art. 8 Abs. 1 Rom II-VO), bei Persönlichkeitsrechtsverletzungen folgt das Deliktsstatut aus Art. 40 Abs. 1 EGBGB.[902]

---

902 3. Teil C.

Literaturverzeichnis

Baars, Wiebke / Wimmers, Jörg: Anm. zu. BGH, Urteil v. 17.07.2003 – I ZR 259/00 – Paperboy, JR 2004, S. 288 – 289

Bahr, Martin: The Wayback Machine und Google Cache – eine Verletzung deutschen Urheberrechts?, JurPC Web-Dok. 29/2002, Abs. 1 – 18

Baumbach, Adolf / Lauterbach, Wolfgang / Albers, Jan / Hartmann, Peter: Zivilprozessordnung, 68. Auflage, München 2010

Benecke, Martina: Was ist »wesentlich« beim Schutz von Datenbanken, CR 2004, S. 608 – 613

Berberich, Matthias: Anm. zu LG Erfurt, Urteil v. 15.03.2007 – 3 O 1108/05, CR 2007, S. 393 – 394

ders.: Die urheberrechtliche Zulässigkeit von Thumbnails bei der Suche nach Bildern im Internet, MMR 2005, S. 145 – 148

Bernreuther, Friedrich: Die suchmaschinenoptimierte Website – eine urheberrechtlich geschützte Unlauterkeit mit und ohne Markenrechtsverletzung, WRP 2008, S. 1057 – 1068

Bettinger, Torsten / Leistner, Matthias: Werbung und Vertrieb im Internet, Köln 2003

Bohne, Michael / Elmers, Christine: Die Digitalisierung von Wissen in der Informationsgesellschaft und ihre rechtliche Regulierung, WRP 2009, S. 586 – 599

Börsch, Boris: Sind Hyperlinks rechtmäßig?, Münster 2003

Boesche, Katharina Vera: Wettbewerbsrecht, 3. Auflage, Heidelberg 2009

Braun, Frank: Haftung des Betreibers einer Meta-Suchmaschine für persönlichkeitsrechtsverletzende Inhalte, Anm. zu KG, Urteil v. 10.02.2006 – 9 U 55/05, jurisPR-ITR 5/2006 Anm. 6

ders.: Urheberrechtsverletzung durch »Thumbnails«?, Anm. zu LG Bielefeld, Urteil v. 08.11.2005 – 20 S 49/05, jurisPR-ITR 6/2006 Anm. 4

Brennecke, Carsten: Urheberrechtswidrige Google-Bildersuche, ITRB 2009, S. 33

Bröcker, Klaus Tim / Czychowski, Christian / Schäfer, Detmar: Praxishandbuch Geistiges Eigentum im Internet, München 2003

Brox, Hans / Walker, Wolf-Dietrich: Allgemeiner Teil des BGB, 33. Auflage, Köln 2009

Buchner, Benedikt: Suchdienste im Internet – grenzenlose Freiheit oder urheberrechtliche Grenzen – Anm. zu BGH, Urteil v. 17.07.2003 – I ZR 259/00 – Paperboy, AfP 2003, S. 510 – 514

Bullinger, Winfried / Garbers-von Boehm, Katharina: Google-Bildersuche – Schlichte Einwilligung des Urhebers als Lösung?, GRUR-Prax 2010, S. 257

Burmeister, Kai: Urheberrechtsschutz gegen Framing im Internet – Eine rechtsvergleichende Untersuchung des deutschen und US-amerikanischen Urheberrechts, Lohmar, Köln 2000

Busse-Muskala, Veit: Strafrechtliche Verantwortlichkeit der Informationsvermittler im Netz, Berlin 2006

Conrad, Albrecht: Anm. zu BGH, Urteil v. 29.04.2010 – I ZR 69/08 – Vorschaubilder, ZUM 2010, S. 585–587

v. Diemar, Undine: Die digitale Kopie zum privaten Gebrauch, Hamburg 2002

Dietrich, Florian / Nink, Judith: Anm. zu OLG Stuttgart, Urteil v. 26.11.2008 – 4 U 109/08, CR 2009, S. 188–189

Dippelhofer, Mischa: Haftung für Hyperlinks, Hamburg 2004

Döring, Reinhard: Die Haftung für eine Mitwirkung an fremden Wettbewerbsverstößen, Urheberrechts-, Marken-, Patent-, Gebrauchsmuster- und Geschmacksmusterverletzungen, Bonn 2008

Dorn, Dietrich-W. / Krämer, Clemens: E-Commerce, Produkte und Dienstleistungen im Internet – die rechtlichen Grundlagen, Freiburg, Berlin 2003

Dreier, Thomas: Thumbnails als Zitate?, Zur Reichweite von § 51 UrhG in der Informationsgesellschaft, in: Festschrift für Achim Krämer zum 70. Geburtstag, Berlin 2009, S. 225–239 (zit. *Dreier,* FS Krämer)

Dreier, Thomas / Schulze, Gernot: Urheberrechtsgesetz, 3. Auflage, München 2008

Dreyer, Gunda / Kotthoff, Jost / Meckel, Astrid: Heidelberger Kommentar zum Urheberrecht, 2. Auflage, Heidelberg 2008 (zit. *Bearbeiter* in HK-UrhR)

Eijk, Nico van: Suchmaschinen: Wer suchet, der findet? Die Rechtliche Stellung der Suchmaschinen, IRIS plus 2006–02, S. 1–8

Ekey, Friedrich L. / Klippel, Diethelm / Kotthoff, Jost / Meckel, Astrid / Plaß, Gunda: Heidelberger Kommentar zum Wettbewerbsrecht, 2. Auflage, Heidelberg 2005 (zit. *Bearbeiter* in HK-WettbR)

Erman, Walter: Bürgerliches Gesetzbuch, Hrsg. Westermann, Peter, 12. Auflage, Köln 2008

Ernst, Stefan: Bildersuche bei Google, jurisPR-WettbR 11/2008 Anm. 4

ders.: Urheberrechtliche Bedeutung der Verwendung von thumbnails in Trefferliste einer Bildersuchmaschine, jurisPR-WettbR 9/2008 Anm. 5

ders.: Urheberrechtliche Probleme bei Suchmaschinen in der deutschen Rechtsprechung, MR-Int 2009, S. 1–6

ders.: Wirtschaftsrecht im Internet, BB 1997, S. 1057–1062

Ernst, Stefan / Vassilaki, Irini / Wiebe, Andreas: Hyperlinks: Rechtsschutz, Haftung, Gestaltung, Köln 2002

Fahl, Constantin: Die Nutzung von Thumbnails in der Bildersuche, K&R 2010, S. 437–441

Fechner, Frank: Medienrecht, 9. Auflage, Tübingen 2008

Feldmann, Thorsten: Umfang der Prüfungspflichten für Suchmaschinenbetreiber im Rahmen der Störerhaftung, jurisPR-ITR 19/2008 Anm. 4

Fest, Nicolaus: Bereicherungs- und Schadensausgleich bei der Verletzung von Immaterialgüterrechten, Darmstadt 1996

Fischer, Gerfried: Die mutmaßliche Einwilligung bei ärztlichen Heileingriffen, in: Festschrift für Erwin Deutsch, Köln 1999, S. 545–559 (zit. *Fischer,* FS Deutsch 1999)

Flume, Werner: Allgemeiner Teil des Bürgerlichen Rechts, Bd. 2. Das Rechtsgeschäft, 4. Auflage, Berlin/Heidelberg 1992 (zit. *Flume,* BGB AT II)

Fringuelli, Pietro Graf / Nink, Judith: Auswirkungen der Rechtsprechung zum internetbasierten Videorekorder auf das Webhosting, CR 2008, S. 791–797

Fromm, Friedrich Karl / Nordemann, Wilhelm: Urheberrecht, 10. Auflage, Stuttgart 2008

Fromm, Friedrich Karl / Nordemann, Wilhelm: Urheberrecht, 9. Auflage, Stuttgart 1998 (zit. Fromm/Nordemann/*Bearbeiter,* 9. Aufl.)

Gercke, Marco: Anm. zu AG Bielefeld, Urteil v. 18.02.2005–42 C 767/04, MMR 2005, S. 557–558

ders.: Anm. zu OLG Hamm, Urteil v. 24.08.2004–4 U 51/04, ZUM 2004, S. 929–931

v. Gierke, Cornelie: Die Freiheit des Straßenbildes (§ 59 UrhG), in: Festschrift für Willi Erdmann, Berlin 2002, S. 103–115 (zit. *v. Gierke,* FS Erdmann)

Glöggler, Michael: Suchmaschinen im Internet, Berlin/Heidelberg 2003

Grübler, Ulrike / Jürgens, Uwe: Anm. zu OLG Hamburg, Urteil v. 26. 9. 2007–5 U 165/06, GRUR-RR 2008, S. 235

Haberstumpf, Helmut: Der Schutz elektronischer Datenbanken nach dem Urheberrechtsgesetz, GRUR 2003, S. 14–31

Harte-Bavendamm, Henning / Henning-Bodewig, Frauke: Gesetz gegen den unlauteren Wettbewerb (UWG), 2. Auflage, München 2009

Harte-Bavendamm, Henning / Jürgens, Uwe: Suchmaschinen: Neue Angebote und alte Haftungsfragen?, in: Festschrift für Gerhard Schricker zum 70. Geburtstag, München 2005, S. 33–52 (zit. *Harte-Bavendamm/Jürgens,* FS Schricker)

Härting, Niko: Internetrecht, Köln 1999

Hartmann, Matthias / Koch, Philip: Datenbankschutz gegen Deep-Linking – Anm. zu LG München I, Urteil v. 01.03.2002–21 O 9997/01, CR 2002, S. 441–444

Haupt, Stefan: »E-Mail-Versand« – eine neue Nutzungsart im urheberrechtlichen Sinn?, ZUM 2002, S. 797–803

Heckmann, Jörn: Zum Erfordernis der Einwilligung in eine retrospektive Digitalisierung von Printwerken zu Werbezwecken, AfP 2007, S. 314–319

Heinze, Christian: Einstweiliger Rechtsschutz im europäischen Immaterialgüterrecht, Tübingen 2007

Heydn, Truiken J.: Deep Link: Feuerprobe bestanden – Das Aus für den Schutz von Web Content oder die Rettung des World Wide Web?, NJW 2004, S. 1361–1363

Heymann, Britta / Nolte, Georg: Blockiert das Urheberrecht sinnvolle Informationsdienste?, K&R 2009, S. 759–765

Hillig, Hans-Peter: Zur Kommentierung des Urheberrechts: Schricker, Urheberrecht, AfP 2006, S. 602–604

Hoeren, Thomas: Anm. zu LG Hamburg, Urteil v. 26.09.2008–308 O 42/06, MMR 2009, S. 62

ders.: Internetrecht, Stand: September 2009, abrufbar unter http://www.uni-muenster.de/ Jura.itm/hoeren/INHALTE/lehre/lehrematerialien.htm

ders.: Keine wettbewerbsrechtlichen Bedenken mehr gegen Hyperlinks? – Anm. zu BGH, Urteil v. 17.07.2003–I ZR 259/00 – Paperboy, GRUR 2004, S. 1–6 *ders.:* Pressespiegel und das Urheberrecht – Eine Besprechung des Urteils des BGH »Elektronischer Pressespiegel«, GRUR 2002, S. 1022–1028

ders.: Suchmaschinen, Navigationssysteme und das Wettbewerbsrecht, MMR 1999, S. 649–652

Hoeren, Thomas / Sieber, Ulrich: Handbuch Multimedia-Recht, München, Stand: August 2009

v. Hoffmann, Bernd / Thorn, Karsten: Internationales Privatrecht, 9. Auflage, München 2009

Hoffmann, Helmut: Die Entwicklung des Internet-Rechts bis Mitte 2008, NJW 2008, S. 2624–2630

Hörnle, Tatjana: Pornographische Schriften im Internet: Die Verbotsnormen im deutschen Strafrecht und ihre Reichweite, NJW 2002, S. 1008–1013

Hüsch, Moritz: Thumbnails in Bildersuchmaschinen, CR 2010, S. 452–457

Hüttner, Sabine: 1, 2, 3, 4 Eckstein, keiner muss versteckt sein? – Wer sich im Internet präsentiert muss mit Google rechnen, WRP 2010, S. 1008–1016

Jauernig, Othmar: Bürgerliches Gesetzbuch, 13. Auflage, München 2009

Joppich, Brigitte: Das Internet als Informationsnetz?, CR 2003, S. 504–509

Jürgens, Uwe / Köster, Oliver: Jugendschutz bei Suchmaschinen, MMR 1/2005, S. XX–XXI

Kazemi, Robert: Online-Nachrichten in Suchmaschinen, CR 2007, S. 94–101

Kleinemenke, Manuel: Anm. zu LG Hamburg, Urteil v. 26.09.2008–308 O 42/06, CR 2009, S. 55–56

Klett, Alexander R.: Zulässigkeit von Deep-Links bei Internet-Suchdiensten – Anm. zu BGH, Urteil v. 17.07.2003–I ZR 259/00 – Paperboy, K&R 2003, S. 561–562

Koch, Frank A.: Internet-Recht, München 2005

ders.: Perspektiven für die Link- und Suchmaschinen-Haftung, CR 2004, S. 213–218

Koch, Manuela: Die Auswirkungen der digitalen Informationstechnologien auf die Schranken des Urheberrechts, Leipzig 2007

Köhler, Helmut / Bornkamm, Joachim: Gesetz gegen den unlauteren Wettbewerb, 28. Auflage, München 2010

Köhler, Markus / Arndt, Hans-Wolfgang / Fetzer, Thomas: Recht des Internet, 6. Auflage, Heidelberg/München/Landsberg/Berlin 2008

Köster, Oliver / Jürgens, Uwe: Die Haftung von Suchmaschinen für Suchergebnislisten, Anm. zu LG Berlin, Urteil v. 22.02.2005–27 O 45/05, K&R 2006, S. 108–112

Kropholler, Jan: Internationales Privatrecht, 6. Auflage, Tübingen 2006

Kubis, Sebastian: Digitalisierung von Druckwerken zur Volltextsuche im Internet – die Buchsuche von Google (»Google Book Search«) im Konflikt mit dem Urheberrecht, ZUM 2006, S. 370–379

Kunz-Hallstein, Hans-P. / Loschelder, Michael: Stellungnahme der GRUR durch den Fachausschuss für Urheber- und Verlagsrecht zum Grünbuch »Urheberrechte in der wissensbestimmten Wirtschaft KOM (2008) 466 endg.«, GRUR 2009, S. 135–141

Kurtz, Constantin: Grenzüberschreitender einstweiliger Rechtsschutz im Immaterialgüterrecht, Göttingen 2004

v. Lackum, Jens: Verantwortlichkeit der Betreiber von Suchmaschinen, MMR 1999, S. 697–704

Leistner, Matthias: Der neue Rechtsschutz des Datenbankherstellers – Überlegungen zu Anwendungsbereich, Schutzvoraussetzungen, Schutzumfang sowie zur zeitlichen

Dauer des Datenbankherstellerrechts gemäß §§ 87a ff. UrhG, GRUR Int 1999, S. 819 – 839

ders.: Der Rechtsschutz von Datenbanken im deutschen und europäischen Recht, München 2000

Leistner, Matthias / Stang, Felix: Die Bildersuche im Internet aus urheberrechtlicher Sicht, CR 2008, S. 499 – 507

Lettl, Tobias: Urheberrecht, München 2008

Loewenheim, Ulrich: Handbuch des Urheberrechts, 2. Auflage, München 2010

Lührig, Nicolas: Schlagzeilensammlungen im Internet unterfallen dem Datenschutz, Anm. zu LG München I, Urteil v. 18.09.2001 – 7 O 6910/01, K&R 2002, S. 266 – 268

Machill, Marcel: 12 goldene Suchmaschinen-Regeln, Kleve 2005

Medicus, Dieter: Allgemeiner Teil des BGB, 9. Auflage, Heidelberg 2006

Mestmäcker, Ernst-Joachim / Schulze, Erich: Kommentar zum deutschen Urheberrecht, Band 1.2, München, Stand: April 2008

Meyer, Sebastian: Aktuelle Rechtsentwicklungen bei Suchmaschinen im Jahre 2007, K&R 2008, S. 201 – 208

ders.: Aktuelle Rechtsentwicklungen bei Suchmaschinen im Jahre 2008, K&R 2009, S. 217 – 225

ders.: Google & Co. – Aktuelle Rechtsentwicklung bei Suchmaschinen, K&R 2007, S. 177 – 183

Mittelstädt, Robert: Verstößt die Bildersuche von Google im Internet gegen Urheberrecht?, abrufbar unter: http://www.amrecht.com/Google-UrteilRobMit.pdf (zit. *Mittelstädt*, Bildersuche von Google)

Mohr, Alexander: Internetspezifische Wettbewerbsverstöße, Karlsruhe 2006

Möhring, Philipp / Nicolini, Käte / Ahlberg, Hartwig (Hrsg.): Urheberrechtsgesetz, 2. Auflage, München 2000 (zit. Möhring/Nicolini/*Bearbeiter*, UrhG)

Müller, Barbara K. / Oertli, Reinhard: Urheberrechtsgesetz (URG), Bern 2006

Münchener Kommentar: Münchener Kommentar zum Bürgerlichen Gesetzbuch, Band 1, 1. Halbband, Einleitung und Allgemeiner Teil, 5. Auflage, München 2006 (zit. MüKo-BGB/*Bearbeiter*)

Münchener Kommentar: Münchener Kommentar zum Bürgerlichen Gesetzbuch, Band 5, Schuldrecht, Besonderer Teil III, 5. Auflage, München 2009 (zit. MüKo-BGB/*Bearbeiter*)

Müsse, Hans-Gabriel: Das Urheberpersönlichkeitsrecht – unter besonderer Berücksichtigung der Veröffentlichung und der Inhaltsmitteilung, Tübingen 1999

Neubauer, Mathias: Anm. zu BGH, Urteil v. 17.07.2003 – I ZR 259/00 – Paperboy, TKMR 2003, S. 444 – 447

Niemann, Fabian: Anm. zu BGH, Urteil v. 29.04.2010 – I ZR 69/08 – Vorschaubilder, K&R 2010, S. 507 – 509

Niemann, Fabian: Schrankenlose Bildersuche? Zur entsprechenden Anwendung von § 49 UrhG auf Bildersuchmaschinen, CR 2009, S. 97 – 103

Nolte, Georg: Paperboy oder die Kunst den Informationsfluss zu regulieren, ZUM 2003, S. 540 – 549

ders.: Zur Zulässigkeit der Verwendung von Hyperlinks bei automatisierten Suchmaschinen (Paperboy-Urteil) – Anm. zu BGH, Urteil v. 17.07.2003 – I ZR 259/00 – Paperboy, CR 2003, S. 924 – 926

Ohly, Ansgar: »Volenti non fit iniuria«, Die Einwilligung im Privatrecht, Tübingen 2002

Omsels, Hermann-Josef: Die Einwilligung im Internet als Rechtfertigungsgrund (»Vor-schaubilder«) – Anm. zu BGH, Urteil v. 29.04.2010 – I ZR 69/08 – Vorschaubilder, jurisPR-WettbR 7/2010 Anm. 1

Ott, Stephan: Anm. zu OLG Jena, Urteil v. 27.02.2008 – 2 U 319/07, K&R 2008 S. 306–308

ders.: Bildersuchmaschinen und Urheberrecht – Sind Thumbnails unerlässlich, sozial nützlich, aber rechtswidrig? ZUM 2009, S. 345–354

ders.: Der Google Cache – Eine milliardenfache Urheberrechtsverletzung?, MIR 2007, Dok. 195, Rz. 1–20

ders.: Die Entwicklung des Suchmaschinen- und Hyperlinksrechts im Jahr 2007, WRP 2008, S. 393–414

ders.: Die Entwicklung des Suchmaschinen- und Hyperlink-Rechts im Jahr 2008, WRP 2009, S. 351–372

ders.: Die urheberrechtliche Zulässigkeit des Framing nach der BGH-Entscheidung im Fall Paperboy, ZUM 2004, S. 357–367

ders.: Haftung für Hyperlinks – Eine Bestandsaufnahme nach 10 Jahren, WRP 2006, S. 691–703

ders.: Ich will hier rein! Suchmaschinen und das Kartellrecht, MMR 2006, S. 195–202

ders.: Spanien: Google Cache nicht urheberrechtswidrig, MMR 12/2008, S. XII–XIII

ders.: Suchmaschinenmanipulation im Zusammenhang mit fremden Marken – Techni-sche Grundlagen und rechtlichen Konsequenzen, MMR 2008, S. 222–226

ders.: To link or not to link – This was (or still is?) the question, Anm. zu BGH, Urteil v. 17.07.2003 – I ZR 259/00 – Paperboy, WRP 2004, S. 52-58

ders.: Urheber- und wettbewerbsrechtliche Probleme von Linking und Framing, Stuttgart 2004 (zit. *Ott,* Linking und Framing)

ders.: Zulässigkeit der Erstellung von Thumbnails durch Bilder- und Nachrichtensuch-maschinen?, ZUM 2007, S. 119–128

Palandt, Otto: Bürgerliches Gesetzbuch, 69. Auflage, München 2010

Paschke, Marian / Berlit, Wolfgang / Meyer, Claus: Hamburger Kommentar, Gesamtes Medienrecht, 1. Auflage, Baden-Baden 2008

Peifer, Karl-Nikolaus: Internet-Suchmaschinen und das Recht auf freie Meinungsäuße-rung, in: Festschrift für Gerhard Schricker zum 70. Geburtstag, München 2005, S. 137–148 (zit. *Peifer,* FS Schricker)

Piper, Henning / Ohly, Ansgar / Sosnitza, Olaf: Gesetz gegen den unlauteren Wettbewerb, 5. Auflage, München 2010

Plaß, Gunda: Hyperlinks im Spannungsfeld von Urheber-, Wettbewerbs- und Haftungs-recht, WRP 2000, 599–610

Poeppel, Jan: Die Neuordnung der urheberrechtlichen Schranken im digitalen Umfeld, Göttingen 2005

Prütting, Hanns / Wegen, Gerhard / Weinreich, Gerd: BGB, Kommentar, 4. Auflage, Köln 2009

Rath, Michael: Das Recht der Internet-Suchmaschinen, 1. Auflage, Stuttgart/München/ Hannover/Berlin/Weimar/Dresden 2005

ders.: Suchmaschinen sind auch nicht mehr das, was sie einmal waren, WRP 2005, S. 826–833

ders.: Zur Haftung von Internet-Suchmaschinen, AfP 2005, S. 324–333

Rehbinder, Manfred: Die rechtlichen Sanktionen bei Urheberrechtsverletzungen nach ihrer Neuordnung durch das Produktpirateriegesetz, ZUM 1990, S. 462–466

ders.: Nachrichten als Sprachwerke, ZUM 2000, S. 1–5

ders.: Urheberrecht, 16. Auflage, München 2010

Rehbinder, Manfred / Rohner, Christian: Zum rechtlichen Schutz der Nachrichtenagenturen am Beispiel der Schweizerischen Depeschenagentur, UFITA 1999, S. 123–231.

Rehse, Mario: Zulässigkeit und Grenzen ungeschriebener Schranken des Urheberrechts, Hamburg 2008

Reinbacher, Tobias: Strafbarkeit der Privatkopie von offensichtlich rechtswidrig hergestellten oder öffentlich zugänglich gemachten Vorlagen, GRUR 2008, S. 394–401

Reuter, Alexander: Digitale Bild- und Filmbearbeitung im Licht des Urheberrechts, GRUR 1997, S. 23–33

Roggenkamp, Jan Dirk: Anm. zu LG Erfurt, Urteil v. 15.03.2007 – 3 O 1108/05, K&R 2007, S. 328–330

ders.: Keine Persönlichkeitsrechtsverletzung durch Google-Snippets, jurisPR-ITR 10/2009 Anm. 2

ders.: Urheberrechtliche Bewertung der Nutzungshandlungen von Bildersuchmaschinen, jurisPR-ITR 14/2010 Anm. 2

ders.: Urheberrechtliche Relevanz der Darstellung von Thumbnails in Bildersuchmaschinen, jurisPR-ITR 14/2008 Anm. 2

ders.: Verstößt das Content-Caching von Suchmaschinen gegen das Urheberrecht?, K&R 2006, S. 405–409

Rössel, Markus: Anm. zu BGH, Urteil v. 29.04.2010 – I ZR 69/08 – Vorschaubilder, MMR 2010, S. 480–482

Schack, Haimo: Anm. zu OLG Jena, Urteil v. 27.02.2008 – 2 U 319/07, MMR 2008 S. 414–416

ders.: BGB – Allgemeiner Teil, 12. Auflage, Heidelberg 2008

ders.: Das auf (formlose) Immaterialgüterrechte anwendbare Recht nach Rom II, in: Festschrift für Jan Kropholler zum 70. Geburtstag, Tübingen 2008, S. 651–669 (zit. *Schack*, FS Kropholler)

ders.: Internationale Urheber-, Marken- und Wettbewerbsrechtsverletzungen im Internet, MMR 2000, S. 59–65

ders.: Internationales Zivilverfahrensrecht, 5. Auflage, München 2010

ders.: Rechtsprobleme der Online-Übermittlung, GRUR 2007, S. 639–645

ders.: Täter und Störer: Zur Erweiterung und Begrenzung der Verantwortlichkeit durch Verkehrspflichten im Wettbewerbs- und Immaterialgüterrecht, in: Festschrift für Dieter Reuter, n.V. (zit. *Schack*, FS Reuter)

ders.: Urheber- und Urhebervertragsrecht, 2. Auflage, Tübingen 2001

ders.: Urheber- und Urhebervertragsrecht, 5. Auflage, Tübingen 2010

ders.: Urheberrechtliche Gestaltung von Webseiten unter Einsatz von Links und Frames, MMR 2001, S. 9–17

ders.: Urheberrechtliche Schranken, übergesetzlicher Notstand und verfassungskonforme Auslegung, in: Festschrift für Gerhard Schricker zum 70. Geburtstag, München 2005, S. 511–521 (zit. *Schack*, FS Schricker)

Schaefer, Matthias: Urheberrechtliche Rahmenbedingungen für Bildersuchmaschinen de lege lata und de lege ferenda, Marburg 2009 (zit. *Schaefer*, Bildersuchmaschinen)

Scherzer, Robert: Haftung eines Bildersuchdienstes für die Darstellung urheberrechtlich geschützter Thumbnails bei der Suchergebnisanzeige, jurisPR-ITR 5/2009 Anm. 2

Schmid, Matthias / Wirth, Thomas / Seifert, Fedor: Urheberrechtsgesetz, 2. Auflage, Baden-Baden 2009

Schmidt, Christian Ernst: Zur Ausbeutung von Datenbanken im Internet, insbesondere durch Recherchedienste, Suchmaschinen und Hyperlinks, AfP 1999, S. 146-150

Schrader, Paul T. / Rautenstrauch, Birthe: Urheberrechtliche Verwertung von Bildern durch Anzeige von Vorschaugrafiken (sog. "thumbnails") bei Internetsuchmaschinen, UFITA 2007, S. 761 – 781

Schricker, Gerhard (Hrsg.): Urheberrecht, 2. Auflage, München 1999

ders.: Urheberrecht, 3. Auflage, München 2006

Schulze, Gernot: Der Schutz von technischen Zeichnungen und Plänen, CR 1988, S. 181-194

Schuster, Fabian: Die Störerhaftung von Suchmaschinenbetreibern bei Textausschnitten (»Snippets«), CR 2007, S. 443 – 446

Schwarz, Mathias: Urheberrecht und unkörperliche Verbreitung multimedialer Werke, GRUR 1996, S. 836 – 842

Schweizer, Mark: Kelly vs. Arriba Zur Zulässigkeit von Thumbnails und Inlinelinks nach US- und Schweizer Recht, sic! 2003, S. 249 – 258

Seidel, Janine / Nink, Juliane: Personensuchmaschinen, CR 2009, S. 666 – 671

Sieber, Ulrich / Liesching, Marc: Die Verantwortlichkeit der Suchmaschinenbetreiber nach dem Telemediengesetz, MMR 2007 Beilage zu Heft 8, S. 1 – 30

Sosnitza, Olaf: Das Internet im Gravitationsfeld des Rechts: Zur rechtlichen Beurteilung so genannter Deep Links, CR 2001, S. 693 – 704

Spieker, Oliver: Anm. zu KG, Beschluss v. 20.03.2006 – 10 W 27/05, ZUM 2006, S. 462 – 464

ders.: Anm. zu KG, Urteil v. 10.02.2006 – 9 U 55/05, MMR 2006, S. 395 – 396

ders.: Verantwortlichkeit von Internetsuchdiensten für Persönlichkeitsrechtsverletzungen in ihrer Suchergebnisliste, MMR 2005, S. 727 – 732

Spindler, Gerald: Anm. zu. BGH, Urteil v. 17.07.2003 – I ZR 259/00 – Paperboy, JZ 2004, S. 150 – 154

ders.: Das neue Telemediengesetz – Konvergenz in sachten Schritten, CR 2007, S. 239 – 245

ders.: Europäisches Urheberrecht in der Informationsgesellschaft, GRUR 2002, S. 105 – 120

Stadler, Thomas: Die Zulässigkeit sog. Deep-Links, Anm. zu BGH, Urteil v. 17.07.2003 – I ZR 259/00 – Paperboy, JurPC Web-Dok. 283/2003, Abs. 1 – 30

Stenzel, Igor: Anm. zu KG, Urteil v. 10.02.2006 – 9 U 55/05, ZUM 2006, S. 405 – 407

Stieper, Malte: Das Herstellenlassen von Privatkopien durch einen anderen, ZUM 2004, S. 911 – 916

ders.: Das Verhältnis von Immaterialgüterrechtsschutz und Nachahmungsschutz nach neuem UWG, WRP 2006, S. 291 – 302

ders.: Dreifache Schadensberechnung nach der Durchsetzungsrichtlinie 204/48/EG im Immaterialgüter- und im Wettbewerbsrecht, WRP 2010, S. 624 – 630

ders.: Rechtfertigung, Rechtsnatur und Disponibilität der Schranken des Urheberrechts, Tübingen 2009 (zit. *Stieper,* Schranken des Urheberrechts)

Sujecki, Bartosz: Niederlande: Aktuelles zum IT-Recht, MR-Int 2006, S. 56 – 57

Tränkle, Johannes: Urheberrechtliche Fragen des Einsatzes von (Meta)suchmaschinen unter Berücksichtigung der Paperboy-Entscheidung des BGH, abrufbar unter http://www.traenkle.org/texte/MetaSuchmaschinenUrhG.pdf (zit. *Tränkle,* Urheberrechtliche Fragen des Einsatzes von Suchmaschinen)

Ulmer, Eugen: Urheber- und Verlagsrecht, 3. Auflage, Berlin/Heidelberg/New York 1980

v. Ungern-Sternberg, Joachim: Anm. zu BGH, Urteil v. 06.12.2007 – I ZR 94/05 – Drucker und Plotter, GRUR 2008, S. 247 – 249

ders.: Schlichte Einwilligung und treuwidrig widersprüchliches Verhalten des Urheberberechtigten bei Internetnutzungen, GRUR 2009, S. 369 – 375

Volkmann, Christian: Haftung für fremde Inhalte: Unterlassungs- und Beseitigungsansprüche gegen Hyperlinksetzer im Urheberrecht, GRUR 2005, S. 200 – 206

Waldenberger, Arthur: Zur zivilrechtlichen Verantwortlichkeit für Urheberrechtsverletzungen im Internet, ZUM 1997, S. 176 – 188

Walter, Michel M. (Hrsg.): Europäisches Urheberrecht, Kommentar, Wien 2001

Wanckel, Endress: Foto- und Bildrecht, 2. Auflage, München 2006

Wandtke, Artur-Axel: Urheberrecht, Berlin 2009

Wandtke, Artur-Axel / Bullinger, Winfried (Hrsg.): Praxiskommentar zum Urheberrecht, 1. Auflage, München 2002 (zit. Wandtke/Bullinger/*Bearbeiter*, 1. Aufl.)

dies.: Praxiskommentar zum Urheberrecht, 3. Auflage, München 2009

Wäßle, Florian: Rechtliche Zulässigkeit von Bilder-Suchmaschinen im Internet, K&R 2008, S. 729 – 731

Wenzel, Egbert: Das Recht der Wort- und Bildberichterstattung, 4. Auflage, Köln 1994

Wiebe, Andreas: Anm. zu BGH, Urteil v. 17.07.2003 – I ZR 259/00 – Paperboy, MMR 2003, S. 724 – 725

ders.: Anmerkung zu Tribunal de Premier Instance des Bruxelles, Urteil v. 13.02.2007 – 06/10.928/C, MR-Int 2006, S. 199

Wimmers, Jörg / Schulz, Carsten: Anm. zu LG Bielefeld, Urteil v. 08.11.2005 – 20 S 49/05, CR 2006, S. 350 – 352

dies.: Anm. zu LG Dresden, Urteil v. 09.03.2007 – 43 O 0128/07, CR 2007, S. 463 – 465

dies.: Wer nutzt? – Zur Abgrenzung zwischen Werknutzer und technischem Vermittler im Urheberrecht, CR 2008, S. 170 – 177

Witte, Andreas: Störerhaftung im Internet, ITRB 2007, S. 87 – 90

Zentai, Susanna Barbara: Die strafrechtliche und die zivilrechtliche Aufklärung zu der Einwilligung in die ärztliche Heilbehandlung in einem Rechtsvergleich mit Ungarn, Trier 2004

Ziem, Claudia: Die Bedeutung der Pressefreiheit für die Ausgestaltung der wettbewerbsrechtlichen und urheberrechtlichen Haftung von Suchdiensten im Internet, Frankfurt am Main 2003

Zöller, Richard: Zivilprozessordnung, 28. Auflage, Köln 2010

Alle Internetquellen sind, sofern nicht anders gekennzeichnet, auf dem Stand vom 01. August 2010.

Abkürzungsverzeichnis

CA	Copyright Act von 1976, U.S.C. Title 17
Datenbank-RL	Richtlinie 96/9/EG des Europäischen Parlaments und des Rates über den rechtlichen Schutz von Datenbanken
ECRL	Richtlinie 2000/31/EG des Europäischen Parlaments und des Rates über bestimmte rechtliche Aspekte der Dienste der Informationsgesellschaft, insbesondere des elektronischen Geschäftsverkehrs, im Binnenmarkt
EuGVO	Verordnung (EG) 44/2001 des Rates über die gerichtliche Zuständigkeit und die Anerkennung und Vollstreckung von Entscheidungen in Zivil- und Handelssachen
Info-RL	Richtlinie 2001/29/EG des Europäischen Parlaments und des Rates zur Harmonisierung bestimmter Aspekte des Urheberrechts und der verwandten Schutzrechte in der Informationsgesellschaft
KUG	Gesetz betreffend das Urheberrecht an Werken der bildenden Künsten und der Photographie (KunstUrhG)
Rom II-VO	Verordnung (EG) 864/2007 des Europäischen Parlaments und des Rates über das auf außervertragliche Schuldverhältnisse anzuwendende Recht

In der Reihe »**Schriften zum deutschen und internationalen Persönlichkeits- und Immaterialgüterrecht**« sind zuletzt erschienen

Band 27
Johannes R.: **Die verfassungs- und dreistufentestkonforme Auslegung der Schranken des Urheberrechts – zugleich eine Überprüfung von § 52b UrhG**
2010. 190 Seiten, gebunden
ISBN 978-3-89971-656-6

Band 25
Ratjen, E.: **Vermarktung und Verletzung von Verwertungsrechten an aufgezeichneten Sportveranstaltungen**
2010. 185 Seiten, gebunden
ISBN 978-3-89971-622-1

Band 24
Raue, B.: **Nachahmungsfreiheit nach Ablauf des Immaterialgüterrechtsschutzes?**
2010. 218 Seiten, gebunden
ISBN 978-3-89971-592-7

Band 23
Sattler, H.: **Das Urheberrecht nach dem Tode des Urhebers in Deutschland und Frankreich**
2010. 141 Seiten, gebunden
ISBN 978-3-89971-584-2

Band 22
Kakies, J.: **Der rechtliche Schutz von prägenden Stilelementen der bildenden Kunst**
2009. 175 Seiten, gebunden
ISBN 978-3-89971-724-2

Band 21
Luther, C.: **Postmortaler Schutz nichtvermögenswerter Persönlichkeitsrechte**
2009. 217 Seiten, gebunden
ISBN 978-3-89971-549-1

Band 20
Lehment, H.: **Das Fotografieren von Kunstgegenständen**
2008. 235 Seiten, gebunden
ISBN 978-3-89971-455-5

Band 19
Wolff, P.: **Urheberrechtliche Lizenzen in der Insolvenz von Film- und Fernsehunternehmen**
2007. 296 Seiten, gebunden
ISBN 978-3-89971-393-0

Band 18
Godendorff, N.: **Schadensersatz wegen unberechtigter Verwarnung im Immaterialgüter- und Wettbewerbsrecht**
2007. 236 Seiten, gebunden
ISBN 978-3-89971-360-2

Band 17
Landfermann, R.: **Handy-Klingeltöne im Urheber- und Markenrecht**
2006. 295 Seiten, gebunden
ISBN 978-3-89971-332-9

Band 16
Steinke, T.: **Die Verwirkung im Immaterialgüterrecht**
Eine rechtsvergleichende Betrachtung zum deutschen, schweizerischen und
österreichischen Recht mit europarechtlichen Bezügen
2006. 296 Seiten, gebunden
ISBN 978-3-89971-292-6

Band 15
Reinfeld, T.: **Der Schutz von Rhythmen im Urheberrecht**
2006. 146 Seiten, gebunden
ISBN 978-3-89971-276-6

Band 14
Reese, J. F.: **Die Bewertung von Immaterialgüterrechten**
2005. 152 Seiten, gebunden
ISBN 978-3-89971-259-9

Band 13
Nolden, C.: **Das Abstraktionsprinzip im urheberrechtlichen Lizenzverkehr**
2005. 230 Seiten, gebunden
ISBN 978-3-89971-248-3

Band 12
Hartig, H.: **Die Domain als Verfügungsgegenstand**
2005. 163 Seiten, gebunden
ISBN 978-3-89971-238-4

Band 11
Poeppel, J.: **Die Neuordnung der urheberrechtlichen Schranken im digitalen Umfeld**
2005. 557 Seiten, kartoniert
ISBN 978-3-89971-226-1

V&R unipress GmbH | Robert-Bosch-Breite 6 | 37079 Göttingen
Tel. (0551) 5084-459 | Fax (0551) 5084-333 | E-Mail: info@vr-unipress.de | www.vr-unipress.de